AF231967

HISTOIRE

DE LA FAMILLE

BONAPARTE

PRÉCÉDÉE

D'UN COUP D'ŒIL RÉTROSPECTIF SUR LA RÉPUBLIQUE, LE CONSULAT, L'EMPIRE

PAR

CAMILLE LEYNADIER

AVEC UNE ÉTUDE SUR L'EMPIRE

PAR

VIENNET

(de l'Académie française)

Ouvrage illustré de gravures

BIBLIOTHÈQUE NATIONALE — R.F. — IMPRIMÉS

PARIS

P.-H. KRABBE, LIBRAIRE-ÉDITEUR

12, RUE DE SAVOIE

1851

PARIS. — E. DE SOYE ET Cᵉ, IMPRIMEURS,
RUE DE SEINE, 36

HISTOIRE

DE LA

FAMILLE BONAPARTE.

GÉNÉALOGIE.

Si jamais brillant météore apparut sur la scène du monde, ce fut Napoléon Bonaparte : si jamais famille put se passer d'aïeux ce fut la sienne. Mais par cela seul que la noblesse de l'àme et du génie est la plus belle de noblesses et laisse loin derrière elle l'illustration de race ce n'est pas un motif pour supprimer la tradition et rayer brutalement tout le passé d'une famille. Aussi, ne fût-ce qu'à simple titre de documens historiques, croyons-nous devoir ouvrir ce récit par quelques notions généalogiques sur la famille Bonaparte.

L'histoire constate trois branches de cette famille : 1° la branche de Trévise ; 2° celle de Florence et de San-Miniato ; 3° celle de Corse. Une pièce genéalogique extraite des archives de Florence et écrite en latin barbare fait sortir tous les Bonapartes des anciens Lombards et fait remónter l'histoire de cette famille (*Bonapartia gens*) jusqu'à un Jean Bonaparte qui aurait vécu vers l'an 1050.

La branche de Trévise paraît être la plus ancienne et la plus illustre. De vieilles chartes mentionnent sa puissance et prouvent qu'elle fut investie du pouvoir souverain. Ce fut d'après une de ces chartes qu'en 1812, à l'entrevue de Dresde, avant la campagne de Russie, l'empereur d'Autriche François apprit à Napoléon que la famille Bonaparte avait été souveraine à Trévise. Vers la même époque un Bolonais, Cesari, publia à Bologne des renseignements généalogiques qui établissaient des alliances de cette branche avec l'antique maison d'Este *Welf*, supposée être la tige des présens rois d'Angleterre. Cette branche parût s'éteindre en 1597 avec un Servadius Bonaparte, podestat de Trévise et élu prieur, en 1582, de l'ordre des *Gaudenti*.

La branche de Florence n'est pas moins ancienne. Dès 1126, on y trouve un Bonaparte exilé *ob nimiam potentiam* (*potestatem*). En consultant le livre si connu *del chiodo di Firenze*, on voit aussi que cette famille possédait, près de Saint-Pierre, une maison patrimoniale successivement habitée plus tard par quatre des plus nobles familles de Toscane, les Albizzi, les Grandoni, les Alberti et les Altavanti. Les armes de la famille étaient un rateau en croix avec une épée, et avaient cela de remarquable que le champ en était parsemé de fleurs de lys d'or semblables à celles de la maison de Bourbon. On peut les voir encore sur plusieurs points de Florence, dans le cloître du Saint-Esprit entre autres, et sur un grand nombre d'édifices publics de la ville de San-Miniato, près de laquelle la famille possédait le château seigneurial de *Castel-Vecchio*.

En 1268, un Nicolas Bonaparte, du parti gibelin, fut encore banni de Florence, et s'étant retiré dans son châ-

teau de Castel-Vecchio, dut à la considération dont son nom était entouré dans les divers États de l'Italie de pouvoir y passer le temps de son exil. Une de ses descendantes dont le père était aussi exilé (*fuoruscito*) épousa, vers 1550, un des neveux du pape Nicolas V, de la famille des Beltrami qui, comme elle, était de Sarzane. Dans son excellente *Biographie des premières années de Napoléon*, le baron Coston présente le pape Nicolas V lui-même, mort en 1455, comme fils d'une Bonaparte. (*Supplément à la branche de Toscane*). D'après les *Recherches historiques sur la Corse*, de M. Robiquet, il paraîtrait que la branche de Florence serait plus ancienne que celle de Trévise, et que, dès le Xe siècle, cette famille aurait eu des relations avec la Corse. Après 1571, cette branche ne laisse plus de traces dans l'histoire.

La branche de Corse ne remonte qu'au commencement du XVIe siècle. Dès 1525 on trouve des Bonapartes désignés comme *Alfière*, *padre del Commune*, titres dévolus aux nobles seuls. En 1567 - 68 un Gabriel Bonaparte avait le titre de *Messire*. Ceux qui lui succédèrent furent élus *anciens* d'Ajaccio et quelques-uns jouirent du titre de *Magnifique* dès 1594 jusque vers le milieu du XVIIIe siècle, temps auquel s'ouvre cette histoire.

Nous terminerons ce succint exposé par le trait suivant, curieuse conjecture tombée de la plume d'un étymologiste, pour nous faire passer du champ de la certitude dans celui de la fiction. Un savant allemand, fort distingué du reste, Zopf, a cherché à établir dans la 20e édition de son *Précis de l'histoire universelle*, que le nom de famille des Bonaparte était d'origine grecque. Voici à ce sujet sa petite histoire. En 1462, un rejeton de la famille des

Comnène, qui avait des droits au trône de Constantinople, se retira en Corse, plusieurs membres de cette famille y portèrent le nom de *Calomeros*, parfaitement identique avec celui des Bonaparte, καλὸν, *buena*, μέρος, *parte*. Ce nom ensuite italianisé aurait fait le nom de famille BONAPARTE [1].

[1] Ces renseignements généalogiques ne sont pas, n'ont jamais été une œuvre de circonstance. Les principaux faits sont puisés dans un ouvrage imprimé à Cologne en 1756, attribué à un Jacques Bonaparte et qui a pour titre *Raggaglio storico di tutto l'occorso, giorno per giorno, nel sacco di Roma, l'anno 1527. Opera di Jacobo Bonaparte*. Il existe plusieurs éditions de cet ouvrage et entre autres une avec traduction française, par Napoléon-Louis Bonaparte, mort en 1831, et frère du président actuel de la République.

Du reste la république des lettres compte encore un Bonaparte plus ancien que celui de 1527. C'est un Nicolas Bonaparte, presque contemporain du Dante, et qui écrivait en 1427. On peut voir de lui à la bibliothèque du Louvre une comédie ayant pour titre : *La Vedova, commedia facetissima di Nicolo Bonaparte citadino florentino*. Cette comédie, imprimée chez les *Giunti* en 1568, eut une deuxième édition à Florence, en 1592, elle a été imprimée depuis à Paris, chez Molini (in-8° 1803). L'année suivante Daillant de la Touche fut chargé de la traduire en français pour 'amusement de la nouvelle cour. La traduction est restée manuscrite.

PREMIÈRE PÉRIODE

(DE 1750 A 1815.)

En 1750 vivaient à Ajaccio, dans une maison modeste
de la rue Saint-Charles, les débris de cette famille dont le
nom avait figuré avec éclat sur les livres d'or de Florence
et de Bologne. Longtemps battue par le vent des guerres
civiles qui avaient jadis désolé l'Italie et récemment la
Corse, la famille Bonaparte ne comptait alors de descendants mâles que Charles-Marie Bonaparte et ses deux
oncles germains l'archidiacre Lucien et Napoléon.

Le premier, Charles-Marie, né le 29 mars 1746, destiné
à recueillir l'héritage et à perpétuer le nom de Bonaparte,
fut envoyé à l'université de Pise pour y étudier la jurispru-
dence. A son retour, en 1767, il épousa Marie-Lætitia
Ramolino, née à Ajaccio dix-sept ans auparavant (24 août

1750), et dont la famille, originaire d'Italie, était issue des comtes de Colalto [1].

Cette même année, la Corse, qui avait si souvent frémissante secoué ses fers séculaires, tenta une fois encore de les briser. Paschal Paoli reprit l'œuvre si brillamment commencée par son père Hyacinthe et se prépara à lutter pour l'indépendance de sa patrie contre les Génois et les Français. Dans cette noble lutte, le devoir appelait aux armes tous les amis de l'indépendance. Dans les cœurs épris des époux Bonaparte, l'amour et le patriotisme luttèrent un instant. Le patriotisme l'emporta. Jeunes, beaux, ardents l'un et l'autre, pleins d'énergie et de dévoûment, ils furent se ranger sous le drapeau de Paoli. En 1768 ils le rejoignirent à Cortè, où décéda cette même année leur oncle Napoléon et où il leur naquit un fils qui fut nommé Joseph.

Dès ce moment, aux tranquilles douceurs du foyer domestique succédèrent pour eux le tumulte bruyant des camps, les agitations orageuses d'une vie de sacrifices et de périls dont l'indépendance de la patrie pouvait être le prix. Estimé de ses compatriotes, aimé de Paoli, Charles Bonaparte fut bientôt l'âme de ses conseils. Ce fut lui qui rédigea la fameuse adresse à la jeunesse Corse, publiée à Corté en juin 1768, et que Cambiagi a insérée dans le 4e volume de son *histoire de la Corse*. Ce fut lui qui, dans une consulte extraordinaire tenue cette même année et où s'agitait la question de se soumettre à la France, prononça un discours qui enflamma tous les esprits et où il disait entre autres choses : — « Si pour être libres il ne s'agissait

[1] Le premier des comtes de Colalto qui s'était établi à Ajaccio avait épousé la fille du doge de Gênes et reçu de cette république de grandes distinctions.

» que de le vouloir tous les peuples le seraient. Cependant
» l'histoire nous apprend que peu sont arrivés au bienfait
» de la liberté, parce que peu ont eu le courage, l'éner-
» gie et les vertus nécessaires. » Il n'avait alors que
vingt ans.

Apte à la guerre comme au conseil, Charles combattit
avec courage pour la cause que sa voix savait si éloquem-
ment défendre. Pendant ses expéditions, Lætitia, sa jeune
épouse, femme au grand caractère, à la noble énergie,
à la force d'âme peu commune, le suivait à cheval affron-
tant tous les dangers de cette guerre de partisans, parta-
geant ses fatigues sur les montagnes les plus abruptes,
les rochers les plus escarpés, et préférant des souffrances
au-dessus de son sexe et de son âge à l'asile que lui faisait
offrir le nouveau gouverneur de l'île par l'intermédiaire
d'un de ses oncles, alors-membre du conseil supérieur
nouvellement institué par le gouvernement français.

Cette vie de périls, de fatigues, de privations, dura près
de quinze mois.

En 1769. après la sanglante défaite de Ponte-Nuovo
qui dissipa toutes les illusions d'indépendance conçues
par Paoli, Charles Bonaparte fit partie de ce généreux
noyau d'indépendants qui, à la suite de Clément Paoli,
frère du général, se rendirent successivement à Niolo pour
tenter d'en soulever les populations belliqueuses, de Niolo
à Vico dans l'espoir d'y engager une dernière lutte, et
enfin de Vico sur le Monte-Rotondo, *pour y expirer avec
les derniers soupirs de la patrie,* selon l'expression d'un
historien de la Corse. (*Renucci, Storia di Corsica*) La
marche rapide des évènements rendit tant de dévoûment
inutile. Compatissant au malheur de ces braves, le comte

de Vaux, commandant des troupes françaises, leur proposa une convention honorable à la fois pour le vainqueur et le vaincu. Débattue avec lui par une commission dont Charles fit partie, cette convention mit fin aux hostilités. Les deux Paoli furent forcés de s'éloigner d'une patrie qu'ils avaient voulu arracher au joug de l'étranger et aux fureurs de l'anarchie. Charles, qui voulait les suivre dans leur exil, céda aux larmes de sa jeune épouse enceinte de sept mois, aux supplications de son oncle l'archidiacre Lucien, et rentra dans ses foyers. Deux mois après il lui naquit un fils, et ce jour (15 août 1769) vit éclore la plus grande gloire des temps modernes [1].

Ce fils fut nommé Napoléon, par suite d'un antique usage, consacré dans la famille Bonaparte, qui dotait le second des fils d'un nom qu'elle tenait dans l'origine d'un Napoléon des Ursins, famille célèbre dans les fastes de

[1] D'après le registre des actes civils de la municipalité du 2ᵉ arrondissement, l'acte de mariage de Napoléon avec Joséphine, veuve de Beauharnais, porte pour date de naissance, 5 février 1768. On a bâti mille contes à ce sujet, le fait est que, n'ayant pas la patience d'attendre son extrait de naissance qu'il faisait venir d'Ajaccio, Napoléon se servit de celui de son frère Joseph. Voici du reste qui tranche la question : c'est son acte de baptême littéralement traduit de l'italien sur les registres d l'état civil de l'église paroissiale d'Ajaccio.

« L'an 1771 et le 21 juillet, ont été administrées les saintes cérémonies et les prières par moi, soussigné, économe, sur Napoléon, fils né du légitime mariage d M. Charles Bonaparte, fils de M. Joseph, et de madame Marie-Lætitia, sa femme, auquel on a donné l'eau dans la maison du très-révérend Lucien Bonaparte, avec permission, et né le 15 août 1769. Ont assisté à la cérémonie, pour parrain, l'illustrissime Laurent Giubega de Calvi, procureur du roi, et pour marraine madame Marie Geltrude, femme de M. Nicolas Paravicino. Présent le père. Lesquels, unis à moi, ont signé cy-dessous.

> J. Batiste DIAMANTE, économe d'Ajaccio.
> Laurent GIUBEGA.
> Geltrude PARAVICINO.
> Charles BONAPARTE. »

de l'Italie et dont le nom figure parmi les morts du Dante.

Père alors de deux enfants, Charles Bonaparte vit successivement sa famille s'accroître de onze autres, treize en tout, dont huit seulement, cinq garçons et trois filles, survécurent pour occuper, peu d'années après, les trônes de nations puissantes. Ce furent dans l'ordre de leur naissance : JOSEPH, né à Corté le 7 janvier 1768 ; NAPOLÉON, né à Ajaccio le 15 août 1769 ; LUCIEN, en 1775 ; MARIE-ANNE-ÉLISA, en 1777 (5 janvier) ; LOUIS, en 1778 (2 septembre) ; MARIE-PAULINE, en 1780 ; MARIE-ANNONCIADE-CAROLINE, en 1782 (25 mars), et JÉROME, en 1784 (15 décembre).

Après la soumission complète des indépendants, le gouvernement français avait accordé quelques prérogatives à 400 familles nobles de la Corse, entre autres celle de faire élever leurs enfants, aux frais de l'État, dans les écoles militaires de France et dans la maison de Saint-Cyr. La famille Bonaparte ayant été reconnue noble par arrêt supérieur du 13 septembre 1771, le comte de Marbeuf, alors commandant de la Corse, l'admit aux faveurs de l'administration française, et Charles Bonaparte fut successivement nommé, en 1773, conseiller du roi et assesseur de la ville et province d'Ajaccio ; en 1777, député de la noblesse à la cour de France, et enfin, en 1781, membre du conseil des douze nobles de l'île.

Pendant qu'au profit de sa patrie il remplissait à Paris son importante mission de député de la noblesse, une lettre de faveur que le grand-duc de Toscane Léopold lui avait accordée pour la reine de France, sa sœur, lui facilita les moyens d'utiliser aussi sa mission au profit de sa

famille. Cette lettre, due à la considération que la notoriété publique assignait à son nom et à son origine toscane, et qu'il avait obtenue du grand-duc, lui valût, par une faveur spéciale, quatre bourses pour ses enfants : deux au séminaire d'Autun, pour Joseph et Lucien, une pour Napoléon à l'école militaire de Brienne, la quatrième pour l'aînée de ses filles, Marie-Anne-Élisa, à la maison royale de Saint-Cyr. En janvier 1779 les deux premiers entrèrent comme boursiers au séminaire d'Autun ; le 25 avril de la même année Napoléon fut reçu à l'école militaire de Brienne ; cinq ans après (22 juin 1784) Marie-Élisa entrait comme pensionnaire du roi à Saint-Cyr, et l'année suivante (24 février 1785) Charles-Marie Bonaparte mourait à Montpellier, où l'avaient, depuis quelque temps, amené des raisons de santé.

Restée veuve à trente-cinq ans avec peu de rentes et beaucoup d'enfants, Mme Lætitia Bonaparte, une des plus belles femmes de son temps et dont la beauté était proverbiale dans l'île, s'y voua exclusivement aux soins de sa nombreuse famille. L'esprit de constance, l'élévation de sentiment, la force d'âme dont elle était douée et dont l'avenir allait, dans la prospérité comme dans le malheur, lui fournir l'occasion de donner tant de preuves, lui facilitaient une tâche dans laquelle, du reste, la secondaient puissamment l'archidiacre Lucien, devenu, après la mort de Charles, chef de la famille, et un frère digne d'elle, l'abbé Fesch [1].

---

[1] La mère de Lætitia Ramolino devenue veuve s'était remariée à M. Fesch, capitaine dans un des régiments suisses que Gênes, du temps de sa domination, entretenait dans l'île. De ce second mariage était né l'abbé Fesch, plus tard connu sous le nom de cardinal Fesch, et qui se trouvait ainsi frère utérin de Mme Bonaparte et oncle de Napoléon et de ses frères. Il mourut à Rome en 1839.

La révolution de 1789 éclata, et, à la suite de quelques circonstances d'un intérêt secondaire, en 1791, toute la famille se trouva réunie sous le toit paternel. Joseph, âgé de vingt-trois ans, était entré dans l'administration départementale; Napoléon, entré en 1784 (19 octobre) à l'école militaire de Paris, en était sorti lieutenant en second d'artillerie dès le 1ᵉʳ septembre 1785, avait ramené de l'école royale de Saint-Cyr sa sœur Marie-Anne-Élisa et se préparait, par des études sérieuses, à parcourir sa carrière de prodiges; Lucien, après avoir été quelque temps au séminaire d'Autun, puis à l'école militaire de Brienne, et enfin au séminaire d'Aix en Provence, était rentré en Corse, et, encore plein des souvenirs de Rome et de la Grèce, s'était mis à hanter les sociétés populaires. Les autres, Louis, Jérôme, Pauline, Caroline, étaient encore enfants.

Quoique tenant un des premiers rangs dans l'île, sous tous les rapports, la fortune de la famille Bonaparte n'était pas très brillante. Les voyages de Charles-Marie en France, les dépenses pour l'éducation des enfants, supérieures à ses moyens malgré les bienfaits du gouvernement l'avaient amenée à un état de médiocrité que les malheurs des temps semblaient devoir aggraver encore.

En effet, le 30 novembre 1789 l'Assemblée constituante avait associé la Corse au bienfait des lois françaises, e cette mesure, étrangère en apparence à la famille Bonaparte, allait la forcer, quatre ans après, de fuir la Corse et de venir demander à une patrie adoptive l'hospitalité que lui refusait la patrie natale. Mais, pour bien saisir les motifs de cette raffale qui devait jeter fugitive la famille Bonaparte sur les rives de France, il est nécessaire de

résumer en quelques mots les phases principales de l'absorption de nationalité de la Corse.

Sous Louis XV, Hyacinthe Paoli, père de Paschal, avait levé le drapeau de l'indépendance contre l'oppression génoise. Des succès éclatants avaient inauguré sa prise d'armes, et Gênes vaincue avait demandé des secours à la France. Une armée française, sous les ordres de Maillebois, avait reconquis au profit de Gênes la Corse révoltée, et Paoli s'était vu forcé de se réfugier à Livourne, d'où ses enfants Paschal et Clément devaient partir plus tard pour marcher dignement sur ses traces. En effet, en 1767, comme nous l'avons déjà vu, Paschal Paoli reparut dans l'île, la souleva de nouveau contre Gênes qui, encore une fois, demanda du secours à la France. C'est dans cette insurrection que nous avons vu aussi figurer Charles Bonaparte. La cour de Versailles, en compensation des sommes que Gênes avait prêtées à la France pendant la Guerre de Sept-Ans, envoya en Corse, toujours au profit de Gênes, et sous le commandement du comte de Marbeuf, des troupes qui se bornèrent à garder les places maritimes sans aider, en aucune manière, les Génois à prendre l'offensive contre leurs sujets révoltés. Paoli, au lieu de voir dans cette tactique des Français des vues secrètes de conquête, n'y vit qu'une espèce de neutralité, attaqua plus vivement les Génois, les battit et les chassa de l'île. Gênes alors céda à la France une souveraineté qui lui échappait. Paoli réclama, mais en vain, contre un pacte qui disposait d'une nation sans la consulter. S'aveuglant sur les résultats d'une lutte trop inégale, il voulut continuer contre la France la guerre commencée contre les Génois. De grands succès qu'il obtint sur l'inexpé-

rience présomptueuse du marquis de Chauvelin, qui y commandait les troupes françaises, l'enhardirent. M. de Chauvelin fut rappelé : tout changea de face avec le comte de Vaux qui le remplaça, et, en moins de quarante jours, cette population armée, qui n'avait à lui opposer que les difficultés d'un terrain coupé de montagnes et un courage indomptable, mais étranger à la discipline, fut battue en maintes rencontres et forcée, comme nous l'avons vu encore, de se soumettre. Puis, lorsqu'en 1789 l'Assemblée constituante eut déclaré la Corse partie intégrante du territoire français, la voix puissante de Mirabeau avait tonné en faveur des patriotes corses fugitifs qui avaient défendu l'indépendance de cette ile. Le fougueux orateur avait présenté cette mesure comme une expiation de l'injuste conquête. Les exilés avaient été rappelés. Quelquesuns d'entre eux étaient venus en France, et entre autres Paschal Paoli qui, accueilli avec distinction par Louis XVI, avait été nommé commandant militaire de la Corse. En 1792, passant en cette qualité à Ajaccio, Paoli y avait été harangué, au nom d'une société populaire, par Lucien Bonaparte qui, dans sa harangue, ayant mentionné la mort héroïque du curé de Guagno [1], était parvenu à lui arracher des larmes. Le vieux général avait accueilli le jeune orateur, ainsi que ses deux frères aînés Joseph et Napoléon, comme les enfants d'un homme qui lui fut cher, et les avait amenés avec lui à Rostino.

---

[1] L'histoire d'aucune république ancienne n'offre un plus héroïque martyr que celui du curé de Guagno. Ce courageux indépendant, entouré dans le creux d'un ravin par les troupes génoises et ne pouvant en sortir qu'à la condition de prêter serment aux tyrans de sa patrie, préféra se laisser mourir de faim. Lucien Bonaparte a célébré cette mort sublime dans un des chants de *la Cirnéide*, sous le nom de Mosol.

Pendant ce temps, la révolution française avait pris des proportions formidables. A la Constituante avait succédé la Législative, à la Législative la Convention qui, grande comme la cause qu'elle défendait, semblait vouloir jeter le passé tout entier dans le creuset de la rénovation. A sa suite la démocratie était résolument entrée en scène avec ses plaies de quatorze siècles encore saignantes. Dans un jour d'aveuglement ou de colère elle s'était présentée la hache à la main sur les marches du palais des Tuileries, où reposait, sur une seule tête, l'unité royale, sa vieille ennemie, et, d'un coup de hache, elle avait abattu cette tête.

La commotion de cette grande chute avait douloureusement retenti en Corse dans le cœur de Paoli. Ce chef si aventureux et si hardi pour l'indépendance de son pays n'ayant pas su séparer du mal qui se faisait le bien immense que l'avenir réservait au monde, s'était obstiné à ne voir dans la révolution française que les crimes de la Terreur. Placé à ce faux point de vue, il ne vit de salut pour la Corse que dans sa réunion avec l'Angleterre et projeta de la livrer aux Anglais. Ce projet, indirectement révélé aux trois frères Bonaparte que leur éducation continentale et la députation de leur père à Paris avaient entièrement rendus français, les mit dans l'obligation de prendre un parti. L'ami de leur père, l'homme qu'ils aimaient, qu'ils admiraient, était d'un côté, la France de l'autre : ils optèrent pour la France. Ils se séparèrent de Paoli et rejoignirent leur mère à Ajaccio. On était alors vers la fin de janvier 1793.

L'étincelle est moins prompte que ne fut le soulèvement de la Corse à la voix de Paoli lorsqu'il voulut rompre tous

les liens qui l'attachaient à la France. Dès le 26 janvier 1793, la Corse en armes, ralliée autour de lui, le nomma généralissime et président d'une consulte formée à Corté. Le drapeau tricolore fut partout abattu. Napoléon, à qui son grade de lieutenant en second d'artillerie imposait des devoirs rigoureux, rejoignit le représentant du peuple à Bastia. Joseph, qui par suite de cette levée de boucliers avait cessé d'avoir de l'influence dans l'administration départementale, le suivit. Lucien, au nom de la société populaire d'Ajaccio, partit pour aller réclamer des secours de la société populaire de Marseille et des Jacobins de Paris. Leur mère, avec ses deux plus jeunes fils, ses trois filles et son frère l'abbé Fesch, fit tête à l'orage, avec son courage ordinaire, dans l'attente d'une flotte française qui devait rétablir l'autorité. Mais Paoli, qui voulait s'assurer de précieux otages pour ramener ou retenir les frères Bonaparte, prit le parti extrême d'enlever tout ce qui restait à Ajaccio de la famille. Heureusement un des partisans des Bonapartes, Costa de Rastelica, instruit de ce projet, devance les gens de Paoli, se porte au milieu de la nuit avec une escorte de 200 hommes à Ajaccio, éveille à la hâte la mère et les enfants, leur laisse à peine le temps d'emporter leurs vêtements, les place au centre de sa colonne et s'enfonce avec eux dans les montagnes.

Pendant qu'ils s'éloignaient d'un côté, les gens de Paoli s'avançaient de l'autre. Ils pénètrent dans Ajaccio, se dirigent vers la rue Saint-Charles, entrent dans la maison des Bonapartes, la trouvent vide, et, outrés de n'avoir pu exécuter les ordres de leur chef, la pillent et y mettent le feu. La colonne fugitive était alors arrivée sur une hauteur d'où elle put jeter un dernier regard sur la ville.

A la vue de la flamme qui s'élevait en épais tourbillons, Costa de Rastelica dit à M°° Bonaparte : — « Voilà votre » maison qui brûle. » — « Qu'importe! répond celle-ci, » nous la rebâtirons plus belle : Vive la France! » Elle était loin de soupçonner, cette mère à l'âme énergique, que cette maison plus belle qu'elle voyait se rebâtir dans ses prévisions était déjà toute bâtie et était, pour chacun de ses enfants, des palais élevés aux quatre coins du ciel par les plus vieilles dynasties du monde !

Deux nuits se passèrent encore dans des transes. Enfin la flotte française parût. M°° Bonaparte rejoignit ses fils aînés sur la frégate du représentant du peuple, et vingt-quatre heures après toute la famille atteignit les côtes de France et débarqua à Marseille.

Peu de temps après, Paoli, mis hors la loi par la Convention (17 juillet 1793), expulsa tous les Français de la Corse et y appela les Anglais.

La famille Bonaparte ne resta que quelques mois à Marseille. Au printemps de 1794, elle fut s'établir au château de Sallé à un quart de lieue d'Antibes. Dans cette demeure un peu solitaire, où la jeta le vent de la mauvaise fortune, elle reprit la vie patriarcale de la Corse. L'archidiacre Lucien était mort; Joseph, l'aîné de la famille, s'occupait de ses frères et sœurs avec une tendresse toute paternelle. La mère, levée avant tous, réglait les travaux de chacun pour la journée ; elle distribuait les tâches à ses filles : à l'une le soin de régler les achats pour les repas du jour; à l'autre celui de veiller au service de l'intérieur; la troisième était chargée de distribuer les aumônes, et toutes, dans leurs moments de loisir, tricotaient, cousaient, brodaient. Ainsi se passait une journée labo-

rieuse et bien remplie. Puis, après le repas du soir, tous, mère, frères, sœurs, se rassemblaient dans la salle commune qui renfermait l'âtre. Assis pour les causeries de la veillée, ils entouraient la mère qui, sans cesser de filer au fuseau, racontait quelque épisode de la guerre de l'indépendance dont son époux avait été glorieux acteur, donnait une larme à sa mémoire, et, à ses enfants, des leçons de noble fierté, de douce philosophie qui, plus tard, ne devaient pas être perdues pour eux. La soirée se terminait, soit par la lecture des nouvelles des évènements du jour auxquels les fils aînés Bonaparte se trouvaient déjà mêlés, soit par celle de quelques vieilles légendes, traditions pieuses qui, dans les familles, passaient encore alors du père au fils et faisaient, en quelque sorte, partie du patrimoine.

Cet emploi du temps réglé avec discernement, ce travail distribué, cette charité prévoyante qui pourvoyait d'avance aux besoins du nécessiteux, ces causeries, ces leçons, ces lectures en commun, donnaient à cette journée de famille un parfum d'honnêteté, de simplicité qui séduit

Pendant ce temps, le second des fils de Mme Bonaparte, Napoléon, marchait à pas de géant dans une carrière dont le point culminant était encore un secret du ciel. Dès 1784, son professeur d'histoire à l'école militaire de Paris, M. de l'Eguille, l'avait ainsi noté dans un compte-rendu sur le progrès de ses élèves : « Corse de caractère et de » nation, il ira loin si les circonstances le favorisent. » Les circonstances le favorisèrent : son génie fit le reste.

En effet, nommé, comme on l'a vu, lieutenant en second d'artillerie le 1er septembre 1785, il est promu au

grade de capitaine commandant au 4ᵉ d'artillerie le 8 mars 1793. En septembre de la même année, lorsque les colonnes sectionnaires du Midi, battues par Canclaux, eurent livré Toulon aux Anglais, Napoléon part pour Paris, demande et obtient du Comité du salut public de servir au siége de Toulon, et est nommé chef de bataillon commandant l'artillerie de siége. Il s'y distingue, et son plan de siége, adopté après quelques difficultés, amène la prise de la place. Toulon l'avait fait connaître; la journée de Vendémiaire (1795), où il sauva la Convention de l'oppression des sections révoltées, le mit en relief. Il était alors général de brigade. Nommé successivement général de l'intérieur, général en chef de l'armée des Alpes, il ouvre la campagne d'Italie (avril 1796 à juin 1797), une des plus brillantes des annales du monde. En quelques mois, avec trente mille Français sans pain, sans souliers, sans munitions, renforcés plus tard de vingt mille autres, il livre dix-huit batailles rangées, soixante-sept combats, fait cent-cinquante mille prisonniers, prend cent-soixante-dix drapeaux, cinq cent-cinquante pièces d'artillerie de siége, six cents pièces de campagne, soumet tous les princes, toutes les villes d'Italie, impose la paix à l'Autriche au delà des Alpes juliennes, devient l'arbitre des peuples, et la France qui, depuis le commencement de la révolution, n'avait pesé dans la balance des conseils de l'Europe que par la terreur de ses principes, y pesa par la terreur de ses armes. Napoléon avait alors vingt-huit ans.

La campagne d'Italie l'avait rendu célèbre; celle d'Egypte allait, en quelque sorte, le rendre fabuleux. En effet, lorsqu'échappé à la vigilance des croisières an-

glaises il eut pu débarquer avec son armée en Egypte, cette antique terre de Masraïm, endormie depuis des siècles sous le sabre d'un agha ottoman, réveillée par le bruit des canons français, tressaillit un moment au souvenir de sa vieille gloire. Inutile réveil! Napoléon débarqua, vit, vainquit. Ses bulletins, datés des Pyramides, jetèrent sur son front une prestigieuse auréole qui semblait emprunter ses brillants reflets aux gloires du vieux monde. Sous ce ciel d'Orient, berceau de la civilisation de l'univers, il grandit de tout le prestige d'un temps qui n'était plus. Sésostris, Cambyse, Alexandre, César, avaient successivement passé par là. Les siècles s'étaient dressés jadis pour voir défiler les bandes de la vieille Egypte et de la vieille Perse, les phalanges macédoniennes, les légions romaines, et ils se dressaient une fois encore pour voir passer les soldats de Montenotte et de Lodi. La France en était fière, et il y avait de quoi l'être. Aussi dès ce moment commença-t-elle à personnifier la révolution dans le général habile, le génie heureux qui savait si noblement mêler le nom de France aux grands souvenir des plus puissantes nations du vieux monde.

Ce dernier fait était important à préciser. Seul il peut expliquer l'entraînement de la nation entière, se précipitant peu après, et par une sorte de contradiction, au devant de cet homme extraordinaire pour lui offrir ce qu'elle avait naguère brisé avec tant d'éclat, un trône et une couronne.

En effet, les trois assemblées qui, depuis 1789, avaient organisé le mouvement révolutionnaire, avaient eu chacune leur mission, et, après l'avoir remplie, avaient tour à tour déposé leurs pouvoirs. La Convention na-

tionale avait résigné les siens le **26 octobre 1797**. Impitoyable pour ses ennemis et pour **elle-même**, elle avait immolé tous ceux qui avaient essayé d'entraver sa marche, renversant tour à tour ceux qui parlaient de s'arrêter quand il fallait toujours combattre, brisant ceux qui voulaient aller trop avant quand la violence et l'exagération étaient inutiles. Pendant trois ans, sans constitution, sans administration, sans crédit, sans trésors, sans armée, elle avait su tenir tête à l'Europe et aux factions, les vaincre et se vaincre elle-même quand elle fut victorieuse et des factions et de l'Europe. Jusqu'à la fin, grande, héroïque et sublime malgré ses excès, elle ne s'était pas bornée à combattre : elle avait organisé, et, après avoir constitué la France républicaine, elle s'était retirée léguant à l'avenir le fruit de ses luttes et de ses institutions.

Le Directoire exécutif lui avait succédé (**27 octobre 1797**). Cette période nouvelle de la révolution avait présenté ce caractère spécial : pendant que les sommités des classes aristocratiques, bourgeoises ou populaires, avaient continué à lutter pour la possession ou la forme du gouvernement, la masse de la nation qui, depuis 1789, avait toujours pris l'initiative de la lutte, n'avait plus aspiré qu'à la clore. Le Directoire se trouvant ainsi dans une position fausse vis-à-vis de lui-même, des assemblées, des factions et de la nation, n'avait pu vivre que de coups d'État sans rien créer, sans rien faire de ce que demandaient les nouveaux besoins de la France. Dans cette espèce d'impuissance gouvernementale, qui tenait plus des choses que des hommes, les gouvernans comme les gouvernés avaient cherché, sans y parvenir, à voir le terme auquel pouvaient aboutir tant d'efforts. Chacun avait pres-

senti instinctivement qu'à cette société surgissant à demi
régénérée du grand creuset des révolutions il manquait
quelque chose. On attendait. Un homme discerna ce qui
manquait : ce fut Napoléon. Il quitta l'Egypte, traversa
miraculeusement, sur une frégate, la Méditerranée sil-
lonnée en tout sens par les croisières anglaises, débarqua
à Frejus le 9 octobre 1799, arriva à Paris le 16, apparut,
au milieu de cette attente des esprits, de cette lassitude des
partis, aux uns comme l'homme du moment, aux autres,
comme l'homme de l'avenir, à tous comme la main
puissante qui seule pouvait arrêter la France sur le bord
de l'abîme où elle était prête à s'engloutir avec les fruits
de quinze années de grands et d'immortels travaux. Le
18 Brumaire eut lieu, et la France entière applaudit à ce
coup d'Etat dont elle avait évidemment été, à son insu,
complice

Une nouvelle ère de la révolution s'ouvrit, et Napoléon
fut nommé Premier Consul (10 novembre 1799).

Ce coup d'Etat du 18 Brumaire, présenté alors et depuis
comme une intrigue de parti, ne fut rien moins que cela.
C'était juger d'un fait sur les apparences. En effet, la
France était encore trop vibrante de l'élan révolutionnaire pour que son retour si subit et si imprévu vers une
forme à peu près monarchique pût entrer alors dans les
prévisions de qui que ce fût. La stupeur dont cet évènement frappa l'Europe, le reproche d'inconséquence qu'on
n'épargna pas à cette occasion à la France, en seraient au
besoin la preuve. Des évènements d'un ordre si supérieur
ne se complotent pas, ils ne peuvent même se juger à
la mesure commune : la Providence arrête et l'homme
exécute. Voilà tout.

Quoi qu'il en soit, avec le Consulat finit en France le règne de la représentation nationale. Elle avait renversé les factions, triomphé de l'Europe conjurée, sauvé la révolution dont elle était sortie; mais, affaiblie par ses divisions, épuisée par ses luttes, elle périt sous le sabre d'un soldat, et, dès ce moment, la gloire remplaça en France la liberté.

Le Consulat temporaire ouvrit la voie au Consulat à vie. La transition fut rapide. Le Consulat à vie ouvrit la voie à l'Empire. La transition fut plus rapide encore. Nommé consul à vie le 2 août 1802, Napoléon fut élu empereur le 18 mai 1804, sacré par le pape et couronné le 2 décembre suivant.

Ce second et plus prononcé retour de la France à la forme monarchique fut un fait du même ordre que le premier, lors de la transition du Directoire au Consulat. Sous le rapport moral c'était, comme lui, un de ces faits arrêtés dans des vues d'un ordre si élevé que les regards de l'homme ne peuvent y atteindre. Sous le rapport politique, de même qu'avec le Consulat avait disparu la représentation nationale qui avait soulevé tant d'orages, avec l'Empire disparut le gouvernement républicain qui en avait traversé tant d'autres.

Dès ce moment, plus que jamais, la gloire remplaça la liberté. Il y eut un sénat obséquieux, un corps législatif complaisant, un tribunat muet, mais de la gloire à satiété pour tenir lieu des biens qu'on avait perdus.

Une grande victoire, celle de Marengo (14 juin 1800) avait consacré le Consulat. Une autre grande victoire, celle d'Austerlitz (2 décembre 1805), consacra l'Empire que d'autres grandes victoires, celles d'Iena (14 octobre

1806), de Friedland (14 juin 1807), d'Esling (21-22 mai 1809), et enfin de Wagram (14 octobre 1809), portèrent à son apogée.

En effet, après l'immortelle campagne de 1809, le traité de Vienne qui la suivit avait été le complément du Grand-Empire qui alors compta cent-vingt millions de sujets, cent-trente départements, et s'étendit de l'Ebre au Danube, de la mer de Bretagne à l'Adriatique. Arrangeant le monde selon sa pensée, comme Charlemagne dont il suivait les traces, Napoléon, qui put courir et commander d'un bout du continent à l'autre, modela ses Etats sur le vaste empire du roi franc. A la liberté antique que la Révolution avait voulu restaurer, il substitua la hiérarchie du moyen âge. Elle avait voulu des citoyens et en avait fait; lui voulut des vassaux et en fit. Sous le souffle régénérateur de l'une, l'Europe s'était couverte de républiques; sous la main puissante de l'autre, elle se couvrit de fiefs. Et quand plus tard, à Dresde (mars 1812), au moment de s'engager pour la fatale campagne de Russie, il vit un empereur, des rois, tous les princes de l'Europe, venir saluer sa fortune, des peuples entiers se déplacer pour se précipiter sur ses pas et contempler en lui, non l'empereur, mais l'homme, non la puissance du rang, mais la puissance du génie, Napoléon, empereur des Français, roi d'Italie depuis le 26 mars 1805, surnommé Grand en 1806, protecteur de la Confédération du Rhin, médiateur de la Confédération suisse, plus grand qu'à aucune autre époque de sa brillante existence, ne vit plus que le ciel au-dessus de lui.

Quelques faits d'un ordre ordinaire avaient marqué la carrière de prodiges de cet homme extraordinaire. Le

que la première, cette deuxième épouse lui avait donné, onze mois après son mariage (20 mars 1811), un fils. Ce fils fut ce ROI DE ROME, dont le triste sort forme une si intéressante page de l'histoire de la famille Bonaparte.

Chaque membre de cette famille avait eu sa part d'éclat de cette grande gloire que la fortune avait attachée au nom et à la personne de Napoléon. Dès le 18 brumaire, après l'établissement du gouvernement consulaire, toute la famille s'était rendue à Paris. Elle avait d'abord changé peu de chose au genre de vie qu'elle avait mené au château de Sallé. Mais, en 1804, lorsque Napoléon eut été proclamé empereur, Mme Lætitia Bonaparte, sa mère, eut le titre de MADAME-MÈRE. On lui créa une maison dont le comte de Cossé-Brissac fit partie comme chambellan, et M. de Cases comme secrétaire des commandements. Napoléon nomma aussi sa mère *protectrice générale des établissements de charité*, et, par cette charge bien supérieure à toutes celles dont peut tirer vanité l'orgueil de la puissance et dont Madame-Mère remplit les fonctions avec autant de zèle que de discernement, l'empereur sut noblement honorer à la fois la femme et la mère.

L'aîné des frères de Napoléon, JOSEPH, avait épousé, en 1794, la troisième fille de M. Clary [1], un des plus riches

---

[1] M. Clary avait quatre filles. La première avait été mariée à M. d'Anthoine, maire de Marseille. De ce mariage naquirent le général baron de Saint-Joseph, l'auditeur au conseil d'État d'Anthoine, madame d'Albufera et madame Decrès.

La deuxième épousa M. de Villeneuve de la Ciotat.

La quatrième le général Bernadotte, plus tard roi de Suède.

Du mariage de Joseph Bonaparte avec la troisième naquirent deux filles :

L'une CHARLOTTE-ZÉNAÏDE-Julie Bonaparte, née à Paris, le 8 juillet 1801, fut

8 mars 1796 il avait épousé Joséphine Tascher de la Pagerie, veuve Beauharnais [1]. N'ayant pu avoir d'héritier après quatorze ans de mariage, il avait divorcé avec elle en 1810. Il avait épousé, le 2 avril de la même année, Marie-Louise archiduchesse d'Autriche [2]. Plus heureuse

---

[1] Marie-Joséphine TASCHER DE LA PAGERIE était née à la Martinique, le 24 juin 1763. Mariée jeune au vicomte Alexandre de Beauharnais, dont le père avait été gouverneur-général des Antilles, elle en avait eu deux enfants dont nous aurons à nous occuper plus tard, et dont l'un fut le prince Eugène et l'autre la reine Hortense. Au 9 thermidor elle était dans les prisons de la terreur, dont son mari n'était sorti que pour monter sur l'échafaud révolutionnaire. Elle dut sa délivrance à Tallien. Après le 13 vendémiaire, Napoléon, alors général, la rencontra dans les salons du directeur Barras, et l'épousa. Bienfaisante jusqu'à la prodigalité, elle n'eut jamais connaissance d'une infortune sans la secourir. Tous les malheurs non mérités avaient accès auprès d'elle. Secourir, être utile, était un besoin de son cœur. Lorsqu'en 1810 Napoléon, cédant aux exigences d'un parti qui s'inquiétait de ne pas lui voir de successeur, se décida à divorcer avec elle, le sentiment du bonheur de la France lui fit dévorer son chagrin. Trouvant beau de se sacrifier à la destinée de ce qu'elle avait de plus cher, elle ne sut que pleurer et se résigner. Elle se retira à la Malmaison où les hommages et les respects qui l'y suivirent durent être une douce consolation pour son cœur généreux. Pendant qu'elle était au pouvoir, on l'avait appelée l'ange gardien de la France ; déchue, les malheureux l'appelèrent leur mère. Semée de plus d'un orage, pendant ses jeunes années surtout, sa vie avait été rudement éprouvée. Joséphine avait traversé avec courage de grands périls et de grandes infortunes. Mais après le désastre de 1814, elle ne put supporter l'idée du malheur pour Napoléon. Son âme trop tendre ne put survivre à la si grande infortune de l'homme qu'elle voyait déchu de toute puissance et lâchement calomnié. Elle mourut à la Malmaison, le 29 mai 1814. Elle fut inhumée à Rueil.

[2] MARIE-LOUISE-Léopoldine-Françoise-Thérèse-Joséphine-Lucie, archiduchesse d'Autriche, était née le 12 décembre 1791. Par le traité de Paris, du 30 mai 1814, après la chûte de Napoléon, elle fut déclarée duchesse de Parme, Plaisance et Guastalla. Elle mourut en décembre 1847. La première épouse de Napoléon sortie du peuple, régnante ou déchue, se montra toujours digne de l'homme qui l'avait appelée à partager sa gloire. La seconde, née sur le trône, régnante ou déchue, s'en montra rarement digne. Elle épousa successivement le comte de Neupperg et M. de Bombelles, le premier à titre morganatique. Elle eut du comte de Neupperg trois enfants : 1° une fille aînée, mariée au comte de San-Vital, grand-chambellan de Parme ; 2° un fils, le comte de Monte-Nuovo, aujourd'hui officier dans un régiment autrichien ; 3° une fille morte en bas âge.

négociants de Marseille. Commissaire des guerres en
1796, à l'armée d'Italie, il avait été nommé, à cette même
époque, député au conseil des Cinq-Cents par le département de Liamone. En 1797, le Directoire le nomma
ambassadeur à Parme et à Rome. Membre du conseil
d'Etat sous le Consulat, il avait été chargé de conclure
avec le ministre plénipotentiaire des Etats-Unis un traité
de paix et de commerce signé à Morfontaine, le 30
septembre 1800. L'habileté qu'il avait déployé dans cette
négociation lui avait valu la mission glorieuse de signer
successivement en qualité de ministre plénipotentiaire le
traité de paix de Lunéville (1801), entre la France et la
maison d'Autriche, de conclure le traité de paix d'Amiens
(1802), avec l'Angleterre, de signer le concordat avec la
cour de Rome (1803), et enfin le traité de garantie relatif
aux changements survenus dans l'empire germanique.
Grand-officier de la légion d'honneur, membre du sénat,
il avait été, en 1804, nommé prince impérial et grand-
électeur de l'Empire. Chargé de la direction du gouvernement en 1805, pendant la campagne d'Allemagne, il
avait été élevé au trône de Naples le 15 février 1806, et à
celui d'Espagne en juin 1808.

Grand sans ostentation, affable sans familiarité, sur ces
deux trônes où l'avait jeté la main puissante de son frère;
Joseph avait su se créer de nombreux partisans. Une

mariée à son cousin Charles-Lucien-Jules-Laurent Bonaparte, prince de Canino et
Musignano, aujourd'hui député aux Etats romains et fils de Lucien Bonaparte,
frère de l'empereur. On a d'elle quelques ouvrages littéraires, et entre autres une
bonne traduction de Schiller.

La seconde, CHARLOTTE Bonaparte, mariée à son cousin le prince Napoléon-Louis
Bonaparte, fils du roi de Hollande Louis. troisième frère de l'empereur, devint veuve
le 17 mars 1831. Elle est morte en 1839.

grande aménité de mœurs, une noble simplicité qui le rendait accessible à tous, lui avaient gagné bien des cœurs. Jaloux de l'affection de ses sujets, il avait veillé avec une grande sollicitude, non-seulement sur leurs intérêts présents, mais encore sur leurs intérêts à venir. S'éclairant, avant tout, sur les désirs, les sentiments de la nation qu'il était appelé à gouverner, il ne négligeait rien ensuite pour atteindre son but. Aussi, à Naples comme en Espagne, son passage au trône avait été marqué par des améliorations qui lui ont, en partie, survécu. Ainsi, par exemple, à Naples, il dota la nation napolitaine de quelques-uns des bienfaits de la civilisation dont la France était en possession. Il établit le régime municipal qu'il regardait comme le fondement de toutes les institutions; il détruisit la féodalité; il supprima les ordres monastiques; il régularisa les finances; il fonda des établissements publics destinés à recevoir les religieux que leur âge ou leurs infirmités condamnaient à la retraite. Il créa, dans chaque province, un collége et une maison d'éducation pour les demoiselles; il ouvrit des routes dans toutes les directions du pays, organisa une armée napolitaine, réorganisa la marine, créa une école militaire et des fabriques d'armes, fit vendre les domaines de l'État pour subvenir à l'extinction de la dette publique, et créa une caisse d'amortissement; enfin, il établit l'égalité des contributions foncières pour tous les citoyens, et supprima les impôts les plus onéreux au peuple.

En Espagne, entrant résolument aussi dans cette voie d'améliorations et de réformes, après avoir confirmé la garantie de l'indépendance nationale, de l'intégrité du territoire, du maintien de la religion et de la liberté des

qu'une ronce épineuse jetée au milieu du chemin de vie.

Le second des frères de Napoléon, Lucien, avait échappé, par une raideur de caractère assez rare, à cette main de fer impériale habituée à tout briser ou à voir tout plier devant elle.

Placé en 1793 dans l'administration des subsistances militaires, Lucien Bonaparte résidait à Saint-Maximin (Var). Il y présidait un club. Lorsque Toulon fut livré aux Anglais, l'âme énergique du jeune réfugié corse se révolta contre cette manœuvre infâme de parti, et, dans l'indignation de son patriotisme, trouva de mâles accents de réprobation. Sa voix en fut l'écho à la tribune de la petite ville qu'il habitait, et du fauteuil du club la faveur populaire le porta à la présidence du Comité révolutionnaire.

Terrible partout ailleurs, ce comité, sous sa direction, sut être à la fois clément, humain. Lucien arracha plus d'une victime à l'échafaud. Son humanité, que lui pardonnèrent des conventionnels en mission dans ce pays, Barras et Fréron, ne put trouver grâce devant les réacteurs après le 9 Thermidor, et un de ceux-là même qu'il avait sauvé de la mort le fit arrêter par une de ces bandes réactionnaires connues sous le nom de *compagnies de Jésus* et jeter dans les prisons d'Aix où il resta six semaines.

Rendu à la liberté, il fut nommé, en 1796, commissaire de guerre à l'armée d'Allemagne. Mais trop ardent à la discussion politique pour être dispos au travail administratif, il se porta candidat aux élections de l'an VI, et fut

citoyens, il diminua considérablement la dette de ι'Etat par la mise en vente des domaines nationaux; il facilita, sans l'ordonner encore, la sécularisation des ordres religieux, soumit à son autorisation préalable les vœux des femmes qui voudraient embrasser la vie monastique et porta, le premier, le scalpel sur cette lèpre monacale qui rongeait ce malheureux pays. Il encouragea l'industrie, favorisa les établissements utiles, et, par l'abolition des châtiments corporels, essaya de régénérer l'armée en y implantant le sentiment le plus dominant dans les armées françaises, le grand mobile de l'honneur et de la patrie.

Bien secondé par des hommes de cœur et de résolution, roi philosophe, il poursuivait avec ténacité la tâche glorieuse qu'il s'était imposée. Mais les intérêts de la France n'étaient pas toujours d'accord avec ceux des pays qu'il gouvernait, les vues de Napoléon avec celles des rois qu'il créait, et ces trônes, érigés en vue d'une politique inflexible, loin d'être pour leurs titulaires de brillantes sinécures, n'étaient que des fiefs toujours prêts à être absorbés et, au besoin même, broyés sous les roues du char immense dont ils ne formaient qu'un engrenage.

Cette sujétion terrible faisait d'un roi créé par l'empereur un premier sujet de l'Empire et l'enserrait forcément dans les anneaux d'une chaîne de luttes, souvent de calamités, et dont un des bouts était au cabinet des Tuileries et l'autre au plein cœur du pays gouverné. Aussi, malgré ses qualités estimables, malgré ses bonnes intentions, Joseph n'avait pu échapper à l'étreinte de cette chaîne, et son règne, en Espagne surtout, ne fut

nommé par le collège d'Ajaccio, député aux Cinq-Cents au moment du départ de Napoléon pour l'Egypte.

L'enthousiasme qu'excitait alors dans la France entière le nom et les exploits de Napoléon lui valut la faveur du Conseil qui le nomma son secrétaire cinq mois après son entrée, membre de la commission des Sept, lorsque après le désastre de Novi (an VII), la France sembla être appelée à renouveler les prodiges de résistance de la Convention, et enfin président l'année suivante. Ce fut en cette qualité qu'au 18 brumaire il aida puissamment Napoléon à renverser le Directoire et les Conseils.

Orateur aux idées droites et populaires, Lucien avait en politique, en administration, en finances, des principes arrêtés dont il ne se départit jamais dans le cours de sa carrière politique. Comme principe politique, il pensait que la tyrannie ne pouvant ajouter en rien à la force matérielle ou à la force morale d'un gouvernement, était dès-lors tout au moins inutile. En principe administratif, il admettait le progrès rationnel en tout, pour tout dans la mesure du possible. Enfin, en principe financier, il avait pour base l'idée suivante de J.-J. Rousseau dans sa lettre à d'Alembert : « Les impôts sur les choses de première » nécessité, telles que blé, sel, viande, etc., sous un air » de justice renferment l'injustice la plus criante en ce » que celui qui a peu paye beaucoup, et celui qui a beau- » coup paye peu. »

De telles idées heurtaient sur plus d'un point celles de Napoléon ; aussi ces deux volontés également énergiques et entières se trouvaient-elles rarement en contact sans qu'il n'éclatât quelque mésintelligence. Ainsi, par exemple, entré en 1801 au tribunat pour passer presque immé-

diatement au ministère de l'intérieur, Lucien fut nommé l'année suivante ambassadeur en Espagne, sorte de disgrâce qui, du reste, mit en relief des qualités qu'on n'avait pas jusqu'alors soupçonnées en lui.

En effet, le cabinet des Tuileries avait alors beaucoup d'intérêts engagés à la cour d'Espagne. Il fallait y saper l'influence anglaise toute puissante à l'Escurial, calmer l'animosité de l'Espagne et du Portugal engagés dans une guerre dont l'Angleterre seule pouvait tirer quelque profit, ravitailler les débris de l'armée d'Egypte, et enfin assurer la création du nouveau royaume d'Etrurie et la réunion à la France des duchés de Parme, Plaisance et Guastalla.

Pour amener à bonne fin ces résultats divers, il fallait une grande habileté diplomatique, une profonde connaissance des hommes et des choses, Lucien fit preuve de l'une et de l'autre, et le succès de sa mission le réconcilia avec Napoléon.

De retour à Paris dans les premiers mois de 1802, il fut nommé, le 9 mars, une deuxième fois membre du tribunat, peu après grand-officier de la légion-d'honneur et membre de son conseil d'administration. Ces deux charges lui donnant le titre de sénateur avec les droits adhérans à ce titre, il reçut la sénatorerie de Trèves qui le mit en possession de la terre de Sappelsdorf, ancienne maison de plaisance des électeurs. L'année suivante (1803), l'institut ayant été augmenté d'une classe, il fut appelé à siéger dans celle de la langue et de la littérature. Treize ans plus tard son nom devait en être éliminé par un ministre de l'intérieur, M. de Vaublanc, ennemi aussi ignorant des lettres que Lucien en était protecteur éclairé.

Veuf d'une première femme qu'il avait épousé à Saint-

Maximin, en 1795, Christine Boyer, morte en 1801, il avait épousé, en 1802, Alexandrine Laurence de Bleschamp, née à Calais, en 1778, et veuve d'un ancien agent de change, nommé Joubertheau [1]. Ce mariage déplut à

[1] ALEXANDRINE DE BLESCHAMP a composé un poème en dix champs, *Batilde, reine des Francs* (avec notes, Paris, Rape, 1820.)

De son premier mariage avec CHRISTINE BOYER, Lucien avait eu deux filles :

1° CHARLOTTE, née en 1796, mariée au prince GABRIELLI, dont elle a eu un fils et trois filles.

2° CHRISTINE-ÉGYPTA, née en 1798, mariée en 1824 à lord DULDEY STUART, président du comité polonais à Londres, et qui, depuis 1831, n'a cessé de donner des marques de sympathie à cette noble et malheureuse nation.

Du second mariage de Lucien avec Alexandrine de Bleschamp sont issus neuf enfants :

1° CHARLES-LUCIEN-JULES-LAURENT, né à Paris, le 24 mai 1803, prince de Canino et de Musignano, savant distingué, actuellement député aux Etats romains, et dont nous donnerons dans le cours de cette note une courte biographie ;

2° LÆTITIA, née à Milan, le 1er décembre 1804, mariée à THOMAS WISE, membre catholique du parlement d'Angleterre ;

3° LOUIS-LUCIEN, né le 4 janvier 1813, élu représentant à l'assemblée nationale par le département de la Corse, en décembre 1848, et dont l'élection a été invalidée pour cause d'irrégularité en janvier 1849 ;

4° PIERRE-NAPOLÉON, né à Rome, le 12 septembre 1815, chef de bataillon de la légion étrangère en Algérie depuis le mois de mars 1848, élu la même année, par le département de la Corse, représentant du peuple à l'assemblée nationale, et dont nous aurons à nous occuper dans le cours de cette histoire ;

5° ANTOINE, né à Tusculum, le 31 octobre 1816 ;

6° ALEXANDRINE-MARIE, née à Rome, en 1818, mariée au comte *Vincent* VALENTINI ;

7° CONSTANCE, née à Bologne, en 1823, religieuse au Sacré-Cœur, à Rome ;

8° PAUL, mort en Grèce ;

9° JEANNE, mariée au marquis HONORATI.

L'aîné des fils du second mariage de Lucien, Charles-Lucien, prince de Canino, l'adonna de bonne heure à l'étude des sciences naturelles, et particulièrement de d'ornithologie. Conduit fort jeune en Amérique, il y découvrit un grand nombre de divers oiseaux du Nouveau-Monde non décrits par Wilson, auteur d'une ornithologie américaine fort estimée.

Connu aux Etats-Unis sous le nom de M. Bonaparte, le prince de Canino y publia un supplément à l'*American ornithology* de Wilson, qui ne le cédait en rien à l'ouvrage de Wilson lui-même. Cette œuvre plaça l'auteur, qui n'avait alors que 25 ans, au rang des ornithologistes les plus estimés. Il publia aussi divers autres ouvrages

Napoléon qui en demanda la dissolution. Lucien ne voulut pas lui sacrifier ses affections domestiques et sortit de France en 1804. Il s'établit à Pesaro, puis à Rome où l'attirèrent les bienveillantes invitations du pape Pie VII.

Après la paix de Tilsitt (1807), Napoléon qui rêvait

scientifiques dont on peut voir l'analyse dans le tome 2 de la *Littérature française contemporaine*, par MM. Querard, Ch. Louandre et Félix Bourquelot. (Paris 1846).

Le prince de Canino épousa en Amérique sa cousine Charlotte-Zénaïde, fille de Joseph, auteur, comme on l'a vu déjà, d'une bonne traduction de Schiller, et qui a travaillé aux ouvrages d'histoire naturelle de son mari.

De retour en Europe, les jeunes époux se fixèrent auprès de Lucien, leur père, en Italie. Là, le prince de Canino vécut totalement en dehors de la politique, ne s'occupant que de sa famille et de sciences naturelles.

En 1833, ayant commencé la publication d'un magnifique ouvrage d'histoire naturelle, l'*Iconographia della fauna italica*, il fut reçu membre honoraire de l'académie des sciences d'Upsal. En 1843, le roi de Prusse sanctionna sa nomination comme membre honoraire de l'académie des sciences de Berlin. Il fut ensuite successivement nommé membre correspondant des académies de Saint-Pétersbourg, de Bruxelles, de La Haye, de Londres, et enfin de l'Institut de France, réparation tardive dans la personne du fils de l'acte brutal commis envers le père en 1816.

Entré dans l'arène politique depuis qu'une ère nouvelle semble s'ouvrir pour l'Italie, il a été, en 1848, député aux États romains, et, en 1849, l'un des douze députés de Rome à la Constituante italienne.

De son mariage avec Charlotte-Zénaïde sont issus dix enfants :

1° Joseph-Lucien-Charles-Napoléon, prince de Musignane, né à Philadelphie, le 13 février 1824 ;

2° Lucien-Louis-Joseph-Napoléon, né à Rome, le 15 novembre 1828 ;

3° Julie-Charlotte-Zénaïde-Pauline-Lætitia-Désirée-Bartholomée, née à Rome, le 6 juin 1830 ;

4° Charlotte-Joséphine-Honorine, née à Rome, le 4 mars 1832 ;

5° Marie-Désirée-Eugénie-Joséphine-Philomène, née à Rome, le 18 mars 1835 ;

6° Augusta-Amélie-Maximilienne-Jacqueline, née à Rome, le 9 novembre 1836 ;

7° Napoléon-Grégoire-Jacques-Philippe, né à Rome, le 5 février 1839 ;

8° Batilde-Aloise-Léonie, née à Rome, le 26 mars 1840 ;

9° Albertine-Marie-Thérèse, née à Florence, le 12 mars 1842, morte le 3 juin suivant ;

10° Charles-Albert, né le 22 mars 1843,

pour ses frères de hautes destinées, s'étant rendu en
Italie, essaya de le ramener à ses idées. Il lui proposa de
faire dissoudre son mariage sans préjudice pour les droits
de ses enfants. En retour, son épouse devait être mise en
possession d'un domaine considérable avec le titre de
duchesse, et sa fille aînée, alors âgée de 12 ans, devait
être mariée avec le prince des Asturies, depuis Ferdinand
VII, ce descendant de Philippe V et de Louis XIV, qui,
par une étrange vicissitude, sollicitait alors comme une
faveur une union avec la famille Bonaparte.

Ce dernier point convenait assez à Lucien, mais le caractère inflexible du clubiste d'Ajaccio et de Saint-Maximin
ne put jamais souscrire à l'autre. Il ne voulut pas céder.
Les deux frères se séparèrent fort mécontents l'un de
l'autre. Des gens intéressés à exploiter ce dissentiment les
aigrirent encore. Lucien, redoutant les mauvaises dispositions de l'empereur, quitta Rome, se retira dans un
domaine qu'il possédait près de Viterbe et que le pape
devait ériger, le 18 août 1814, en principauté de Canino.
Ne s'y jugeant pas en sûreté, il partit pour Civita-Vecchia,
prit passage sur un navire frété pour les Etats-Unis (août
1810), fut jeté, par une bourrasque, dans le golfe de
Cagliari, sur la côte de Sardaigne, où il eut à subir mille
persécutions de la part de l'envoyé d'Angleterre près du
gouvernement de l'île. Parvenu, après mille traverses, à
continuer son voyage, il fut fait prisonnier par une
croisière britannique, qui le conduisit à Malte. Après
quatre mois de captivité on le transporta en Angleterre
où sa famille le rejoignit. Ayant obtenu l'autorisation de
résider dans le comté de Shrop, il y fit l'acquisition du
domaine de Torngrand, près de Ludlow, et, en vrai phi-

losophe, se consolant des grandeurs qu'il n'avait pas, pendant que Napoléon et les autres membres de sa famille étaient au faîte de la puissance, lui, exilé ou prisonnier dans un comté d'Angleterre, consacra tous ses instants à l'éducation de sa famille et à la culture des lettres [1].

Louis, son frère, s'était trouvé plus mêlé que lui dans le rapide tourbillon de l'ère impériale. De dix ans plus

[1] Doué d'une imagination vive, Lucien aima les lettres et les cultiva avec succès. En 1799 il publia un roman : *La Tribu indienne* ou *Édouard et Stellina*, qui a obtenu l'honneur d'une traduction anglaise et d'une double traduction allemande. En 1815 il publia : *Charlemagne* ou *l'Église sauvée*, poème épique en 24 chants dont le pape Pie VII accepta la dédicace et qui a été traduit en vers anglais par Butler et Godson. En 1819, un autre poème en 12 chants : *La Cirnéide* ou *la Corse sauvée*. On a aussi de lui quelques odes, entre autres une où, lors de sa rentré à l'Institut, pendant les Cent-Jours, il célébra, sous le titre *d Odyssée*, la gloire d'Homère.

Voici le début de cette ode :

> Sur le rocher d'Ithaque, au milieu des déserts
> Autrefois si chéris de la sage déesse,
> Taciturne, chargé d'une morne tristesse,
> Quel vieillard est assis au bord des flots amers?
> De rayons immortels sa tête est couronnée ;
> Sa lyre frémissante, aux vents abandonnée,
> Du courroux poétique exhale les transports.
> Privés des feux du jour ses yeux sont immobiles.
> C'est le chantre divin, l'orgueil de tant de villes ;
> C'est Homère ! Prêtons l'oreille à ses accords :
> « Autour de moi pressés, trente siècles de gloire,
> » Contre le sort jaloux me défendent en vain.
> » L'infatigable envie, exhalant son venin,
> » Sous mille traits hideux s'attache à ma mémoire ;
> » Des nuages du doute elle obscurcit mon nom.
> » Hector, Priam, Hélène, Achille, Agamemnon,
> » De vingt chantres divers lui paraissent l'ouvrage.
> » L'ensemble d'Ilion échappe à son regard ;
> » Ce n'est plus que le fruit d'un aveugle hasard ;
> » On déchire, on flétrit mon divin héritage.
> » Etc. »

jeune que Napoléon, il était encore enfant lorsque celui-ci était déjà un grand homme. Élevé sous les yeux de Napoléon, qui le considérait comme son fils, il entra jeune au service de la République et suivit son frère en Italie et en Egypte. Il avait alors dix-sept ans.

Parti d'Egypte en mars 1799 pour apporter au Directoire des dépêches de Napoléon, il fut nommé ambassadeur auprès de Paul Ier empereur de Russie, lors de l'établissement du gouvernement consulaire. La mort tragique de ce souverain (24-25 mars 1801) le força de laisser sa mission incomplète. Il s'arrêta quelque temps à Berlin et fut, à son retour en France, successivement nommé colonel et général de brigade.

De mœurs douces et faciles, point remuant, point ambitieux, aimant plus le repos que la puissance, philosophe et philanthrope à la fois, Louis était fait pour servir de modèle dans la vie privée. La fortune le condamna à passer sa vie dans les grandeurs.

En janvier 1802, il épousa Hortense de Beauharnais, fille de l'impératrice Joséphine. Pour ce mariage, affaire arrangée entre Napoléon et l'impératrice, les goûts et les affections des deux époux furent peu consultés. Aussi vécurent-ils, dès le début, dans un état de froideur qui alla, plus tard, jusqu'à une éclatante mésintelligence [1].

----

[1] HORTENSE-Eugénie, fille de Joséphine et du vicomte Alexandre de Beauharnais, était née à Paris le 10 avril 1783. Ayant épousé Louis Bonaparte en 1802, elle monta avec lui sur le trône de Hollande en 1805, et redevint simple princesse impériale après l'abdication de son mari en 1810. En vertu des sénatus-consulte du 28 floréal an XII et du 5 frimaire an XIII, l'hérédité de la famille impériale, à défaut de descendant mâle de Napoléon, était dans celle de Joseph et de Louis.

Du mariage d'Hortense avec Louis Bonaparte naquirent trois fils :

1° NAPOLÉON-CHARLES, prince royal de Hollande, mort à la Haye le 5 mars 1807 ;

Président du collége électoral du Pô, en 1803, grand-connétable, général des carabiniers en 1804, gouverneur général du Piémont lorsque le nouveau Charlemagne eut posé sur sa tête la vieille couronne des Lombards (26 mai 1805), Louis fut successivement nommé au commandement de la réserve de l'armée destinée à agir contre l'Angleterre, gouverneur général de Paris lorsque Murat fut devenu grand-duc de Berg. Peu après, chargé d'aller former en Hollande un corps d'armée, dite *armée du Nord*, il s'acquitta de cette mission avec tant d'habileté que Napoléon songea, dès ce moment, à l'élever sur le trône de Hollande : ce qu'il fit le 5 juin 1805.

Dès ce jour la Hollande allait ne plus s'appartenir, et cette vieille terre de liberté qui au moyen âge avait su conserver ses droits de cité quand l'Europe entière les avait perdus, qui avait su conquérir et s'assurer la liberté quand partout ailleurs on en connaissait à peine le mot, allait finir par tomber de maître en maître jusqu'aux mains du plus grand de tous, Napoléon.

Dans sa proclamation d'avènement, le nouveau roi déclara que « son soin le plus cher serait de veiller aux

2º NAPOLÉON-LOUIS, né le 11 octobre 1804, adopté comme son frère aîné par l'empereur, et plus tard grand-duc de Berg et de Clèves. Il avait épousé la princesse Charlotte sa cousine, 2º fille du roi Joseph. Comme celle de la plupart des membres de cette famille, sa destinée s'était, après le grand désastre de 1815, mêlée de grandeur et d'infortune. Ayant pris en 1831 une part active à l'insurrection d'Italie, il mourut à vingt-sept ans, à Forli, le 17 mars 1831, dans les bras de son frère Louis-Napoléon. Dans sa courte carrière, digne en tout du nom qu'il portait, il cultiva les lettres avec succès. On a de lui une bonne traduction de la *Vie d'Agricola*, par Tacite, avec notes. Sous le titre de *Histoire du sac de Rome en 1527, par un témoin oculaire*, il a traduit la relation de Jacques Bonaparte, imprimée à Cologne en 1756, et dont nous avons fait mention dans la 1ʳᵉ note de cette Notice.

Le troisième fils d'Hortense et de Louis Bonaparte fut LOUIS-NAPOLÉON, président actuel de la République, et dont nous aurons à nous occuper plus tard.

» intérêts de son peuple, de lui donner des preuves con-
» stantes de son amour, de sa sollicitude et de respecter
» ses libertés.... » En cela il fut sincère. Mais les mêmes
difficultés qui avaient assailli Joseph sur les trônes de
Naples et d'Espagne assaillirent Louis sur celui de Hollande.

En effet, Napoléon n'ayant pu détruire l'Angleterre
par les armes avait voulu la ruiner par le blocus continental. Mais la Hollande, pays purement industriel et ma-
nufacturier, tirant toute sa prospérité et sa richesse de son
commerce avec l'étranger, ne pouvait s'accommoder d'un
système qui en tarissait toutes les sources. Liée cependant,
par l'érection du nouveau trône, au sort de la France,
elle était forcée de devenir l'ennemie de ses ennemis et de
fermer ses ports à l'Angleterre. Pour elle c'était la ruine.
La situation de Louis devint critique alors. La charge qu'il
avait acceptée ne put que s'alourdir de jour en jour. Ayant
à servir des intérêts diamétralement opposés, à concilier
ce que la France attendait de lui, ce que sa conscience
lui dictait en faveur de la Hollande, il avait à lutter contre
des impossibilités à la fois matérielles et morales. Balotté
entre la volonté de fer de l'empereur et ses instincts généreux, lié à la France par son titre de grand-connétable,
à la Hollande par son titre de roi; tenant à l'une par un
noble sentiment de patriotisme, à l'autre par son devoir
d'être fidèle à des engagements sacrés; forcé de choisir
entre la France qui, impérieuse, ordonnait pour grandir,
et la Hollande qui, gémissante, suppliait pour prévenir sa
ruine, la bonté de son cœur l'emporta. Prenant pour règle
de conduite la devise de l'ordre de l'*Union* qu'il avait
institué : *Fais ce que dois : advienne que pourra*, il continua

de régner en honnête homme et en bon roi. Il gagna par là l'affection de ses sujets, mais il s'attira la colère de l'empereur.

Dès 1809, les dissentiments entre les deux frères prirent un caractère grave. Napoléon avait vu dans les résistances de Louis un motif urgent de hâter l'incorporation de la Hollande à la France. Louis, perdant tout espoir de résister aux impérieuses exigences de Napoléon, préféra descendre du trône que de transiger avec ce qu'il regardait comme un devoir sacré. Le 1" juillet 1810, après avoir adressé aux Hollandais une proclamation touchante où il s'attribuait charitablement les malheurs de la Hollande, il abdiqua en faveur de son fils, le prince royal. Mais, sans égard pour ses volontés, l'empereur réunit presque immédiatement (10 juillet 1810) la Hollande à la France. Louis, accomplissant avec courage son dernier devoir d'honnête homme couronné, protesta contre cette réunion, quitta sans peine une couronne qu'il avait plutôt subie qu'enviée, avec regret un pays où il n'avait pu faire qu'une partie du bien qu'il rêvait, et se retira à Grœtz, en Styrie. Là, ce roi aux instincts généreux, aux idées philanthropiques et dont la vie publique avait forcément été un incessant démenti à ses instincts et à ses idées; ce philosophe, à l'âme expansive et au cœur aimant, dont la vie privée avait été, forcément aussi, un froissement continuel aux désirs de son âme et de son cœur, vécut seul avec le souvenir de ses revers politiques passés et de ses chagrins domestiques présents. Pendant quelques années il essaya, par la culture des lettres, d'oublier les uns et de tempérer les autres jusqu'au moment où, en 1815, des évènements grands comme l'homme qui les suscitait le ramenèrent forcé-

ment encore sur la scène politique où nous le retrouverons en son lieu [1].

Le plus jeune des frères Bonaparte, Jérome, était encore au collége de Juilly lors des évènements du 18 brumaire. Peu après il entra dans la marine. En 1800 il y obtint le grade de lieutenant et partit pour Saint-Domingue avec son beau-frère le général Leclerc qui en commandait en chef l'expédition. Porteur d'importantes dépêches pour Napoléon en 1801, il retourna en Europe sur la frégate

---

[1] On a de lui un opéra en deux actes *Ruth et Noémi* ; — *Lucrèce*, tragédie en cinq actes ; — *l'Avare* de Molière mis en vers ; — un roman publié en 1808, *Marie ou les Peines de l'amour*, et réimprimé en 1814 sous le titre de *Marie ou les Hollandaises* (3 vol. in-12). En 1814, sous le voile de l'anonyme, il avait proposé à l'Institut pour sujet de prix et résolu lui-même la question suivante : « Quelles sont » les difficultés qui s'opposent à l'introduction du rhythme des Grecs et des Latins » dans la poésie française? Pourquoi ne peut-on pas faire des vers français sans » rime? » Son mémoire couronné parut le 6 avril 1815 sous le titre de : *Essai sur la versification*. On a aussi de lui un petit volume de poésie, dont une touchante élégie, *les Adieux à Grœtz*, peignent mieux que tout ce qu'on pourrait dire l'état douloureux de son âme. Le passage suivant mérite d'être cité :

> Adieu florissante contrée
> Où nul ne comprit tous mes maux,
> Mais où, l'âme triste, éplorée,
> J'ai souvent rêvé le repos...
> Mais rien n'est pour un long usage
> Dans ce monde trop incertain ;
> Le temps est un bac de passage
> Où nos pas s'attachent en vain.
> Confidents d'un cœur solitaire,
> Jeunes arbres, mes seuls amis,
> Puisse votre ombre hospitalière
> Mieux abriter d'autres proscrits !....

Dans le dernier et le principal de ses ouvrages, *Documents historiques et réflexions sur le gouvernement de Hollande* (3 vol. in-8°, 1820), il appelle les regards de l'Europe sur son gouvernement, bel exemple que peu de souverains ont donné. Cet ouvrage, écrit avec une franchise et une bonne foi rares, aurait à lui seul pu suffire pour assurer à Louis la réputation de bon roi et d'honnête homme.

l'Épervier dont il avait le commandement, et, à la fin de l'année suivante, par suite de la rupture de la paix d'Amiens et de la reprise des hostilités entre la France et l'Angleterre, il fut envoyé en croisière devant la rade de Saint-Pierre et l'île de Tabago. Sa surveillance d'abord fructueuse n'y fut que temporaire. Obligé de céder à la supériorité numérique des forces ennemies, il se retira à New-Yorck et y épousa, en 1803, miss Paterson, fille d'un riche négociant de Baltimore. Jérôme avait alors dix-neuf ans. En 1804, Napoléon, devenu empereur, et qui alors subordonnait impérieusement les affections de ses proches à la politique, comme plus tard il devait y subordonner les siennes, fit casser ce mariage pour cause de minorité. De retour en France, en 1806, Jérôme fut envoyé en mission à Alger, pour réclamer du dey, au nom de la France, des Génois qu'il tenait prisonniers. La fermeté du jeune capitaine de frégate, dans cette délicate mission, lui valut le grade de capitaine de vaisseau, et, peu après, le commandement d'une escadre de huit vaisseaux de ligne qu'il conduisit, en 1806, à la Martinique, avec le grade de contre-amiral.

Pendant la grande guerre de 1807, il passa du service de mer au service de terre. Nommé général de division le 7 avril, ayant sous ses ordres un corps de Bavarois et de Wurtembergeois, il bat les troupes prussiennes en plusieurs rencontres, s'empare de la Silésie, cueille sa part de gloire dans cette belle campagne que couronna la paix de Tilsitt (7 juillet 1807), en reçoit un mois après (12 août) le prix par la main de la princesse royale de Wurtemberg [1], et, presque en même temps (18 août), la couronne de

---

[1] Frédérique-Catherine-Sophie-Dorothée, princesse royale de Wurtemberg, née le 21 février 1783, morte le 28 novembre 1835. Douée d'une grande force

Westphalie, **un de ces royaume que d'un signe de sa volonté Napoléon était assez puissant alors pour jeter sur la carte du monde** [2].

Jérôme avait alors vingt-cinq ans. La modération et la prudence ne sont que par de très rares exceptions les vertus de cet âge. Le roi Jérôme, pendant les premiers

d'âme et des qualités les plus estimables, affectionnée à son mari, la reine de Westphalie se montra, dans la bonne comme dans la mauvaise fortune, digne reine, épouse aimante, mère tendre. Lorsqu'après le désastre de Moscou le vent de l'adversité eut précipité Jérôme du trône, elle ne l'abandonna pas et l'accompagna à Paris. En mars 1814, lorsque forcé par l'impérieuse gravité des évènements de se séparer d'elle le roi Jérôme avait suivi Marie-Louise à Blois, la reine de West-phalie était partie pour se rendre dans les Etats du roi de Wurtemberg son père. Mais un ancien chouan, le marquis de Maubreuil, qui avait fait partie de sa maison à Cassel en qualité d'écuyer, avait repris à quelques lieues de Paris, pour le compte de la maison de Bourbon, le métier de détrousseur de grand chemin jadis dévolu aux anciens chevaliers, avait arrêté sa voiture à main armée et lui avait volé ses diamants, son argent, ses effets les plus précieux. Parvenue à la cour du roi de Wurtemberg après mille traverses, elle y avait été, en 1815, rejointe par son mari, avait successivement habité avec lui le château d'Elvangen, Raimbourg ou Trieste. Là, son affection et sa sollicitude pour ses enfants avaient consolé le roi Jérôme de la perte de son trône.

De son mariage avec Jérôme étaient issus :

1° Jérome-Napoléon-Charles, prince de Montfort, né à Trieste le 24 août 1814, colonel du 8e régiment de ligne au service de son oncle le roi de Wurtemberg. Il est mort en 1847 ;

2° Mathilde-Lætitia-Wilhelmine, princesse de Montfort, née à Trieste le 27 mai 1820, mariée en 1841 au prince russe Demidoff de San-Donato.

3° Napoléon-Joseph-Charles-Paul, prince de Montfort, né à Trieste le 9 septembre 1822, ancien capitaine du 8e régiment de ligne au service de son oncle le roi de Wurtemberg, élu en 1848, par le département de la Corse, représentant du peuple à l'Assemblée nationale, en janvier 1849 colonel de la 2e légion de la banlieue, et en février ambassadeur en Espagne.

[2] Napoléon, qui avait déjà institué dans le midi de l'Allemagne les deux royaumes de Bavière et de Wurtemberg contre l'Autriche, institua, dans le nord, après la paix de Tilsitt, les deux royaumes de Saxe et de Westphalie contre la Prusse. Le royaume de Westphalie fut formé des États de Hesse-Cassel, de Brunswich, de Fuld, de Paderborn et d'une grande partie du Hanovre. Celui de Saxe comprit l'électorat de ce nom et la Pologne prussienne érigée en grand-duché de Varsovie.

temps de son règne, subit la loi commune. Mais, doué d'un esprit pénétrant, d'un jugement sain, de qualités personnelles de l'ordre le plus élevé, il sut gagner les cœurs de ses sujets. Sur ce trône où l'avait jeté la main puissante du chef du grand Empire, cette main pesait sur lui comme sur ses autres frères couronnés. Les mêmes liens dorés de vasselage par lesquels, dans sa politique exclusive, Napoléon croyait devoir enserrer les rois qu'il créait, enserraient aussi Jérôme. Comme Joseph qui, roi d'Espagne, n'avait pas perdu sa charge de grand-électeur; Louis, roi de Hollande, celle de grand-connétable; Murat, roi de Naples, celle de grand-amiral, Jérôme, roi de Westphalie, conserva le titre de prince impérial et le grade de général de division, et, par son titre et son grade, se trouva lié à l'Empire comme Joseph, Louis, Murat, par leurs grandes charges. Mais malgré la sujétion terrible qui, sur ce trône, lui faisait assumer deux responsabilités, celle de ses actes personnels, celle des exigences de la politique impériale, il sut, pendant qu'il régna, se rendre digne de l'affection de ses sujets, et quand il dut cesser de régner, de leurs regrets.

Les trois sœurs de Napoléon avaient tout naturellement aussi partagé les hautes fortunes de leurs frères. L'aînée d'entre elles, ÉLISA, ayant habité chez son frère Lucien dès 1799, avait pris de lui le goût des lettres et des beaux-arts. A son exemple, elle avait recherché les hommes éminents dans les unes et dans les autres, et s'en était formé une petite cour où figuraient le chevalier de Boufflers, La Harpe, le vicomte de Chateaubriand, Fontanes et d'autres célébrités.

Mariée le 5 mars 1797 à M. Bacciochi[1], elle fut nommée successivement princesse de Lucques et Piombino et couronnée grande-duchesse de Toscane le 10 juillet 1805.

Avec des idées peu communes, un beau et un bon caractère, un esprit indépendant et altier, aimant sa propre grandeur et se complaisant surtout à la faire ressortir, elle ne fut jamais l'esclave de la politique et de son mari, rarement celle des bienséances, plus rarement encore celle des préjugés. Son ambition était de gouverner par elle-même, de rivaliser, en cela comme en tout, avec les reines les plus célèbres, et de mériter le surnom de *la Sémiramis de Lucques* que lui avait donné un des écrivains les plus spirituels de son temps. Elle y parvint, mais en faisant, comme tous les autres membres de sa famille, beaucoup de bien et beaucoup d'ingrats.

CAROLINE, sa sœur, avec un esprit moins brillant qu'elle, montra des qualités plus solides. En 1800 (20 janvier) elle avait épousé Murat[2] dont la fortune s'accrut avec celle

[1] FÉLIX BACCIOCHI, d'une famille noble, né en Corse le 18 mai 1762, dut à cette alliance son illustration et sa fortune. Capitaine d'infanterie en 1797, il fut cette même année nommé colonel du 20e régiment d'infanterie de ligne, membre du Sénat le 29 décembre 1802, et successivement général, officier de la légion-d'Honneur, souverain de Lucques, de Piombino et de Toscane. Deux enfants naquirent de son mariage avec la princesse Élisa :

1° NAPOLÉONE-ÉLISA, née le 3 juin 1806, mariée au comte CAMERATA.

2° FRÉDÉRIC, mort à Rome.

[2] JOACHIM MURAT, était né le 25 mars 1767 à La Bastide-Frontonnière (Lot). Son père était aubergiste. Parmi les rois de race plébéienne dont l'histoire a transmis les noms, quelques-uns s'élevèrent par de grandes qualités administratives. De ce nombre furent *Agathocle*, qui eut pour père un portier ; *Tullus Hostilius*, qui avait été pâtre ; *Tarquinius Priscus*, fils d'un marchand de Corinthe ; *Servius Tullius*, de condition servile, et d'autres. Le mérite de Murat fut purement militaire ; mais il porta ce mérite au plus haut degré. Valeureux jusqu'à une témérité incroyable, d'une

de Napoléon, et qui fut successivement nommé général en chef, gouverneur de Paris, maréchal de France, prince, grand-amiral, grand-duc de Berg, et enfin roi de Naples en 1808.

Le trône où Napoléon avait appelé Murat n'était pas le repos. Presque toujours en campagne avec l'empereur, dont il était un des plus vaillants lieutenants, il laissait la régence à la reine Caroline qui, par un caractère de justice et de fermeté rare dans une femme, sut, dans des circonstances critiques, révéler de grandes qualités. Comme sa sœur Elisa, protectrice éclairée des sciences et des arts, elle marqua entre autres choses son passage au trône de Naples par deux mesures dont la science doit lui tenir compte : d'abord, une organisation sur un meilleur système des fouilles de Pompéia, et ensuite la riche restauration et une disposition mieux entendue du musée des antiques de Naples. Bienfaisante jusqu'à la prodigalité, elle créa, sur ses revenus personnels, et pour trois cents jeunes demoiselles, une maison d'éducation que les

beauté fantastique sous les armes, se parant dans les jours de combat comme les anciens preux, on eut dit un de ces brillants paladins échappé à la nuit du moyen âge et jeté, par quelque hasard, au milieu des grandes guerres de la République et de l'Empire. Pour compléter la ressemblance avec eux, il lui manquait un trône comme apanage de vaillant chevalier ; le conquérant dont il avait épousé la sœur l'en dota.

De son mariage avec Caroline naquirent quatre enfants :

1° Napoléon-Achille-Charles-Louis, prince royal des Deux-Siciles, né le 21 janvier 1801, mort le 15 avril 1832.

2° Lætitia-Josèphe, née le 25 avril 1802, mariée au comte Pepoli à Bologne ;

3° Lucien-Charles-Joseph-François-Napoléon, né le 16 mars 1803, élu en 1848, par le département du Lot, représentant du peuple à l'Assemblée nationale.

4° Louise-Julie-Caroline, née le 22 mars 1805, mariée au comte Rasponi à Ravenne.

Bourbons restaures de Naples devaient plus tard se hâter de fermer comme mesure trop révolutionnaire.

La troisième des sœurs de Napoléon, PAULINE, était dans la famille un caractère en quelque sorte à part. Homme sous le rapport de l'énergie et des sentiments, femme sous celui de la beauté et des instincts, elle avait toutes les qualités de l'un et tous les capricieux écarts de l'autre.

Après avoir été sur le point d'épouser, à Marseille, le conventionnel Fréron, fils du célèbre critique de ce nom, le général Duphot, depuis assassiné à Rome, elle s'était mariée avec le général Leclerc [1]. Sa beauté était déjà célèbre. En décembre 1801, lorsque le général Leclerc fut chargé de la malheureuse expédition de Saint-Domingue, elle suivit son mari avec un enfant qui leur était né, et s'embarqua à Brest sur le vaisseau amiral l'*Océan*. « Là, dit un des poètes qui avaient suivi l'expédition, couchée sur le pont du vaisseau avec ce bel enfant, elle rappelait la Galathée des grecs, la Vénus maritime dont les triomphes ont tant de fois inspiré la lyre des anciens et le pinceau des modernes. »

[1] LECLERC (Charles-Emmanuel), était né à Pontoise d'une famille obscure. Entré jeune dans les armes, il se fit remarquer dès 1792 par son intrépidité et l'exaltation de ses principes. En 1793, élevé au grade d'adjudant-général, il forma, au siège de Toulon, avec Napoléon, une liaison qui devait, dans la suite, lui valoir une fortune rapide. Général de brigade en 1796, il suivit Bonaparte en Italie, en Egypte. Au 18 brumaire, à la tête de ses grenadiers, il contribua puissamment, par son audace, au succès de cette journée contre les Conseils. Après son mariage avec Pauline, il fut, en 1801, chargé du commandement en chef de l'armée qui traversa l'Espagne pour soumettre le Portugal, et à la fin de la même année de celui de l'expédition de Saint-Domingue. Il expira au Cap, d'une maladie de langueur, le 2 novembre 1802.

En 1802, pendant la terrible insurrection du Cap du 16 septembre, elle ne cessa de faire preuve d'une élévation de sentiment, d'un courage au-dessus de son sexe, « et ce jour, dit un de ses biographes, elle fut une femme de Sparte sous les traits d'Armide. » Il aurait pu ajouter que depuis et jusqu'au temps des grands désastres, elle fut toujours ou presque toujours une Armide.

Après la mort du général Leclerc, elle épousa, le 6 novembre 1803, le prince Borghèse[1]. Trois ans après, le 50 mars 1806, elle fut promue par l'empereur au titre de princesse, duchesse de Guastalla.

Plus âgé qu'elle de onze ans, Napoléon avait pour elle une véritable affection de père et de frère. La mutinerie pleine de grâces de Pauline l'amusait : ses boutades, ses remontrances parfois un peu vives, mais toujours sensées, ne lui déplaisaient pas : ils étaient sans cesse en voie de brouillerie ou de raccommodement. Un jour, cependant, au sujet d'un manque d'égards qu'elle avait eu pour l'impératrice Marie-Louise, il la disgracia.

Pauline supporta son exil en femme adorable et adorée.

---

[1] Le prince Borghèse (Camille) descendait d'une illustre famille romaine, issue de Sienne, qui a fourni à l'église un pape (Paul V) et des cardinaux. S'étant enrôlé sous les drapeaux français, il fit les campagnes de 1796-97, fut distingué par Napoléon qui, ayant alors déjà le projet d'allier sa famille aux premières maisons de l'Europe, lui donna sa sœur. Etant entré en jouissance des droits de citoyen français, le 27 mars 1803, il fut créé prince français en 1806, grand cordon de la légion d'honneur et duc de Guastalla. Chargé d'une mission en Pologne, en 1808, il fut nommé gouverneur-général des départements au delà des Alpes, en 1810. Le 19 juin 1814, après avoir proclamé les changements survenus dans le gouvernement français, il publia les ordres qui lui étaient transmis par le gouvernement provisoire, capitula quelques jours après avec le général autrichien comte de Bubna, et lui remit les places du Piémont. Après avoir habité Rome jusqu'en 1840, il fixa sa résidence dans un magnifique palais qu'il tenait de ses aïeux et où il mourut peu après.

Insouciante dans le tourbillon des joies et des agréments de la vie, satisfaite du sceptre de la beauté, elle laissa son frère manier à sa guise celui de la puissance et du génie, sans chercher, au temps de sa disgrace, à le troubler par ses doléances comme, au temps de sa faveur, par ses remontrances. Pour se montrer, sous son jour le plus beau, son cœur parut attendre les jours de la mauvaise fortune du puissant empereur : ces jours, nul ne les prévoyait encore sans doute, mais ils avaient déjà planté leurs jalons aux deux extrémités du grand empire.

Un mot au lecteur avant d'aborder cette grande phase de l'histoire de la famille Bonaparte.

Pour donner plus de clarté et plus d'ensemble à ce récit, nous avons dû scinder les biographies des principaux membres de la famille Bonaparte. Nous les retrouverons après les désastres de 1815. Nous avons cru même ne pas devoir parler de ceux qui se sont trouvés en dehors du grand tourbillon impérial. Il en est deux cependant que nous mentionnerons d'autant plus volontiers que la naïveté de leur ambition fut un fait assez rare à une époque où le prestige du plus grand nom des temps modernes était plus que suffisant pour motiver toutes les prétentions.

Le premier était un vieil abbé Bonaparte qui habitait San Miniato. En 1796, lorsque Napoléon, général en chef de l'armée d'Italie entra vainqueur dans Trévise, les autorités de la ville étaient venues au devant de lui et lui avaient présenté les titres et les actes qui prouvaient que sa famille y avait été puissante et honorée. Il en avait été de même à Bologne, où les députés du sénat et de la ville,

Marescalchi, Aldini, étaient venus lui présenter leur livre d'or où se trouvaient inscrits les noms et les armoiries de sa famille. A cette époque, et dans l'armée d'Italie surtout toute bouillante encore de démocratie et de républicanisme, ces démonstrations honorifiques étaient des flatteries assez compromettantes qui avaient valu au jeune général, de la part de son état-major, plus d'un lazzi dont il avait été le premier à rire. Dans la même campagne, se rendant à Florence, il avait couché, à San-Miniato, chez l'abbé Bonaparte qui traita magnifiquement tout son état-major. Après avoir épuisé tous les souvenirs de famille, l'abbé présenta à Napoléon une pancarte soigneusement roulée qu'il dit en être la pièce la plus précieuse. Napoléon, encore sous le coup de ce qui lui était arrivé à Trévise et à Bologne, crut à l'exhibition de quelque bel arbre généalogique, et eut quelque peine à masquer son embarras devant ses lieutenants qui faisaient fort peu de cas de ces sortes de choses. Il en fut quitte pour la peur. L'abbé lui présenta un mémoire fort en règle en faveur d'un père Bonaventure Bonaparte, capucin de Bologne au 17ᵉ siècle, béatifié depuis longtemps, et qu'on n'avait pu faire canoniser à cause des grands frais qu'eût nécessité la régularisation de ce brevet de béatitude. « Vous m'avez » fait vos offres de service, lui dit l'abbé, et bien, voici » ce que je vous demande. Obtenez du pape la canonisation » de notre saint parent. Puissant comme vous êtes, le » pape ne vous la refusera pas, et vous aurez alors un bon » protecteur dans le ciel. Pour moi, je n'ai besoin de » rien. »

Quant au second Bonaparte, aussi peu ambitieux que l'abbé de San-Miniato, c'était un curé ayant nom Hyéro-

nime Bonaparte, et desservant la chapelle d'un hameau sans nom, situé à huit milles de Florence, sur la route de Sienne, entre le gros bourg de *San-Casciano*, célèbre par l'auberge dite de *la Campana*, qu'avait longtemps habitée Machiavel, et le bourg de *Certaldo* où est mort Boccace.

Hyéronime Bonaparte était oncle de Madame-Mère et grand-oncle de l'empereur. Dans la riante vallée qu'il habitait, tout le bruit qu'avait fait son petit-neveu dans le monde était passé par-dessus sa tête sans qu'il l'entendît. Trois choses étaient l'objet de ses prédilections : une poule très familière et fort bonne couveuse nommée *Bianca*, une jeune orpheline nubile qu'il avait vu naître, à qui il servait de père, et qui avait nom *Mattea*, et un grand garçon nommé *Thomasso*, orphelin aussi, qu'il avait recueilli, élevé, que dans sa sollicitude il destinait pour mari à Mattea, et qui, en attendant, servait sa messe, sonnait ses cloches, chantait au lutrin, bêchait son petit jardin et allait garder sa chèvre.

Tout allait assez au gré des vœux du bon curé, lorsque l'empereur, sur les instances de sa mère, envoya, en 1807, un de ses lieutenants, le général comte de l'empire N...., pour offrir à un grand-oncle dont la famille gouvernait l'Europe quelque chose de mieux qu'une cure de village. Le comte N... arriva auprès du curé avec une brillante escorte de dragons, lui apprit ce qu'il ignorait, la brillante fortune de sa famille, et lui fit part des intentions de l'empereur. Le bon curé demanda quelques moments de réflexion ; mais pendant ce temps un dragon avait enlevé Mattea, qui s'était fort complaisamment prêtée à cet enlèvement ; un autre, à qui la ration du régiment ne suffisait pas, avait fait la chasse à la poule Bianca, et

Thomasso, séduit par le brillant uniforme des dragons, s'était engagé. L'annonce successive de ces divers désastres qui, en un moment, venaient de briser toutes ses affections, fut poignante pour le bon curé qui, l'œil humide de larmes, répondit ainsi au comte N.... — « Je remercie » mon neveu l'empereur, monsieur le général, et je reste » curé de ce petit village où j'ai si longtemps été heureux. » J'ai hésité un moment, et, vous le voyez, Dieu m'a puni : » j'ai perdu tous les objets de mes affections. Dites à » Lætitia que j'espère qu'elle a toujours la même bonne » conscience qu'elle avait étant jeune fille ; embrassez » pour moi mon petit-neveu, le petit Napoléon : Dieu leur » conserve à tous leurs trônes. Ce sont de braves enfants » d'avoir pensé à leur vieil oncle... Je ne veux point » d'évêché, point de robe rouge, point de barrette de » cardinal... Allez, monsieur le général et, si vous res- » pectez les volontés du vieil oncle de votre empereur, ne » revenez plus. »

Maintenant nous pouvons reprendre notre récit.

Nous avons dit qu'au moment où Napoléon était à l'apogée de sa puissance, les jours de la mauvaise fortune avaient déjà planté leurs jalons aux deux extrémités du grand empire. En effet, l'empereur n'avait pu atteindre à ce haut degré de puissance, remanier les empires, s'imposer à l'Europe, qu'en disant à un peuple : Vis ; à l'autre : Disparais ; à tous : Obéissez. Les nationalités froissées pour des intérêts qu'elles ne comprenaient pas s'étaient réveillées, jetant à l'air leur cri d'alarme, et l'homme que n'avaient pu ébranler les armes de l'Europe allait tomber devant un sentiment. Les rois par *droit divin* avaient trouvé

les peuples indifférents à la chûte de leurs trônes, battus en brèche, il leur fut aisé de les soulever au nom de leurs nationalités menacées [1].

Le premier coup de vent qui amoncela les nuages d'où la foudre devait partir était venu d'Espagne. Dans une guerre héroïque et sanglante, le patriotisme au désespoir y avait, pour la première fois, arrêté l'essor de l'aigle impériale. Ce réveil du sentiment de nationalité avait retenti dans l'Europe entière : l'Italie en avait tressailli d'espérance, l'Allemagne et la Hollande en avaient frémi d'impatience, et cette même anné 1812, où nous avons

[1] Nous citerons à ce sujet un fait assez curieux, fort singulier et peu connu, que nous devons à la bienveillante communication d'un homme d'État de l'époque. Dans l'automne de 1805, M. Pitt donnait un dîner où assistaient les lords Liverpool (alors Hawkesbury), Castlereagh, Batturtz et d'autres. Pendant le dîner, Pitt reçut une dépêche qui lui arracha les phrases saccadées suivantes. « Mauvaises nou-
» velles!... Tout est perdu!... Mack s'est rendu à Ulm avec 40,000 hommes....
» Napoléon peut marcher sur Vienne sans obstacle... Il n'y a plus de ressources
» contre cet homme!... Il y en a une, ajoutait-il en se reprenant. Si je parviens à
» soulever une *guerre nationale* en Europe.... Oui : une *guerre patriotique* peut
» seule délivrer l'Europe... Cette guerre doit commencer en Espagne. »

Ces mots *guerre nationale*, *guerre patriotique*, étaient alors des mots si nouveaux que les assistants crurent Pitt en proie à un égarement causé par le mal dont il mourut peu après. Pitt lut sur leurs visages l'effet produit par ses mots, et ajouta ces mémorables paroles : « Oui, Messieurs, l'Espagne sera le premier peuple où
» s'allumera cette *guerre patriotique* qui peut seule délivrer l'Europe. J'ai sur ce
» pays des renseignements exacts : c'est que, si la noblesse et le clergé ont dégé-
» néré et sont aux pieds du favori, le peuple conserve dans toute son ardeur sa
» pureté primitive, son amour pour ses souverains. Napoléon croit et doit croire
» l'existence de ceux-ci incompatible avec la sienne. Il essayera de les chasser, et
» c'est alors que je l'attends avec la *guerre nationale* que je lui prépare. »

On sait combien furent justes à ce sujet les prévisions de Pitt. Aussi en changeant les temps, les noms des pays et la cause, à la vue de ce qui se passe dans les vieilles monarchies européennes, on est tenté de se demander si ce n'est pas par une *guerre nationale* soulevée par l'amour de l'indépendance que l'Europe peut enfin sortir du vieux moule dans lequel on essaye à peu près partout de la maintenir, et qu'à peu près partout aussi elle essaye de briser.

laissé Napoléon si grand à Dresde, et qui avait marqué, en s'ouvrant, le plus haut degré de puissance du grand empire, devait marquer, en se fermant, son premier degré de décadence.

Nous ne saurions mieux exposer, comme cause et comme effet, la nouvelle série d'évènements dans laquelle allait entrer le grand empire, qu'en citant quelques paroles amères que prononça plus tard Napoléon dans des jours de mécompte et de revers : — « Je voulais, dit-il,
» préparer la fusion des grands intérêts européens, ainsi
» que j'avais opéré celle des partis au milieu de nous.
» J'ambitionnais d'arbitrer un jour la grande cause des
» peuples et des rois. Chaque roi que je créais était, dans
» ma pensée, une ancre jetée sur un point, dans ce but,
» et un partisan à cette noble cause. Je me trompai. Nom-
» mais-je un roi, aussitôt il se croyait roi par la grâce de
» Dieu tant le mot est épidémique. Ce n'était pas un lieu-
» tenant sur lequel je pouvais me reposer, c'était presque
» un ennemi dont je devais m'occuper. Ses efforts n'é-
» taient pas de me seconder, mais bien de se rendre indé-
» pendant. Si, au lieu de cela, chacun d'eux eût imprimé
» une impulsion commune aux diverses masses que je
» leur avais confiées, nous aurions marché jusqu'aux
» pôles : tout se fût abaissé devant nous. L'Europe jouirait
» d'un système nouveau, et le résultat eût infailliblement
» ramené les peuples.

» Au lieu de cela, pour triompher au milieu de périls
» toujours renaissants, il me fallait sans cesse autant
» d'adresse que de force. Plus j'avançais dans la carrière,
» plus j'avais besoin de vaincre d'une manière plus déci-
» sive. Aussi dès que j'eus été battu, les rois que j'avais

anéantir l'armée envahissante, dévastaient les provinces, incendiaient les villes, ne laissant sur le passage des Français que des déserts et des ruines. C'est ainsi que furent incendiées Smolensk, Dorigobowe, Wiasma, Gihal, Mojaïsk et enfin Moscou. Après ce dernier désastre, tout victorieux qu'il était, Napoléon était déjà vaincu.

En effet, comme dans ses autres campagnes, il avait cru terminer cette guerre par la rapide défaite de l'ennemi et l'occupation de sa capitale ; mais l'hiver approchait, et ses armes, victorieuses des hommes, ne purent lutter contre les éléments. Il fallut songer à la retraite. Il s'y décida le 19 octobre, arriva seul à Paris le 18 décembre, et des 500 mille hommes qui avaient passé le Niémen le 24 juin 350 mille étaient restés morts ou prisonniers sur cette terre de Russie. Le froid et la faim en avaient plus moissonné que le fer de l'ennemi. La grande armée n'existait plus. Le prestige d'invincibilité qui avait jusqu'alors soutenu la fortune de Napoléon était détruit. Cette malheureuse retraite fut le signal d'abandons successifs, de revers successifs. Le champ de bataille porté à Moscou en 1812, recula jusqu'à Dresde en 1813, et se transporta à Paris en 1814. Le sol de la France était envahi !

Avant de partir pour repousser cette invasion, terrible guerre, cette fois défensive, et où la puissance du génie allait seule entrer en lutte contre les appétits grossiers de vingt rois avides des dépouilles du grand empire, Napoléon voulut embrasser le roi de Rome, son fils (23 janvier 1814). En contemplant cet objet de tant de désirs et de tant d'espérances, une larme furtive roulant dans ses veux obscurcit ses regards. Il l'essuya, la croyant la cause

soumis, les rois que j'avais faits, les alliés que j'avais
» agrandis, les Etats que j'avais incorporés à l'Empire,
» les sénateurs qui m'avaient tant flatté et mes compa-
» gnons d'armes eux-mêmes devaient m'abandonner
» comme la fortune.... » En cela Napoléon disait vrai.

En effet, depuis quelque temps le cabinet de Saint-
Pétersbourg voyait, avec un ombrage mal dissimulé,
Napoléon s'arroger, sur le continent, une suprématie à
laquelle les czars aspiraient depuis Pierre Ier. Puis ce
cabinet, qui souffrait du blocus continental sans profiter
de la guerre, n'ayant jusqu'alors essayé ses forces contre
la France que pour défendre ses alliés, était fortement
tenté de les essayer pour son propre compte. Tout en lui
présageait une rupture. L'Angleterre mit à profit ces
dispositions équivoques; elle eut peu de peine à l'entraîner
dans sa cause. Les deux empereurs Napoléon et Alexandre,
malgré leur récente amitié de Tilsitt et d'Erfurt, se mesu-
rèrent quelque temps du regard, et, enfin, d'immenses
préparatits de part et d'autre, des amas de vivres, de munitions, des levées d'hommes, des prises d'armes, annon-
cèrent une de ces grandes guerres où se jouent le sort des
empires. Elle eut lieu. A la tête d'une armée de 500 mille
hommes, Napoléon passa le Niémen le 24 juin 1812,
s'empara de Wilna et de Witepsk, battit les Russes à
Ostrowno et à Mohilow, passa le Borystène, battit de nouveau les Russes à Smolensk, à Polosk, à Valentino, et
entra le 14 septembre dans Moscou, après la sanglante
bataille de la Moscowa où les deux partis s'attribuèrent la
victoire.

Mais les Russes, comptant autant sur leur vaste territoire et leur âpre climat que sur leurs troupes pour

des ténèbres qui lui voilaient des traits chéris : il se trompait, c'étaient les ombres prématurées que répandait l'éternité entre le père et le fils. Ils ne devaient plus se revoir!

En effet, deux mois après (31 mars) Paris ouvrit ses portes à des ennemis que la France avait, pendant vingt ans, vaincu sur tous les points de l'Europe. Une idole était brisée, une autre s'élevait, arrivée dans les bagages des Cosaques, et comme un des plus lourds fardeaux de la conquête, et tous les corps constitués luttèrent de bassesse et de déconsidération pour l'adorer. Un traité du 11 avril, imposé par la conquête, exigeant l'abdication de Napoléon, le plaça entre les intérêts de la France et ses intérêts particuliers. Véritable grand homme jusqu'au bout, ayant l'inspiration des grands sacrifices, et pour ne pas être le sujet de dissensions intestines, Napoléon, qui aimait plus la gloire que la liberté, mais qui aimait plus la France que lui-même, renonça, pour lui et ses enfants, aux trônes de France et d'Italie, reçut en échange la souveraineté de l'île d'Elbe, et cette abdication de Fontainebleau devint un des plus grands actes de patriotisme qu'il laissa dans son héritage. L'Europe coalisée replaça sur la tête d'un Bourbon la couronne de France, violemment arrachée à cette famille vingt-deux ans auparavant, et l'homme pour qui l'Europe entière était naguère encore un théâtre à peine assez vaste partit pour une principauté de quelques lieues de circuit, pour l'île d'Elbe!

Mais l'aigle blessé n'était pas mort. Prenant son essor du lieu où l'avait jeté le vent de la tempête, il vint, l'année suivante, s'abattre encore sur Paris, d'où son aspect seul suffit pour faire fuir les Bourbons. La France accueillit

ce retour avec enthousiasme ; l'Europe avec colère. Accumulant toutes ses rancunes et toutes ses haines pour frapper un terrible et dernier coup, une fois encore elle se leva tout entière contre un seul homme. La bataille de Waterloo eut lieu, et, de ce champ de bataille où il voulait rester avec sa fortune et où la mort ne voulut pas de lui, Napoléon, trahi jusque dans sa confiance en la loyauté d'un ennemi, fut conduit, comme PRISONNIER DE L'EUROPE. à l'île Sainte-Hélène.

Voici sa protestation que l'histoire ne saurait trop multiplier comme un stygmate impérissable au déloyal ennemi qui, en plein xixe siècle, osa renouveler, pour un grand homme malheureux, les formes brutales et déloyales des époques de barbarie.

« A bord du Bellérophon, à la mer.

» Je proteste solennellement ici, à la face du ciel et des hommes, contre la violence qui m'est faite, contre la violation de mes droits les plus sacrés, en disposant, par la force, de ma personne et de ma liberté.

» Je suis venu librement à bord du *Bellérophon.* Je ne suis pas prisonnier ; je suis l'hôte de l'Angleterre. J'y suis venu à l'instigation même du capitaine, qui a dit avoir des ordres du gouvernement de me recevoir et de me conduire en Angleterre, avec ma suite, si cela m'était agréable.

» Je me suis présenté de bonne foi pour venir me mettre sous la protection des lois de l'Angleterre. Aussitôt assis à bord du *Bellérophon* je fus sur le foyer du peuple britannique. Si le gouvernement, en donnant des ordres de me recevoir ainsi que ma suite, n'a voulu que me tendre une embûche, il a forfait à l'honneur et flétri son pavillon. Si cet acte se consommait, ce serait en vain que les Anglais voudraient parler désormais de leur loyauté, de leurs lois, de leur liberté ; la foi britannique se trouvera perdue dans l'hospitalité du *Bellérophon*.

8

» J'en appelle à l'histoire : elle dira qu'un ennemi qui fit vingt ans la guerre au peuple anglais vint librement, dans son infortune, chercher un asile sous ses lois. Quelle plus éclatante preuve pouvait-il lui donner de son estime et de sa confiance? Mais comment répondit-on, en Angleterre, à une telle magnanimité? On feignit de tendre une main hospitalière à cet ennemi, et quand il se fut livré de bonne foi, on l'immola !

» NAPOLÉON. »

On l'immola en effet. Sur le rocher de Sainte-Hélène, où le cloua la vengeance de l'Europe, il devait mourir !

Ainsi disparut de la scène politique le plus grand homme des temps modernes. Il remplit le monde de sa renommée; il planta ses aigles sur toutes les capitales; il disposa à son gré des couronnes. Mais, dans sa brillante carrière, au lieu de poursuivre ostensiblement partout le développement de la révolution qui l'avait armé, il passa à travers l'Europe comme un flot révolutionnaire dévié de sa source. Alors cet homme, né de la liberté et au nom de la liberté, invincible comme l'athlète de la fable tant qu'il toucha cette terre d'où il tirait son origine, dut tomber dès qu'il l'abandonna. Il tomba en effet : sa gloire resta seule.

Quand il avait paru sur la scène du monde, par suite du bouleversement des années précédentes, dès ses premiers pas, il avait trouvé le citoyen français avec beaucoup de droits dont il ne savait que faire et peu de devoirs qu'il ne pouvait remplir. Avec le Consulat, son génie avait su régulariser ce chaos politique et moral. Il avait fait un pas encore et s'était heurté contre une couronne; il l'avait ramassée : l'ère impériale s'était ouverte.

Fait à part dans les annales de la France et du monde, l'Empire, envisagé du point de vue étroit des intérêts de

pays ou de principes, semble être un temps d'arrêt de la révolution momentanément étouffée dans les plis du manteau d'un conquérant. Observé au contraire sous le point de vue le plus élevé de la philosophie, il apparaît comme le point culminant d'où la révolution, portée sur l'aile de la gloire, allait s'épandre par le monde.

En effet, chose trop peu remarquée, dès que Napoléon eut ceint la couronne impériale, il n'y eut plus rien de local, ni en France ni ailleurs. Tout fut dans tout. Le plus petit ébranlement du plus petit royaume mit l'Europe en émoi ou en armes. Et cela se conçoit : la révolution s'était fait homme ; elle s'était momentanément incarnée dans l'homme prédestiné par la Providence pour semer la France à travers l'Europe et, avec elle, les idées humanitaires dont elle est l'expression la plus avancée. Dans leur aveuglement, les rois, par droit divin, représentants nés du principe contre-révolutionnaire, s'acharnent à combattre cet homme, fait révolutionnaire couronné, et chacune de leurs levées de boucliers vient en aide à la mission providentielle dont il est investi. Sous les pas triomphants du conquérant, les peuples s'entrechoquent, les vieilles races s'effacent, les couronnes se brisent, les trônes s'écroulent, et, sous ces débris, les idées germent, et au bruit de cet immense choc des peuples s'éveillent, d'autres sortent de leur néant : les uns secouent leur linceuil, les autres leurs fers ; tous s'inclinent en l'exaltant devant la *grande nation* qui, armée à la fois du glaive et de l'idée, guérit d'une main les blessures qu'elle fait de l'autre; une épouvantable guerre embrasse parfois, pendant cette période, les deux hémisphères, et n'est, en fin de compte, qu'une sorte de décoration et de pompe militaire à la

transfusion universelle des principes de la révolution [1].
Un coup de tonnerre arrêta cette transfusion dans son
cours.

En effet, avec son regard d'aigle, Napoléon avait sondé
toute la gravité de la lutte ouverte, dès 1789, entre les
peuples et les rois. Du haut du grand trône où l'avai
porté la fortune, il crut pouvoir arbitrer cette grande
cause, introniser en Europe un système nouveau. Il fut
compris des rois qui se liguèrent pour étouffer cette pensée
si menaçante pour leurs vieux trônes ; il ne fut pas compris des peuples qui se levèrent pour briser cette épée si
bienfaisante pour leurs jeunes droits : ce double but fut
atteint, et NAPOLÉON BONAPARTE tomba pour avoir été à la
fois compris et incompris : compris des rois, incompris
des peuples.

Son nom resta comme un fait révolutionnaire sous un
emblème éblouissant et, à ce titre, l'avenir allait lui tenir
en réserve une part d'influence sur les destinées de la
France et, par contre, du monde.

Le souffle de l'ouragan qui avait abattu ce colosse avait,
du même coup, dispersé aux quatre vents la famille Bona-

[1] Au point de vue physiologique les grandes guerres d'invasion ont aussi leur
utilité. Par le croisement accidentel des races, elles peuvent, jusqu'à un certain
point, les régénérer. Un tableau statistique d'un travail remarquable, que nous avons
sous les yeux, donne à ce sujet les indications fort curieuses suivantes.

Dans la partie de la France située au delà du Rhône et de la Loire, les exemptions pour la conscription pour défaut de taille avaient été en moyenne, de 1802 à
1812, de 22/100es. Dans la partie située en deçà des mêmes fleuves, de 17/100es.
Depuis les deux invasions de 1814 et 1815, dans la première partie, la moyenne
des exemptions, pendant une même période de 10 ans, de 1835 à 18.5, est descendue à 10/100es. Dans la seconde partie plus généralement occupée par les
alliés, elle n'a été que de 6/100es.

parte. Les rois battus, les rois détrônés, les rois humiliés, se dressèrent de toute l'insolence de leur triomphe inespéré pour s'acharner sur ses débris : tels, après un naufrage, de rapaces insulaires se ruent sur les riches épaves que la mer rejette sur ses bords. Aussi, à peine après bien des traverses quelques-uns des membres de cette famille purent-ils trouver un gîte et un abri sur ce continent d'Europe qu'un d'entre eux pouvait peu auparavant parcourir en maître.

La mère de Napoléon, Madame-Mère, se retira à Rome, où elle reçut de la part de Pie VII l'accueil distingué qu'en avaient reçu avant elle des personnes royales détrônées. Dans le palais qu'elle habitait, elle occupa exclusivement une chambre où étaient appendus aux murs les portraits de tous ses enfants. Là, cette mère aimante et courageuse, simple pendant son élévation, fière après ses revers, cherchant dans le travail une distraction à ses douleurs, filait au fuseau pendant que tricotaient, assises à quelques pas d'elle, deux vieilles femmes corses qui formaient alors toute sa cour. Là cette auguste proscrite, la noble femme, environnée de l'estime et des respects de l'Europe, âgée de près d'un siècle, renfermée dans son culte pour la mémoire de son fils, isolée dans son veuvage maternel, porta jusqu'à sa mort dans un douloureux exil la peine d'avoir donné à la France un grand homme de plus ! Elle eut la douleur de survivre à Napoléon. Dans les dernières années de sa vie, s'étant fait à la cuisse une blessure dont on ne put obtenir la consolidation, elle ne quitta plus le lit. Âgée de 86 ans, elle mourut le 2 février 1836, avec la grandeur stoïque d'une Cornélie romaine, laissant la mémoire d'un des beaux caractères de femme

que l'on puisse tracer, et une fortune que ses donations à divers membres de sa famille et aux administrations pauvres avaient réduite à un état modique.

Son fils aîné, Joseph, avait été nommé lieutenant-général de l'empire en 1814. Parti pour défendre le territoire contre la coalition, Napoléon avait confié la régence à l'impératrice Marie-Louise, et avait laissé à Joseph l'instruction suivante :

« Reims, 16 mars 1814.

» Conformément aux instructions verbales que je vous ai données et à l'esprit de toutes mes lettres, vous ne devez pas permettre que, dans aucun cas, l'impératrice et le roi de Rome tombent aux mains de l'ennemi. Je vais manœuvrer de manière qu'il soit possible que vous soyez plusieurs jours sans recevoir de mes nouvelles. Si l'ennemi s'avance sur Paris avec des forces telles que toute résistance devînt impossible, faites partir, dans la direction de la Loire, la régente, mon fils, les grands dignitaires, les ministres, les officiers du sénat, les présidents du conseil d'État, les grands officiers de la couronne, le duc de la Bouillerie et le trésor. Ne quittez pas mon fils, et rappelez-vous que je préférerais le savoir dans la Seine plutôt que dans les mains des ennemis de la France. Le sort d'Astyanax, prisonnier des Grecs, m'a toujours paru le sort le plus malheureux de l'histoire.

» Votre affectionné frère,

» NAPOLÉON. »

Enchaîné par des ordres si précis, Joseph s'était trouvé dans une situation des plus critiques lorsque les colonnes russes de Rayewski, ayant porté leurs avant-postes vers La Villette et le bas de Vincennes, d'autres masses d'infanterie se déployèrent dans la plaine d'Aubervilliers. En

même temps les généraux Marmont et Mortier ne cessaient de le prévenir que les soldats, accablés par le nombre, étaient près de succomber, et que, d'un moment à l'autre, on devait s'attendre à voir Paris inondé de troupes irrégulières. Cependant il voulut tenter un dernier effort et, le 29 mars, il adressa aux Parisiens la proclamation suivante, qui suffirait seule pour le laver de l'injuste reproche qu'on lui a fait d'avoir abandonné Paris.

« CITOYENS DE PARIS,

» Les ennemis sont à nos portes, mais l'empereur les suit de près à la tête d'une armée victorieuse.

» Le conseil de régence a pourvu à la sûreté de l'impératrice et du roi de Rome : Je reste avec vous.

» Armons-nous pour défendre cette ville, nos femmes, nos enfants, tout ce qui nous est cher ; que cette vaste cité devienne un camp et que l'ennemi trouve sa honte sous ses murs qu'il espérait franchir en triomphe.

» L'empereur marche à notre secours ; secondons-le par une courte et vive résistance et conservons l'honneur français.

» JOSEPH. »

Cette voix n'avait pas été entendue, et quand il n'avait plus été humainement possible de défendre Paris, pour éviter, d'après les ordres si précis de l'empereur, que le roi de Rome et l'impératrice ne tombassent aux mains des ennemis, il avait abandonné la capitale et s'était retiré à Blois avec son précieux dépôt. Là, le roi Jérôme et lui avaient fait tous leurs efforts pour engager l'impératrice à aller rejoindre Napoléon ; mais demander un acte de patriotisme ou d'énergie à cette femme qui, sur le trône de France, n'avait jamais cessé d'être Autrichienne, c'était

demander l'impossible. Marie-Louise s'y refusa. Ce refus, dans un moment où la gravité des évènements pouvait donner aux circonstances une portée incalculable, fut peut-être un malheur pour la France.

Quoiqu'il en soit, il amena l'expiration de la régence. En effet, dès le 8 avril, l'impératrice entra en relations avec les commissaires de la coalition. Joseph resta dix jours encore essayant de rattacher les fils d'une toile dont chaque heure emportait un lambeau. Forcé de fuir pour ne pas tomber aux mains des ennemis, il se rendit en Suisse, au château de Prangins, où un an plus tard, lors des évènements du 20 mars 1815, il n'échappa que par une nouvelle fuite aux émissaires de Schwartzemberg, chargés de l'arrêter. Après Waterloo, comme il avait été décidé à l'avance que toute la famille se rendrait aux États-Unis, il rejoignit Napoléon à Rochefort; mais ce dernier s'étant imprudemment livré à la bonne foi des Anglais, Joseph s'embarqua pour les États-Unis, le lieu d'exil qu'il s'était choisi. Il y vécut sous le nom de *comte de Survilliers*, titre qu'il s'était donné dans une circonstance assez critique de sa vie.

Voici à quelle occasion.

Le fait est peu connu, et mérite de l'être, en ce qu'il jette un grand jour sur la position faite par Napoléon aux rois qu'il créait.

En 1814, Joseph, alors roi d'Espagne, n'ayant pu obtenir de réponse de Napoléon sur des faits relatifs à son gouvernement et un peu en dehors de la politique impériale, prit le parti de se rendre en France pour avoir la réponse de vive voix. Il partit en effet, la traversa incognito sous le nom de comte de Survilliers, et eut une

conférence avec l'empereur qui, outré de sa démarche, le menaça de le *traiter comme un général qui aurait déserté son poste*, s'il ne se rendait immédiatement dans son gouvernement. Forcé d'obéir, Joseph reprit incognito la route d'Espagne, toujours sous le nom de comte de Survilliers, qu'il devait prendre et porter plus tard au temps des grands revers.

A la suite de cette entrevue et de retour en Espagne, Joseph avait pris la détermination de quitter un pays où il ne pouvait faire le bien ni empêcher le mal, et l'avait annoncé à l'empereur par la lettre suivante si honorable pour lui.

« A L'EMPEREUR,

» Sire, lorsqu'il y a bientôt un an je demandais à V. M. son avis sur mon retour en Espagne, elle m'engagea à y retourner et j'y suis. Elle eut la bonté de me dire qu'au pis aller je serais à temps de la quitter si les espérances qu'on avait conçues ne se réalisaient pas; que dans ce cas V. M. m'assurerait un asyle dans le midi de l'empire. Sire, les évènements ont trompé mes espérances, je n'ai fait aucun bien et je n'ai pas l'espoir d'en faire. Je prie donc V. M. de me permettre de déposer entre ses mains les droits qu'elle daigna me transmettre sur la couronne d'Espagne, il y a quatre ans. Je n'ai jamais eu d'autre but, en acceptant la couronne de ce pays, que le bonheur de cette vaste monarchie : il n'est pas dans mon pouvoir de le faire.

» Je prie donc V. M. de m'agréer au nombre de ses sujets et de croire qu'elle n'aura jamais de serviteur plus fidèle que l'ami que la nature lui a donné.

» JOSEPH. »

Cette lettre peint l'honnête homme aux prises avec l'impossibilité de faire le bien. La lettre suivante, d'un patriote illustre, mort fidèle à ses principes, le général Lamarque,

qui l'écrivait à vingt ans d'intervalle, sous la Restauration, alors que l'éloge ne pouvait être que l'expression de la vérité, ajoute un dernier trait à ce noble caractère.

« Paris, 27 mars 1824.

» A monsieur le comte de Survilliers.

» Monsieur le comte,

» Déjà j'ai refuté dans plusieurs articles de journaux des calomnies atroces et ridicules qu'on publiait, et toujours je me suis présenté dans le monde comme votre admirateur. Soyez assuré que votre réputation est honorable et glorieuse. — La vérité a déjà dissipé bien des nuages ; bientôt elle brillera dans tout son éclat : les pamphlets n'ont qu'une existence éphémère ; ce sont des reptiles qui rampent sur le piédestal d'une statue.

» Vous ferez bien de consacrer quelque temps à vos Mémoires. Il me semble que la partie la plus intéressante est celle de votre règne à Naples, où vous prêchiez aux grands l'amour du peuple, au peuple le respect des lois, aux prêtres la tolérance, aux militaires l'ordre et la modération. Vous y avez réellement été le philosophe sur le trône que Platon désirait pour le bonheur de l'humanité.

» Vos Mémoires seront une leçon pour les rois.

» Mille pardons, mon général, d'oser ainsi donner des conseils à mon maître, à celui dont j'ai si souvent admiré les lumières, les talents et l'esprit.

» Comme vous j'ai été proscrit, comme vous j'ai erré sur les terres étrangères, formant toujours des vœux pour ma patrie; je sais combien on sent alors douloureusement les attaques de ses ennemis : mais je n'ai pas tardé à m'apercevoir que la générosité du peuple français est un vaste bouclier qui couvre tous les infortunés; les traits qu'on leur lance retombent sur les agresseurs. Ce sont les derniers souffles de la tempête, le dernier bruit des vagues expirantes.

» Comptez, mon général, sur tout mon attachement; il égale presque celui que je porte à la mémoire de mon père.

» Le lieutenant-général, Max. LAMARQUE. »

Lucien, son frère, après trois ans et trois mois de séjour à Torngrand où nous l'avons laissé, rendu à la liberté par le traité du 11 avril 1814, avait pu revoir l'Italie, sa patrie adoptive. Devant les revers de Napoléon à l'île d'Elbe, il avait oublié ses dissentiments et ses rancunes. Il avait écrit à l'empereur déchu une lettre touchante où se confondaient le cœur du frère offrant ses services, et le cœur de l'ami offrant ses consolations. Après la miraculeuse ovation du 20 mars 1815, il avait rejoint l'empereur à Paris. Il y était venu pour intercéder en faveur du pape dont Murat avait envahi les États. Napoléon avait tout accordé : une apparente conciliation avait eu lieu entre les deux frères ; mais quoique sincère des deux parts, elle ne pouvait être durable.

En effet, le peu d'accord qui existait entre Napoléon et Lucien provenait de deux sources : d'abord du caractère inflexible et entier de l'un et de l'autre, et ensuite du point de vue politique d'où chacun d'eux envisageait le développement des principes de la révolution. Lucien, fidèle à la lettre des grands principes sociaux et humanitaires que, dans leurs grands jours, avaient proclamé la Constituante, la Législative et la Convention, croyait dangereuse ou inutile toute forme qui pouvait même momentanément en masquer le but. Napoléon, au contraire, plus fidèle aux principes qu'à leur lettre, croyait la forme indispensable pour façonner les esprits à une transition à laquelle ils étaient peu et mal préparés. Ainsi, l'un et l'autre voulaient, en la fermant, compléter la révolution : ils étaient d'accord sur le but, ils différaient sur les moyens, et cette seule différence entre ces deux caractères inflexibles dont l'un voulait voir tout plier devant lui, dont l'autre

ne pouvait se résoudre à plier, avait suffi pour amener
de fréquentes et vives discussions où les mots échangés
d'*idéologue*, *d'ambitieux*, avaient chaque jour rendu plus
tranché leur dissentiment. Ce fut à la suite d'une de ces
discussions que, par un mot peu connu que nous tenons
de la source la plus respectable, Napoléon résuma
la véritable cause de ces dissentiments que la plupart
des historiens et des biographes ont attribués à des
motifs futiles : « *Le monde est trop petit pour nous deux* »,
lui dit-il.

Après cela il est aisé de s'expliquer toutes les tribu-
lations grandes ou petites auxquelles fut en butte Lucien
depuis le 18 brumaire jusqu'en 1810, cette instabilité
dans les diverses charges que lui confia l'empereur ;
comment en 1815 il fut forcé de se fixer à Paris malgré
son vif désir de retourner en Italie ; comment enfin pendant les Cent-Jours, nommé membre de la chambre des
représentants par le département de l'Isère, Napoléon redoutant, au milieu des passions irritables de cette chambre,
l'entrainement de la voix de l'ancien tribun, le relégua,
pour l'annuler, parmi les pairs de l'Empire façonnés à la
soumission.

Ce fier et ardent caractère de Lucien n'a pas manqué
de détracteurs. On lui a surtout reproché sa coopération au 18 brumaire. Un des partisans dévoués de la
république impériale[1], ayant même dit en 1833, dans le
journal *la Tribune*, qu'il rédigeait, que ce coup d'État était
une des taches, la première tache de Napoléon, reçut à ce
sujet de Lucien Bonaparte une lettre apologétique dont il

---

[1] M. Germain Sarrut, aujourd'hui (1849) représentant du peuple à l'Assemblée
nationale.

a bien voulu nous donner communication, et qui, au point de vue historique, est un fort curieux document.

Voici cette lettre :

« Londres, 18 août 1833.

» ...... Le 18 Brumaire, dites-vous, fut une tentative audacieuse et impie, *une des taches, la première tache de Napoléon*. Le 18 brumaire, Monsieur, fut une révolution. Pour juger une révolution, il faut considérer les résultats et les moyens, le fond et la forme.

» Quand aux résultats, ouvrez quelques pages du *Moniteur* et vous changerez bientôt d'opinion sur ce jour de délivrance, *une des gloires, la première gloire de Napoléon*. Vous verrez qu'avant le 18 brumaire la République était sur le bord de l'abîme ; cent mille enfants de la France languissaient sur la terre étrangère, frappés d'exil et de confiscation ; les finances étaient sans ressources et les effets publics presque sans valeur ; les opinions religieuses de l'immense majorité des Français, opinions qui sont aussi une des libertés les plus précieuses, étaient comprimées ; les armées, privées de tout, étaient acculées sur nos frontières ; un directoire inepte laissait tour à tour flotter les rênes au gré des factions ; on parlait déjà dans l'effrayant club du Manège d'emprunt forcé, de suspects et des autres terribles doctrines de 93.... Tel était l'état de la République. *Jamais nation ne fut si mal qu'à la veille du 18 brumaire.*

» Quelques jours après, la victoire était revenue sous les drapeaux de Marengo ; les finances étaient prospères et les effets publics avaient décuplé de valeur ; la fatale liste des émigrés était fermée ; les craintes étaient dissipées ; les autels étaient relevés ; le gouvernement consulaire avait sauvé, organisé, agrandi, pacifié la République.... *Jamais nation ne se trouva si bien qu'après le 18 brumaire.*

» Aussi, Monsieur, jamais nation ne s'était livrée à une confiance aussi complète, à un enthousiasme aussi vif. Tous les Français, riches, pauvres, savants, hommes d'État, artistes, magistrats et soldats, tous avaient attaché, comme par inspiration, leurs regards sur l'homme de Fréjus ; le désir, le besoin d'une révolution était dans tous les cœurs ; les factions directoriale et jacobine réunies

dicateur de l'égalité, vous ne voulez pas sans doute avoir deux poids et deux mesures. Or, vous nous dites que la représentation actuelle de la Chambre ne représente que le privilége parce que tous les citoyens ne sont pas électeurs; soit, admettons la théorie du suffrage universel; mais puisque vous avez si peu de foi à la représentation de 1830, pourquoi avez-vous tant de dévotion à la représentation de 1800? l'une n'était pas plus que l'autre le produit du suffrage universel... D'après les principes que vous prêchez, les Conseils de Saint-Cloud ne représentaient pas le peuple français. Ainsi, monsieur, rassurez-vous sur le sacrilége audacieux et impie commis il y a 30 ans par Napoléon et ses complices.... Mais puisque vous êtes trop jeune pour avoir été citoyen de cette époque, examinez ce que vos pères ont fait et vous n'aurez plus de scrupules sur cette belle journée. Vos pères, dont beaucoup heureusement vivent encore, ont été appelés tout de suite à juger notre œuvre provisoire et à légaliser notre coup d'État. Nous n'avons usurpé la suprême puissance que pendant la crise momentanée où il fallait l'usurper audacieusement, ou bien nous livrer nous et la patrie à la faction jacobine.

» Lorsqu'aux pieds de la colonne d'Austerlitz vous osez appeler impie le premier consul auteur de brumaire, il pourrait vous répondre ce qu'un autre consul, le grand Scipion, répondit au forum à ses détracteurs : « *Dans ce jour, citoyens, j'ai sauvé la république;* » *montons au Capitole et rendons grâces aux dieux.* » — Mais nous n'avons pas besoin de l'excuse héroïque de ce Scipion, mort aussi comme Napoléon sur la terre étrangère, et dont la tombe lointaine portait ces mots accusateurs qui ont traversé les siècles : INGRATA PATRIA! NE OSSA QUIDEM HABES? Nous n'avons pas besoin de répéter les paroles de Scipion, car loin de décliner le suffrage des tribus, nous avons soumis notre conduite au jugement individuel du peuple souverain. Ce jugement suprême légalisa l'œuvre de brumaire; il fit plus! Brumaire avait créé le consulat électif, et la France voulut l'empire héréditaire!!! Quatre millions de votes doivent arrêter vos regrets. Nous devons penser que Napoléon et le peuple connaissaient bien mieux que nous ce qui convenait au bien public!!! Mais, sans nous éloigner des jours du Consulat, *la France libre heureuse et*

n'existaient plus en majorité qu'au Directoire et au conseil des Cinq-Cents, et en minorité au conseil des Anciens ; mais ces factions, chargées du mépris et de la haine universelle, n'avaient plus de racines dans la nation ; les électeurs eux-mêmes pressaient partout Napoléon de sauver la patrie en renversant leurs propres mandataires ; l'opinion publique pour Napoléon était si patente, si forte, si générale, que les gardes mêmes du Directoire et du Conseil furent domptés par elle et *par elle seule*, car les conspirateurs de brumaire n'ont pas eu besoin d'intrigue ! Tous les cœurs, tous les bras allaient au devant d'eux d'un bout de la France à l'autre. Voilà pourquoi, Monsieur, dans cette révolution, aucune goutte de sang ne fut répandu... Du reste, je m'en rapporte à votre conscience politique pour vous demander :

» Si la France n'était pas au moins aussi malheureuse avant brumaire qu'avant juillet ;

» Si une révolution contre l'ordre établi n'était pas au moins aussi indispensable au salut public avant brumaire qu'avant juillet ;

» Si la révolution républicaine de brumaire, qui créa le Consulat, n'améliora pas la république au moins autant que la révolution monarchique de juillet n'améliora la monarchie.

» Que tous les Français, de quelque parti qu'ils soient, veuillent bien se faire ces trois questions, et nous ne doutons pas qu'ils ne pensent comme l'histoire, que, de toutes nos révolutions, celle du 8 brumaire fut la plus nécessaire, la plus heureuse, la plus complète, la plus pacifique, la plus unanime.

» Du fond de la question passons à la forme ; car la forme seule peut vous paraître impie et sacrilége : *Homme de la légalité, nous dites-vous, expliquez-nous la plus condamnable illégalité ?*

» Je réponds, Monsieur, à votre appel : *Le salut public explique le 18 brumaire comme il explique le 30 juillet.* — Sans doute l'ordre légal fut violé dans l'orangerie de Saint-Cloud ; mais le mot *révolution* exprime-t-il autre chose que le renversement de l'ordre établi ? et s'il ne peut exister de révolution sans illégalité, que signifient ces reproches d'impie et de sacrilége jetés au nez de la grande statue ?

» Permettez-moi maintenant de vous interpeller à mon tour. Pré-

triomphante, nous donna notre bill d'indemnité.... Tous les faiseurs
de révolutions puissent-ils en dire autant!

» Lucien **BONAPARTE.** »

Après le désastre de Waterloo, Lucien s'était rendu en
Italie. Après avoir quelque temps résidé dans les environs
de Frascati, à la villa Ruffinella, il s'était définitivement
fixé dans sa principauté de Canino, près de Viterbe, résidence ordinaire de sa famille, et où il était mort, âgé de
65 ans, le 29 juin 1846.

Le roi de Hollande, Louis, qui après son abdication de
1810 s'était, comme nous l'avons vu, retiré en Styrie,
n'avait plus voulu habiter cette terre ennemie dès 1813,
lorsque l'Autriche eut déclaré la guerre à la France. Il
s'était retiré en Suisse, à Lausanne, où il avait retrouvé
une amie, madame de Montolieu. Là, au milieu des
grands intérêts qui divisaient l'Europe, le roi philosophe
n'avait eu d'autre ambition que celle de vivre obscu-
rément au sein de l'amitié. En 1814, lorsque toute
l'Europe s'était levée contre Napoléon, il s'était retiré à
Rome. Nommé pair de France en 1815, il avait siégé à
la Chambre comme prince impérial. Lorsqu'aux coups de
l'adverse fortune qui, après Waterloo, avaient assailli sa
famille, étaient venus se joindre de nouveaux chagrins
domestiques.

Les péripéties d'un procès qu'il avait eu à soutenir avec
la reine Hortense, son épouse, pour en obtenir son fils
aîné, lui avaient inspiré un tel dégoût pour le monde,
que, dès ce moment, errant au gré des coups du sort en
Suisse, en Allemagne, en Italie, s'arrêtant là ou l'ombra-

geuse politique de l'Europe voulait bien le tolérer, marquant chaque étape par le cri de douleur d'un cœur ulcéré blessé dans ses affections, d'une âme froissée dans ses goûts, il vécut plus que jamais solitaire et isolé, sous le nom de *comte de Saint-Leu.*

Le plus jeune des frères de l'empereur, le roi de Westphalie, JÉRÔME, avait eu sa part de revers dans cette tourmente qui avait soudainement courbé, sous les coups de la mauvaise fortune, tant de têtes couronnées. Appelé dans la campagne de Russie au commandement d'une division saxonne, westphalienne et polonaise, il avait obtenu de grands avantages aux combats d'Ostrowno et de Mohilow. Moins heureux, peu après, sur le plateau de la Lithuanie, où le résultat de ses manœuvres ne répondit pas aux désirs de l'empereur, il tomba en disgrâce et se retira, quelque temps après, à Cassel.

Cette disgrâce, lourde dans le présent pour le roi de Westphalie, devait encore peser sur lui dans l'avenir. Les biographes devaient en imaginer une cause, les historiens en inventer une autre, et de tout cela il devait en résulter une imputation fausse, une petite calomnie de plus ajoutée à toutes celles qui ont assailli, après leur chûte, les divers membres de la famille Bonaparte. Voici, à ce sujet, la vérité telle qu'elle résulte des relations des Jomini, Pelet, Gourgaud, et tous les historiens de la campagne de Russie, qui, comme Ségur, Fain, Rogniat ou autres, n'ont pas voulu, en histoire, faire du roman ou du pamphlet.

Le roi de Westphalie, qui commandait le 6° corps à l'aîle droite de l'armée d'invasion, avait sous ses ordres une armée saxonne, westphalienne et polonaise. Il devait

manœuvrer de manière à passer le Niémen à Grodno, le repasser à Bielitza, pour déborder l'aile droite du général Bagration qui formait l'aile gauche des Russes.

Le général que le roi de Westphalie avait devant lui était d'autant plus difficile à vaincre que le pays, théâtre des opérations, était à peu près impraticable. C'était le plateau de la Lithuanie, où sont les sources des rivières qui versent leurs eaux dans les mers Noire et Baltique, terrain marécageux, boisé, seulement praticable par des chaussées étroites, formant de longs défilés que le général russe pouvait facilement défendre.

Malgré ces difficultés, Bagration successivement joint à Nowogorodeck, à Myr, à Romanow, éprouva quelques pertes dans les deux derniers engagements.

Pendant que le roi de Westphalie poussait ainsi devant lui Bagration, Davoust, parti d'Osmiana, se prolongeait vers Minsk et Ygamen, derrière le général russe, et s'emparait de l'issue des défilés où le roi de Westphalie forçait Bagration de s'engager.

Entre le général russe et sa retraite se trouvait en outre la Bérésina. Les ponts de bois, les longues chaussées que, pour en approcher, il avait fallu jeter sur les marécages qui la bordent aboutissaient à une ville nommée Borizof, située sur la rive gauche, du côté de la Russie. Ce point était important, Davoust y prévint Bagration en se saisissant de Minsk, ainsi que de tout le pays depuis la Vilia jusqu'à la Bérésina. Le corps d'armée russe se trouva alors coupé de l'armée d'Alexandre par deux fleuves et deux armées. Encore trois marches, Bagration était complètement cerné, et il ne lui restait, pour retraite, qu'une chaussée longue et étroite qui s'élève sur les marais de

Nievig, Shletz, Glusk et Bobruisk. Mais Davoust étant resté quatre jours dans Minsk ne s'était porté que le cinquième jour à Glusk, pour occuper l'issue de la chaussée, et avait négligé le point important de Bobruisk. D'un autre côté, l'armée du roi de Westphalie, engagée dans ces marais, ne pouvant y manœuvrer qu'avec des peines incroyables, s'était vue forcée, pour pousser Bagration vers Glusk, de faire un long détour pendant lequel le général russe s'était dérobé par Bobruisk, y avait traversé la Bérésina, avait atteint le Borystène à Bickof, et, totalement dégagé, avait pu joindre enfin à Smolensk le général Barclay, qui commandait le centre de l'armée russe.

Napoléon, qui avait compté sur la prise de cette armée de Bagration, s'exhala en reproches amers contre les deux généraux Jérôme et Davoust, sans faire la part des difficultés des circonstances et de la fortune. Cette injustice aigrit le roi Jérôme, qui laissa le commandement de ce corps d'armée à Davoust, et se retira quelque temps après à Cassel.

Après le désastre de Moscou, forcé d'abandonner son royaume, il s'était rendu à Paris. En mars 1814, lorsqu'à l'approche des armées de la coalition l'impératrice régente s'était retirée à Blois, Jérôme l'y avait suivie, et avait, comme on l'a vu, joint sans succès ses efforts à ceux de Joseph pour obtenir de Marie-Louise qu'elle n'oubliât pas, dans ces moments critiques, ses devoirs d'impératrice, de mère, d'épouse.

Forcé, comme les autres membres de la famille, de quitter la France, Jérôme, après la première abdication de Napoléon, s'était rendu à la cour du roi de Wurtemberg, son beau-père, et de là à Trieste d'où, lors des évènement

de mars 1815, il avait pu repasser en France sur une frégate que lui avait fournie Murat, et arriver à Paris dans les premiers jours d'avril, pour prendre rang parmi les nouveaux pairs créés par Napoléon à la suite de la céré monie du Champ-de-Mai (15 juin 1815).

Lors de la seconde invasion de 1815, il avait suivi l'empereur en Belgique, et lui avait répété à plusieurs reprises que c'était le moment « de vaincre ou de se faire tuer. » Pour justifier cette noble résolution, il s'était battu à outrance avec sa division dans le bois d'Hougoumont, où, après avoir deux fois culbuté l'élite des troupes anglaises, il avait reçu une blessure au bras. Mais la mort n'avait pas plus voulu de lui que de l'empereur, et il avait quitté le champ de bataille de Waterloo quand il n'était plus resté d'espoir de succès.

Après la seconde abdication de Napoléon, il avait secrètement quitté Paris (27 juin), erré quelque temps en France, en Suisse, et enfin rejoint son épouse à la cour du roi son beau-père, qui lui avait concédé le château d'Elvangen, pour y résider avec sa famille, à la condition de ne pas s'en éloigner et de ne conserver aucun Français à son service. En juillet 1816, le même prince lui avait conféré le titre de *prince de Montfort*, qu'il avait porté depuis, soit au château de Baimbourg, soit à Trieste, soit à Florence, qu'il avait successivement habités.

La même raffale qui avait dispersé aux quatre vents la mère et les frères de Napoléon avait, dans ses tourbillons, entraîné aussi ses sœurs. L'une, ÉLISA, princesse de Lucques et de Piombino, qui s'était fixée à Bologne en

1814, forcée de chercher une retraite en Allemagne en 1815, avait enfin trouvé un asile à Trieste, où elle était morte en 1820.

La seconde, Pauline, duchesse de Parme et de Guastalla, cette beauté si insouciante et si coquette pendant les jours prospères de Napoléon, n'avait plus été que sa sœur dans ses jours de revers. Renonçant pour lui à ses brillants palais de Rome, elle l'avait suivi en exil à l'île d'Elbe, où sa frivolité, cette fois mise au service de la politique, avait servi à masquer sa médiation entre Napoléon et le reste de la famille dispersée. En 1815, elle avait eu un dernier service à lui rendre : c'était de se dépouiller pour lui des biens qu'elle tenait de lui, et, avant Waterloo, elle lui avait envoyé ses plus belles et ses plus riches parures de diamants. Sacrifice inutile ! Napoléon avait mis ses diamants dans sa voiture. La voiture fut prise à Waterloo. Trophée conquis par la coalition, elle devint l'objet d'une exposition publique à Londres. Quant aux diamants, on n'a jamais su ce qu'ils étaient devenus. Ces riches parures, qui avaient relevé les attraits de ce si beau corps de femme, sur lequel Canova avait modelé son admirable Vénus, tombées en des mains indignes et peu scrupuleuses, avaient servi à flatter le vaniteux orgueil de quelque froide lady anglaise ou de quelque sèche douairière allemande !

Quoi qu'il en soit, après le grand et dernier désastre de Napoléon, aux jours de Pauline jusqu'alors filés d'or et de soie avaient succédé des jours d'angoisse et de souffrance. En proie à une maladie de langueur, elle avait quelque temps vécu à Rome et puis à Florence, où elle était morte le 9 juin 1825.

La troisième des sœurs de Napoléon, CAROLINE, au temps
des grands désastres, s'était trouvée placée sur le trône de
Naples dans la plus fausse des situations · d'une part, à
quelques lieues d'elle, le prince Eugène, vice-roi d'Italie ¹,

¹ EUGÈNE DE BEAUHARNAIS, prince de Leuchtemberg, né, le 3 septembre 1780, de
Joséphine Tascher de La Pagerie et du vicomte Alexandre de Beauharnais. Après le
mariage de Napoléon avec Joséphine, en février 1796, Eugène, suivant la fortune
de son beau-père, était entré dans la carrière militaire, avait rejoint Napoléon en
Italie en qualité d'aide-de-camp, l'avait accompagné en Égypte après avoir pris à
Malte le seul drapeau qui tomba aux mains des Français, et était revenu en France
avec lui, en septembre 1799. Nommé chef d'escadron de la garde en 1800, il fut
successivement général de brigade en 1804, élevé à la dignité de prince français
après l'établissement du gouvernement impérial, archi-chancelier d'État le 1er février 1805, et vice-roi d'Italie en juin de la même année. Il avait alors vingt-cinq
ans. Le 14 janvier 1806 il épousa la princesse AUGUSTE-AMÉLIE, fille du roi de
Bavière Maximilien-Joseph Le 20 décembre 1807 Napoléon le constitua son héritier au royaume d'Italie et le créa prince de Venise. Le 3 mars 1809, le prince-
primat ayant été déclaré grand-duc de Francfort, Eugène fut nommé son successeur
et reçut, un mois après, la grande croix de l'ordre de Saint-Étienne de Hongrie.
Commandant le 4e corps à la campagne de Russie, il sut ajouter à la grande
réputation militaire qu'il s'était acquise. Après le départ de Napoléon et de Murat,
lors du grand désastre de cette campagne, chargé du commandement en chef de
l'armée, il en ramena les débris jusqu'à Magdebourg, à travers des difficultés
inouïes. En 1814, après avoir vaillamment défendu l'Italie contre la coalition, il
tomba, en 1815, sous les coups d'une révolte fomentée par l'Autriche, et se vit
forcé de se réfugier à Munich, chez son beau-père. Après le congrès de Vienne, il
avait réclamé le droit d'être compris dans la nouvelle organisation de l'Europe.
Cette réclamation fut assez mal reçue de la part des souverains de la coalition, si
âpres à la curée des dépouilles du grand empire; mais peu après le titre de prince
lui fut confirmé par l'Autriche à l'occasion de l'affaire d'étiquette que voici :
Lors du mariage de l'empereur d'Autriche avec la princesse de Bavière, on agita
la question, si grave dans cette cour cérémonieuse, de savoir quel rang tiendraient
Eugène et la princesse son épouse. Il fut décidé que la duchesse de Leuchtemberg
aurait un rang supérieur La duchesse refusa de paraître à la cérémonie si son
mari n'avait pas le même rang qu'elle. De là grand émoi à la cour d'Autriche. On
feuilleta les chroniques pour trouver quelque précédent à un fait si grave aux yeux
de ces esprits étroits et petits. Enfin le maître des cérémonies découvrit qu'à une
époque reculée le même fait s'était présenté et que le gentilhomme avait été créé
prince par décision expresse de l'empereur. Il en fut fait autant pour le prince

soutenant jusqu'au bout le pouvoir expirant de Napoléon, se montrait jusqu'au bout digne du poste que lui avait confié l'empereur, tandis que le roi Murat avait ajouté une page regrettable à sa vie par une double levée de boucliers, tantôt contre, tantôt pour Napoléon, et qui devait aboutir à une épouvantable catastrophe.

Pendant cette rude épreuve, Caroline n'avait pas démenti en instant son caractère de justice et de fermeté. Puis, quand le sort des armes eut prononcé son fatal arrêt, et pendant que, comme les autres membres de sa famille, elle errait au gré de la fortune, un coup terrible était venu l'assaillir. Son époux, le roi Murat, victime d'un odieux assassinat juridique, était tombé percé de balles sur les côtes de la Calabre, le jour même (13 octobre 1815) où Napoléon arrivait en vue de l'île Sainte-Hélène !

Sous l'impression douloureuse de cette catastrophe, Caroline s'était retirée en Autriche. Là, exclusivement livrée à l'éducation de ses enfants, elle avait joint l'exemple de la résignation à la force d'âme qui fait

Eugène, et depuis lors les cours souveraines l'ont reconnu comme prince de la maison royale de Bavière, avec le titre d'altesse sérénissime.

Eugène est mort à Munich d'une attaque d'apoplexie, le 26 février 1824.

De son mariage avec la princesse Auguste-Amélie sont issus six enfants :

1° Maximilien-Joseph-Eugène-Auguste-Napoléon, duc de Leuchtemberg, qui a épousé, le 14 juillet 1819, *Marie-Nicolaïewna*, fille de l'empereur de Russie ;

2° Joséphine-Maximilienne-Eugénie, mariée, le 19 juin 1823, à *Joseph-François-Oscar Ier*, roi de Suède ;

3° Eugénie-Napoléone, mariée, le 22 mai 1826, à *Frédéric*, prince régnant d'Hohenzollern-Héchingen ;

4° Amélie, mariée, le 2 août 1829, à *Don Pedro*, empereur du Brésil ;

5° Auguste qui a épousé, le 26 janvier 1835, *Dona Maria II*, reine de Portugal, mort le 28 mars de la même année ;

6° Théodeline-Louise-Eugénie-Napoléone, mariée, le 8 février 1841, à *Guillaume*, comte de Wurtemberg.

supporter les revers. Plus tard elle avait habité Florence sous le nom dc *comtesse de Lipona,* et y était morte le 18 mai 1859.

Ainsi, dans cette raffale déchaînée contre un homme par les vieilles aristocraties de l'Europe, tout ce qui, par les liens du sang, tenait à cet homme, avait perdu jusqu'à son nom.

Joseph avait été le *comte de Survilliers ;*

Lucien, le *prince de Canino;*

Louis, le *comte de Saint-Leu ;*

Jérôme, le *prince de Montfort ;*

Caroline, la *comtesse de Lipona ;*

Le roi de Rome, le *duc de Reichsdadt.*

Quant à Napoléon, l'acharnement fut à la fois dirigé contre son nom et contre ses actes. Les Bourbons, qui depuis 19 ans avaient traîné dans les cours de l'Europe leur suffisante nullité, leurs inintelligentes fureurs contre la révolution, affichèrent la prétention de n'avoir pas cessé de régner sur cette France qui les avait rejetés comme un immonde fardeau. Ils datèrent leur règne de 19 ans, effaçant ainsi la page la plus brillante des annales modernes. Puis à Napoléon Bonaparte, à l'homme qui avait tenu dans ses mains les empires, les avait remaniés, brisés, avait ébranlé des dynasties séculaires, en avait effacé assez d'autres pour laisser espérer que la sienne serait bientôt la plus vieille de l'Europe, à cet homme les Bourbons, ineptes jusqu'au bout, concédèrent dans leur verbiage officiel ou privé, le nom de *M. Nicolas, marquis de Bonaparte.*

En résumant cette période de l'histoire de la famille Bonaparte on trouve un fait dominant

Une société, la France, broyée sous des fers séculaires, se lève, en 1789, au nom de la légitimité du DROIT HUMAIN contre la légitimité du DROIT DIVIN[1].

Un homme, un nom, Napoléon Bonaparte, se dresse grand de génie et de gloire au milieu de l'arène où se débattait ce grand intérêt humanitaire.

En lui s'incarne le principe du droit humain : en d'autres termes, la révolution devient homme.

---

[1] La *légitimité par droit divin* est un de ces mots malheureux exprimant une de ces idées fausses, créant une de ces situations fausses dont les peuples sont si souvent victimes et qui subsistent longtemps encore après que n'existent plus les causes ou les nécessités qui les ont produites. En effet, ce prétendu *droit divin* prend son point de départ du viiie siècle, lorsque le pape couronna Charlemagne empereur d'Occident (*imperator* A DEO *coronatus*). Le système féodal, qui reposait tout entier sur ce fait : la concession d'une puissance et d'une propriété moindres de la part de celui qui possédait une puissance et une propriété plus grande, obtint alors son véritable complément ; et par suite on fit dériver tout pouvoir de Dieu comme possédant lui-même le souverain pouvoir. Le point de contact de la puissance mondaine avec la puissance divine se concentrant dans l'évêque de Rome, le vicaire de J. C., d'après le genre de déduction simple et rude de cette époque, on en conclut que le plus puissant des potentats devait être celui qui avait reçu la puissance temporelle de Dieu même, par l'intermédiaire du successeur de saint Pierre. Depuis cette époque, le titre de *imperator à Deo coronatus* qui, comme le titre plus moderne *roi par la grâce de Dieu*, n'était d'abord qu'une forme de style propre à la chancellerie romaine, prit une signification plus réelle. Cette signification devint ensuite d'autant plus abusive que tout noble bandit qui, de son *recet*, se ruait sur les passants pour les détrousser, se disait *chevalier de proie par droit divin*, et, aux lamentations de ses victimes, répondait par cette insolente formule de Burchart de Montmorency à des bourgeois qui se plaignaient des pillages de ses chevaliers : *Quel droit a la terre de se plaindre du ciel ?* La terre c'était le peuple, le ciel c'était ces bandits titrés. L'Eglise favorisa de tout son pouvoir cet excès d'orgueil féodal. En effet, par une constitution expresse du pape Jean XXII (1319), qui est intitulée : *Taxæ sacræ cancellariæ apostolicæ, et taxæ sacræ penitentiariæ, itidem apostolicæ,* le ciel s'ouvrait à tous les riches scélérats qui, pour un peu d'argent, pouvaient racheter les crimes les plus atroces, depuis la simple fornication jusqu'au parricide, et se fermait pour les pauvres, parce qu'ils ne pouvaient payer, parce qu'ils étaient considérés comme des êtres nuls, *quia non sunt.*

11

Deux unités restent en présence, Napoléon Bonaparte et l'Europe absolutiste.

L'un représente le droit humain, l'autre le droit divin.

Le principe représenté par le premier est une rénovation sociale dans les hommes et dans les choses : c'est un monde nouveau avec la liberté, l'égalité, une part égale de soleil pour tous, et pour drapeau cette devise : *Tout par le peuple et pour le peuple.*

Le principe représenté par l'autre, c'est le vieux monde avec ses vieux abus, ses priviléges odieux, ses exactions arbitraires, ses sanguinaires atrocités, et pour devise cet inique adage : *Nos pères ont été loups, nous voulons rester ce que furent nos pères.*

Delà une lutte à mort entre les deux unités, Napoléon et l'Europe absolutiste.

Napoléon tombe, et avec lui le principe dont il était l'emblème.

La famille Bonaparte, au terme de la première période de son histoire, est entraînée dans cette chûte. Mais, chose remarquable et trop peu remarquée, dans les périodes suivantes nous la verrons se relever avec le principe révolutionnaire qui l'avait faite grande, comme s'il était dans leur destinée de tomber et de se relever ensemble.

DEUXIÈME PÉRIODE

(DE 1815 A 1848.)

L'année 1815 avait fermé la première période de la vie politique de la famille Bonaparte dans les temps modernes. Avec les années qui suivirent s'ouvrit une période nouvelle. L'arbre géant était abattu. Tout ce qui, protégé par son ombre, avait grandi en force et en puissance, était comme lui gisant sur le sol. Au milieu de cette grande tempête qui avait dispersé les feuilles, brisé les tiges ou courbé jusqu'à terre les rameaux frémissants de cet arbre désormais planté dans les sillons de la puissance, chacun de ses débris n'avait eu à lui appartenant, comme tout ce qui a vie sur la terre, que la minute présente : celle qui devait suivre appartenait à Dieu.

En effet, dans l'aveuglement de leur triomphe, les rois

de l'Europe allaient, au nom de la paix. et contre le principe révolutionnaire, imposer les traités de 1815. Mais d'après ces traités mêmes la paix des princes était une guerre contre l'humanité : l'humanité devait se venger ; princes et ministres devaient manger le pain de l'exil, et les Bonapartes, faits révolutionnaires proscrits par eux, devaient retourner au soleil de la patrie et peut-être de la puissance, lorsque la révolution aurait jalonné sa marche irrévocable par un triomphe de plus.

Mais n'anticipons pas.

Après leur double triomphe de 1814 et de 1815, les rois de l'Europe avaient jeté au loin le masque à la faveur duquel ils avaient soulevé les peuples contre le principe révolutionnaire dont Napoléon, devenu de soldat empereur et roi, avait été l'emblème le plus brillant. L'emblème abattu, leurs vieux trônes plus ou moins consolidés par la naïve intervention des peuples, ces rois avaient tourné leurs armes contre leurs sauveurs. Ils avaient, avec éclat, promis aux peuples crédules des libertés, des droits, ils n'accordèrent ni droits ni libertés. Ils s'étaient engagés par serment à briser les chaînes séculaires qui pesaient sur eux, ils y rivèrent un anneau de plus, celui de la *Sainte-Alliance!*

Un mot sur cette Sainte-Alliance, sur ce pacte insolent qui transforma la ligue accidentelle des rois contre Napoléon, le fait révolutionnaire couronné, en ligue permanente des rois contre les peuples et les principes de la révolution.

Voici un coin du tableau de la Sainte-Alliance que j'ai tracé ailleurs [1].

« La Sainte-Alliance était une sorte de symbole diplo-

---

[1] *Histoire des peuples et des révolutions de l'Europe depuis* 1789 *jusqu'à nos jours*, 8 vol. in-8°.

matique, espèce de traité évangélique où l'on stipulait des vertus, où l'on parlait de justice, de Providence; on l'aurait dit rédigé par un conseil d'apôtres devenus rois. Les souverains, qui paraissaient moins négocier entre eux qu'avec la Divinité, y manifestaient à la face de l'univers et avec une humilité toute apostolique la solennelle résolution de *gouverner selon tout l'esprit de l'Evangile.* Ils s'annonçaient ensuite comme ayant pour mission *d'asseoir le droit public de l'Europe sur l'éternelle religion du Sauveur.* Puis, dans un accès d'effusion et de sympathie qui ne leur était pas habituel, ils s'engageaient *à demeurer unis par les liens d'une fraternité indissoluble, à se regarder comme délégués par la Providence pour gouverner diverses branches de la famille humaine, et à recommander à leurs peuples de se fortifier chaque jour dans l'exercice des devoirs que le divin Sauveur a enseignés aux hommes,* ils avaient oublié d'ajouter : et des vertus dont, sur les trônes, ils donnaient l'exemple.

» Le sentimentalisme monacal de ce traité, qui changeait la souveraineté en sacerdoce, semblait en apparence ne préciser qu'une action, l'assistance mutuelle. En réalité, c'était une ligue des souverains pour redonner un peu de vie aux corps usés et décrépits des vieilles organisations monarchiques, une protestation armée par anticipation contre toute nouvelle tentative des peuples pour reven- diquer de légitimes droits; enfin, un tribunal où, se constituant juges de la terre, les rois, par une incroyable subversion des principes les plus naturels, s'arrogeaient insolemment le droit d'appeler les peuples à leur barre, se proclamaient les gardiens de la vérité telle qu'ils l'en- tendaient, de la justice telle qu'ils l'interprétaient, de la

liberté telle qu'ils la comprenaient, avec l'intérêt pour
guide, la passion pour mobile, la religion pour instrument, et l'oppression pour but.

» Ce traité, qui avait pris naissance dans le boudoir
d'une courtisane titrée, n'avait d'abord été qu'une frivole
distraction à de royales amours. En effet, madame de
Krudener, maîtresse de l'empereur Alexandre, et qui
alliait des goûts forts mondains à un mysticisme très
prononcé, en eut la première idée. Elle en fit part à son
royal amant qui la mit à exécution. Ainsi, dans sa source
comme dans son but, la Sainte-Alliance n'eut jamais,
comme on le voit, de saint que le nom. »

Cette ligue des rois *par droit divin*, formée d'abord
contre un homme roi *par droit humain* et contre sa famille,
convertie ensuite en ligue contre les nations., eut un résultat fatal. Dès ce moment, vingt-cinq ans de luttes semblèrent perdus pour l'humanité. Sous la main de fer de
l'absolutisme, l'Europe, un instant debout à la voix du
principe révolutionnaire ou démocratique, s'était re-
couchée meurtrie dans le lit de Procuste que lui avaient,
depuis des siècles, taillé la conquête et l'oppression. Elle
ne devait se relever que plus tard.

Quant aux Bourbons de France deux fois restaurés, ils
n'avaient rapporté de l'exil que ce qu'ils auraient dû y
laisser, des rancunes et des souvenirs.

En effet, dès le début de la première restauration,
aucun acte ne s'était rapporté au nouvel esprit de la France.
L'immobilité, la décrépitude anticipée dans les hommes
et dans les choses, avaient remplacé la jeunesse, l'activité,
la rapidité de paroles et d'action auxquelles on était ac-
coutumé. Les vaincus de Coblentz avaient envahi les

Tuileries évacuées par les vainqueurs de l'univers, et à la cour la plus brillante du monde avait succédé une cour mesquine, espèce de galerie d'antiques. Dans ces anti-chambres où des têtes couronnées attendaient le bon vouloir du maître pour régler de concert les intérêts du monde, une aristocratie en guenilles mendiait des faveurs pour redorer ses blasons vermoulus. Hors du palais, on avait débuté par la plus ridicule des ordonnances sur l'observance des jours fériés : les monuments expiatoires s'étaient multipliés ; on eût dit la France pestiférée. Puis était venue la prétention du règne de dix-neuf ans qui effaçait le passé le plus glorieux de nos annales. Au-dessous de ces Bourbons dont le ridicule le disputait à la suffisance, étaient à l'avant-scène les Blacas, les Dambray, les Ferrand ; toute la vieille cour se réinstallait dans ses postes, prenant la révolution et vingt-cinq ans d'exil pour un voyage de Compiègne ou de Versailles. Tout le monde se regardait, se demandait ce que l'on prétendait faire, où l'on voulait aller par ce chemin : il conduisit au 20 mars.

Après le ridicule de la première restauration vint l'odieux de la seconde : la Chambre introuvable, le double vote, la guerre d'Espagne, la loi du sacrilége et du sang partout, du sang toujours pendant ces quinze ans de san-glante débauche de l'aristocratie et de la royauté. Aux massacres de Marseille et de Nîmes ; au général Brune assassiné dans Avignon et jeté à la voirie ; au général Ramel, égorgé dans son lit à Toulouse ; aux frères Faucher, fusillés à Bordeaux ; aux verdets du Midi, portant partout la dévastation et le carnage ; aux Truphemi, aux Tres taillon, aux Pointu, organisant le pillage et le meurtre, succédèrent l'intervention directe de la royauté et des

grands corps de l'État pour achever, par la proscription, l'exil ou le supplice des grands citoyens, l'œuvre effroyable de la réaction. L'œuvre des cours prévôtales finie celle des cours d'assises commença. L'échafaud se dressa successivement à Grenoble, pour Didier ; à Lyon, pour Oudin; dans l'Alsace, pour le commandant Caron ; dans l'Anjou, pour le général Berton ; à Paris, pour les patriotes de 1816 et les quatre sergents de La Rochelle. Souillée de tant de sang généreux, la restauration essaya d'en cacher les taches sous le masque de l'hypocrisie religieuse : elle couvrit la France de missions; elle érigea la bigoterie en système, fit un dernier effort pour tenter d'introduire la contre-révolution dans les lois, mais le pied lui glissa dans le sang et elle tomba.

Pendant cette sanglante orgie, Napoléon était mort à Sainte-Hélène. Comme l'Ugolin du Dante qui, penché sur l'évêque Ruggieri, lui mangeait le crâne :

> ... come l' pan per fame si manduca,

le chagrin de n'avoir pu qu'ébaucher la grande œuvre sociale et humanitaire qu'il avait rêvée, lui avait rongé le cœur ! Le 5 mai 1821 le monde avait compté un grand roi de moins et la postérité un grand homme de plus. La France pleura l'homme qui avait pris pour devise : TOUT POUR LE PEUPLE FRANÇAIS !

L'homme était mort : sa gloire restait. Le souvenir de l'un et de l'autre étaient profondément empreint dans les cœurs. Les méfaits de la restauration avaient, plus que jamais, éloigné les générations de la France nouvelle du culte de la monarchie. Les idées libérales, républicaines dans les sociétés secrètes, avaient pris au dehors une ten-

dance franchement révolutionnaire. Napoléon, le soldat couronné qui avait greffé le nom des Bonapartes sur des tiges royales, était, comme nous l'avons déjà dit, un fait purement révolutionnaire. Son héritier présomptif, le roi de Rome, que l'Autriche gardait à vue comme une rancune ou comme une menace, était un fait du même ordre. A ce titre, il résumait les vœux et les espérances de la partie la plus avancée du libéralisme. Une autre partie, la plus arriérée, cramponnée par un reste d'habitude aux vieilles traditions, se tourna du côté du duc d'Orléans. Une intrigue de coterie acheva l'œuvre. La branche cadette des Bourbons succéda à la branche aînée, et la révolution qui, deux fois déjà, avait renversé la légitimité, se trouva une fois encore aux prises avec la quasi-légitimité.

C'était un temps d'arrêt, une halte que la révolution ne devait traverser qu'en courant.

En effet, les Bourbons de la branche aînée avaient été chassés parcequ'ils représentaient à la fois l'invasion étrangère et le droit divin, la prépondérance de l'église et de la noblesse. Les Bourbons de la branche cadette devaient l'être pour avoir installé le privilége de la classe moyenne, l'aristocratie de l'argent. Cette tendance de reconstitution de priviléges sous un autre nom, sous une autre forme, apparut à la France ce qu'elle était en réalité, une attaque détournée contre le principe révolutionnaire qu'on voulait maintenir fatalement arrêté au milieu social. Mais l'idée napoléonienne vivait instinctivement au cœur des masses comme un fait révolutionnaire dévié en apparence de sa source avec l'empire, et qu'il était possible d'y ramener. Chaque jour rendait à ce sujet les idées plus nettes, et la république impériale apparaissait aux esprits éclairés

dégagée des calomnies d'ambition, de suprématie, sous lesquelles on était parvenu à masquer son véritable but. Ce but lui-même apparaissait alors comme un fait acquis : c'était de ménager sous une forme éblouissante la transition du système ancien au système nouveau, pour ensuite clore, par une forme définitive en harmonie avec les mœurs et l'esprit du siècle, la lutte ouverte, dès 1789, entre les peuples et les rois, ou mieux encore entre la démocratie et la royauté. C'est Napoléon lui-même qui l'a dit. (Voir page 53).

La France qui d'instinct aspirait après ce résultat, était ainsi, à son insu, bonapartiste par sentiment.

Dès l'avènement au trône du duc d'Orléans, sous le nom de Louis-Philippe 1er, le chef de la famille Bonaparte, Joseph, comte de Survilliers, alors aux États-Unis, adressa à la Chambre des députés de France une sorte de protestation sous forme d'adresse, pour faire valoir les droits de Napoléon II au trône. Les circonstances accidentelles qui se rattachèrent à cette protestation lui donnent, comme document historique, une importance réelle dans l'histoire de la famille Bonaparte. En effet, le comte de Survilliers en ayant déposé la minute chez un sieur Pierre S. Duponceau, notaire à Philadelphie, la législature de New-York en fit prendre copie pour la déposer aux archives des États-Unis. Ce fait, tout honorable pour la famille Bonaparte, et que le gouvernement français pouvait prendre en fort mauvaise part, causa en France une émotion vive dans les hautes régions du pouvoir. La Chambre des députés s'abstint de lire la protestation du comte de Survilliers, mais un journal américain l'ayant rendue publique, les journaux français en firent l'objet d'une

polémique assez vive sans cependant oser l'insérer, tant elle posait nettement la question entre les droits des Bonapartes, délégués directs de la souveraineté populaire, et ceux des Bourbons des deux branches qui n'avaient pas cette légitimité désormais indispensable en France.

Voici cette adresse :

A Messieurs de la Chambre des députés.

« Messieurs,

» Les mémorables évènements qui ont relevé en France les couleurs nationales et détruit l'ordre de choses établi par l'étranger dans l'ivresse du succès, ont montré la grande nation dans son véritable jour : la grande capitale a ressuscité la grande nation.

» Proscrit loin de la patrie, je m'y serais présenté aussitôt que cette lettre, si je n'avais lu, parmi tant de noms avoués par la libéralité de la nation, celui d'un prince de la maison de Bourbon.

» Les évènements des derniers jours de Juillet ont mis dans tout son jour cette vérité historique : il est impossible à une maison régnante par le droit divin de se maintenir sur le trône lorsqu'elle en a été expulsée une fois par la nation, parce qu'il n'est pas possible que des princes nés avec la prétention d'avoir été prédestinés pour régir un peuple s'élèvent au-dessus des préjugés de leur naissance... Aussi le divorce entre la maison de Bourbon et le peuple français avait-il été prononcé, et rien au monde ne pouvait détruire les souvenirs du passé. Tant de sang, de combats, de gloire, de progrès dans tous les genres de civilisation, tant de prodiges opérés par la nation sous l'influence des doctrines libérales, étaient des brandons de discorde tous les jours rallumés entre les gouvernants et les gouvernés. Fatigués de tant de révolutions et désireux de trouver la paix sous une charte donnée et acceptée comme ancre de salut après tant d'orages, les bons esprits étaient en vain disposés à tous les sacrifices. Plus puissante que les hommes, la force des choses était là, et rien ne pouvait mettre d'accord les hommes d'autrefois, restés stationnaires, et ceux qu'une révolution de trente ans avait grandis et régénérés.

En vain le duc d'Orléans abjure sa maison au moment de ses malheurs; Bourbon lui-même, rentré en France l'épée à la main avec
les Bourbons, à la suite des étrangers, qu'importe que son père ait
voté la mort du roi son cousin pour se mettre à sa place! qu'importe
que le frère de Louis XVI le nomme lieutenant-général du royaume
et régent de son petit-fils! En est-il moins Bourbon? en a-t-il moins
la prétention de devoir être appelé au trône par le droit de sa naissance? Est-ce bien sur le choix du peuple ou sur le droit divin qu'il
compte pour s'asseoir au trône de ses ancêtres? Ses enfants pen-
seront-ils autrement? et le passé et le présent ne font-ils pas assez
prévoir quel sera l'avenir sous une branche de cette maison? Le
14 juillet, le 10 août, n'annoncent-ils pas assez les derniers jours de
juillet 1830? Et ces journées à leur tour ne menacent-elles pas la
nation d'un nouveau 28 juillet à une époque plus ou moins rap-
prochée?

» Non, Messieurs, jamais les princes institués par le droit divin
ne pardonnent à ceux auxquels ils sont redevables; tôt ou tard ils les
punissent des bienfaits qu'ils en ont reçus : leur orgueil ne plie que
devant l'auteur du droit divin, parce qu'il est invisible. Les annales
de toutes les nations nous redisent ces vérités, elles ressortent assez
de l'histoire de notre propre révolution ; elles sont écrites en lettres
de sang sur les murs de la capitale. A quoi ont servi et le milliard
prodigué aux ennemis de la patrie, et les condescendances de tous les
genres dont on a salué les hommes d'autrefois?

» Vous construiriez sur le sable si vous oubliez ces éternelles
vérités : vous seriez comptables à la nation, à la postérité des nouvelles
calamités auxquelles vous les livreriez. Non, Messieurs, il n'y a de
légitimes sur la terre que les gouvernements avoués par les nations :
les nations les créent et les détruisent selon leurs besoins ; les nations
seules ont des droits; les individus, les familles particulières ont
seules des devoirs à remplir.

» La famille Bonaparte a été appelée par 3 millions 500 mille votes;
si la nation croit dans son intérêt devoir faire un autre choix, elle
en a le pouvoir et le droit, mais ELLE SEULE. Napoléon II a été proclamé par la Chambre des députés de 1815 qui a reconnu en lui un
droit conféré par la nation. J'accepte pour lui toutes les modifications

conférées par la Chambre de 1815 qui fut dissoute par les baïonnettes étrangères; j'ai des données positives pour savoir que Napoléon II serait digne de la France; c'est comme Français surtout que je désire que l'on reconnaisse les titres incontestables qu'il a au trône, tant que *la nation n'aura pas adopté une autre forme de gouvernement.* Seul, pour être légitime dans la véritable acception du mot, c'est-à-dire légalement et volontairement élu par le peuple, il n'a pas besoin d'une nouvelle élection. Toutefois la nation est maîtresse de confirmer ou de rejeter des titres qu'elle a donnés, *si telle est sa volonté.*

» Jusque-là, Messieurs, vous vous devez à Napoléon II, et jusqu'à ce que l'Autriche le rende aux vœux de la France, je m'offre à partager vos périls, vos efforts, vos travaux, et à son arrivée, à lui transmettre la volonté, les exemples, les dernières dispositions de de son père mourant victime des ennemis de la France sur le rocher de Sainte-Hélène. Ces paroles m'ont été adressées sous la plume du général Bertrand : « *Dites à mon fils qu'il se rappelle avant tout qu'il est Français; qu'il donne à la nation autant de liberté que je lui ai donné d'égalité. La guerre étrangère ne me permit pas de faire tout ce que j'aurais fait à la paix générale. Je fus perpétuellement en dictature; mais je n'eus qu'un mobile dans toutes mes actions, l'amour et la gloire de la grande nation; qu'il prenne ma devise : Tout pour le peuple français, puisque tout ce que nous avons été c'est par le peuple.* »

» Messieurs, j'ai rempli un devoir qui me paraît sacré. Puisse la voix d'un proscrit traverser l'Atlantique et porter au cœur de ses compatriotes la conviction qui est dans le sien!...

» *La France seule* a le droit de juger le fils de Napoléon; le fils de cet homme de la nation peut seul réunir tous les partis dans une constitution vraiment libérale et conserver la tranquillité de l'Europe. Le successeur d'Alexandre n'ignore pas que ce prince est mort avec le regret d'avoir éloigné le fils de Napoléon. Le nouveau roi d'Angleterre a un grand devoir à remplir, celui de laver son règne de l'opprobre dont se sont couverts les geôliers ministériels de Sainte-Hélène. Les sentiments de l'empereur d'Autriche ne sauraient être douteux; ceux du peuple sont pour Napoléon II.

« La liberté de la presse est le triomphe de la vérité; c'est elle qui doit porter la lumière dans toutes les consciences : qu'elle parle et que la volonté de la grande nation s'accomplisse, j'y souscris de cœur et d'âme.

Signé : JOSEPH-NAPOLÉON BONAPARTE,

Comte de SURVILLIERS.

» New-York, le 18 septembre 1830.

Cette adresse du chef d'une famille dont le peuple avait sanctionné l'élévation au trône fut un grand embarras pour Louis-Philippe, élu roi par une poignée de représentants qui ne représentaient la nation que d'une manière très contestable. D'une part, c'était la légitimité dans sa véritable acception, c'est-à-dire la souveraineté populaire déléguée; de l'autre, c'était une usurpation, une surprise, une intrigue, une nécessité, tout ce qu'on voudra. Le parallèle était effrayant. Aussi le nouveau roi mit-il tout en œuvre pour étouffer une voix qui, malgré le fait accompli, croyait encore aux droits de la nation et les invoquait. La Chambre des députés, complice de la royauté, se prêta sans peine à toutes ces manœuvres et s'abstint, comme nous l'avons dit, de lire cette adresse qui portait la question sur un terrain brûlant pour des pouvoirs qui n'avaient d'autre légitimité que celle des circonstances.

Ce déni de justice ne découragea pas le comte de Survilliers. Il savait que la combinaison qui, en dehors de toutes les prévisions, avait porté Louis-Philippe au trône n'était qu'une combinaison de circonstance ou de coterie à laquelle la nation proprement dite n'avait en rien concouru; naturellement il en conclut que 36 millions d'hommes pouvaient défaire l'œuvre des représentants

80 mille électeurs avec le même sans-façon que ceux-ci avaient mis à la faire. Dans ces circonstances, il s'adressa au général Lafayette, dont le nom avait été d'un si grand poids dans la lutte entre la nation et le gouvernement des étrangers, et lui fit directement une ouverture en faveur de Napoléon II. Voici la lettre de Joseph et la réponse de Lafayette. Nous donnons textuellement ces curieux documents, d'abord parce qu'ils jettent quelque jour sur une phase à peu près inconnue de l'histoire de la famille Bonaparte, et ensuite parce que n'étant pas destinés à la publicité ils révèlent, dans l'intimité de deux beaux caractères aux prises avec une situation délicate, les grands et généreux principes qui les animaient.

Voici la lettre de Joseph :

« Philadelphie, le 17 octobre 1831.

» Mon cher Général,

» M. le général Lallemand, qui vous remettra cette lettre, me rappellera à votre souvenir, et vous dira avec quel enthousiasme la population de ce pays (Américains et Français) a accueilli la nouvelle des glorieux évènements dont Paris a été le théâtre. Les Américains ont aussi voulu voir flotter le drapeau tricolore sur leurs théâtres. Si je n'avais vu à la tête des affaires un nom avec lequel le mien ne concordera jamais, je serais avec vous en tout et pour tout, aussitôt que M. le général Lallemand. Vous vous rappelez nos entretiens sur cette terre hospitalière et libre; mes sentiments et mes opinions sont aussi invariables que les vôtres; et ceux de ma famille sont : Tout pour le peuple français. Sans doute, je ne puis pas oublier que mon neveu Napoléon II a été proclamé par la Chambre qui, en 1815, fut dissoute par les baïonnettes étrangères, et par l'armée dispersée sur les bords de la Loire d'après la volonté

de cette famille que les étrangers imposèrent à la France, et dont la France vient enfin de faire justice, comme, en 1815, elle s'était fait justice elle-même en quittant le sol de la patrie pour se réfugier sous le canon de la coalition. Je n'aurai jamais la lâcheté d'abandonner ce que je dois aimer; mais fidèle à la devise de ma famille : *Tout par la France et pour la France*, je veux remplir mes devoirs envers elle et je ne vois dans les trois millions de votes qui se fixèrent sur nous que des obligations envers la patrie, plus grandes encore pour moi que pour tout autre Français. Vous connaissez mes opinions depuis longtemps proclamées; les individus et les familles ne peuvent avoir que des devoirs à remplir dans leurs rapports avec les nations; celles-ci seules ont des droits à exercer : elles doivent la justice à tous.

» Si la nation française appelait à la tête des affaires la famille la plus inconnue, je pense que nous devrions nous soumettre à sa volonté, en tout et pour tout; mais la nation seule a le droit de détruire son ouvrage. Les gouvernements étant un besoin des peuples, nul doute que les individus qui les composent ne soient subordonnés aux besoins des peuples clairement exprimés par la majorité. Je serais donc venu moi-même exprimer ce sentiment, si je croyais ma présence utile, si le devoir m'appelait en France, si la loi arbitraire qui, dictée par l'étranger et appréciée par la famille qu'il avait imposée à notre patrie, pour neutraliser sa juste influence sur les affaires de l'Europe, avait été abolie par les autorités que la nécessité a données à la France après les derniers évènements des derniers jours de juillet.

» Je demande donc l'abolition de cette loi tyrannique qui a fermé la France à une famille qui l'avait ouverte à tous les Français que la révolution en avait expulsés. Je proteste contre toute élection faite par des corporations particulières et des corps n'ayant pas obtenu de la nation des pouvoirs qu'elle seule a le droit de donner, et je déclare, dans toutes ces circonstances, être prêt à me conformer à la volonté nationale légalement exprimée quelle qu'elle puisse être, regardant tous les sacrifices que le bien de la patrie impose comme un tribut qu'elle a droit d'exiger de ses enfants, et un bonheur pour eux de pouvoir les faire.

« Le vaisseau qui porte M. le général Charles Lallemand étant au moment de partir, j'ai à peine le temps de vous tracer ces lignes; je vous les adresse parce que vous êtes le seul Français, parmi ceux qui ont pris part à la lutte secrète qui existait par la force des choses entre la nation et le gouvernement des étrangers, qui m'ait vu ici, qui m'ait entendu, qui ait lu dans le fond de ma pensée, et que l'homogénéité de nos opinions politiques, moins les devoirs de famille et de position, m'a donné dans votre caractère une pleine et entière confiance. J'ai prié M... d'être l'interprète de ma volonté auprès de vous, et je vous prie vous-même, mon général, d'être auprès des illustres citoyens, qui, avec vous, ont coopéré à relever les couleurs nationales, l'organe de mes sentiments que vous avez connus ici et qui, dans toutes les hypothèses possibles, sont inaltérables : *Tout pour le peuple français.*

» L'empereur, mon frère, mourant sur le rocher de Sainte-Hélène, a dicté pour moi au général Bertrand une dernière lettre, par laquelle il me recommande son fils en me disant un éternel adieu; il finit ainsi : « *Dites surtout sans cesse à mon fils qu'il est, avant tout, Français, qu'il prenne ma devise:* Tout pour le peuple français. » J'ai rempli tant que je l'ai pu ce devoir de sentiment; je sais que son fils est aussi français que vous et moi, en dépit de la fortune, et j'espère que le moment n'est pas éloigné où il pourra m'aider à rendre à la France une parcelle de tout ce que nous lui devons.

» Adieu, mon cher général; ma lettre prouve assez combien je rends justice aux sentiments que vous m'avez témoigné pendant le voyage triomphal que vous avez fait parmi ce peuple au milieu duquel je vis depuis quinze ans; que la liberté n'est point une chimère, qu'elle est un bien dont une nation modérée et sage peut jouir quand elle le veut.

» Par plus grande précaution, j'envoie cette lettre par duplicata La primata a été expédiée le 10 du courant.

» Veuillez agréer, mon cher général, l'expression de mon ancien attachement,

» Joseph BONAPARTE. »

13

A cette si franche ouverture le général Lafayette répondit :

« Paris, le 26 novembre 1830.

» MONSIEUR LE COMTE,

» Les lettres que vous m'avez fait l'honneur de m'écrire ont été reçues avec tous les sentiments d'honneur et de respect que je dois aux bontés dont vous m'avez donné des preuves dans tous les temps ; ma reconnaissance et mon attachement n'ont pu qu'être fortifiés par nos dernières conversations, lorsque nous nous sommes parlé avec confiance du passé, du présent et de l'avenir.

» Vous aurez été mécontent de moi dans les dernières circonstances, non que j'eusse pris avec vous ni avec personne aucun engagement, mais vous aurez dit : « Puisque Lafayette a cru devoir aux circonstances de se relâcher de sa préférence bien connue, et de tout temps proclamée, pour les institutions complètement républicaines, pourquoi cette concession a-t-elle favorisé une autre famille que la mienne. A-t-il oublié que trois millions de votes avaient reconnu la dynastie impériale? »

» Vous voyez, mon cher comte, que je présente le reproche dans toute sa force. Je vais me justifier comme je l'ai mérité, en toute indépendance et pureté de conscience.

» Lorsque l'attentat de Charles X et compagnie eut soulevé la population parisienne et que la confiance publique m'eut placé à la tête de ce mouvement patriotique, ma première pensée, après la victoire, fut d'en tirer le meilleur parti pour la cause de la liberté de mon pays. Vous jugez bien qu'aucune combinaison personnelle ne pouvait entrer dans cette détermination.

» La première condition du sentiment républicain étant de respecter la volonté générale, il m'était interdit de proposer une constitution purement américaine, la meilleure de toutes à mes yeux. C'eût été méconnaître le vœu de la majorité, risquer des troubles civils, appeler la guerre étrangère. Si je me suis trompé, c'est du moins contre mon inclination de tous les temps, et même, en me supposant une ambition vulgaire, contre ce qu'on appellerait mon intérêt actuel.

» Un trône populaire au nom de la souveraineté nationale, entouré

d'institutions républicaines : voilà ce que **nous** avons cru pouvoir. Tel a été le programme des barricades et de l'Hôtel-de-Ville dont je me suis fait l'interprète.

» La Chambre des députés, représentant quatre-vingt mille électeurs, allait moins loin que nous; mais, d'accord avec l'opinion publique pour l'expulsion de la famille coupable, elle était, comme Paris et le reste de la France, pressée de rassurer toutes les inquiétudes et de savoir à quoi s'en tenir.

» Je pourrais me borner à vous dire que votre dynastie était dispersée, les uns à Rome, vous en Amérique, le duc de Reichstad dans les mains autrichiénnes; mais je dois à votre amitié ma pensée tout entière.

» Le système napoléonien a été éclatant de gloire, mais empreint de despotisme, d'aristocratie et de servitude; et s'il était encore une combinaison qui pût rendre ce fléau tolérable et presque populaire en France, ce serait un retour du régime impérial. D'ailleurs le fils de votre immense frère est devenu un prince autrichien, et vous savez ce qu'est le cabinet de Vienne.

» Voilà, mon cher comte, et malgré mes sentiments personnels à votre égard, ce qui ne m'a pas permis de souhaiter le rétablissement d'un trône dont les Cent-Jours avaient montré la constante tendance vers d'anciens errements.

» Je connaissais à peine le duc d'Orléans. De vives inimitiés avaient existé entre son père et moi. Il s'appelait Bourbon, et c'est un nom fâcheux; mais ce nom même était, plus que le vôtre, plus que celui de la république, une garantie contre la guerre. Il m'a donc paru utile, dans les circonstances où nous étions, pour la paix du dedans et du dehors, que les diverses nuances d'opinions politiques, à l'exception du parti de Charles X, se réunissent sur cette combinaison.

» Mon adhésion n'a pu être l'effet d'aucune prévention ou d'affection antérieure.

» C'est dans la sincérité de mon cœur que j'ai voulu avoir cette explication avec vous. Je ne vous dirai pas que tout se soit passé comme je l'aurais voulu; mais je n'ai rien voulu taire de ce que j'ai fait en pleine liberté d'esprit et de volonté, aimant mieux mériter

par ma franchise la conservation de votre amitié que de la détruire par une apologie moins sincère.

» Recevez, mon cher comte, l'hommage du respect, de la reconnaissance et de l'affection que je vous ai voués,

» **LAFAYETTE.** »

Ce refus de Lafayette de servir les intérêts de Napoléon II était-il sincère? Tout le prouve. Cependant, dès les premiers mois de 1832, son nom se trouva gravement compromis dans une grande conspiration bonapartiste qui avait des ramifications au dehors. La police la déjoua, mais elle n'en tint jamais le véritable fil. Voici ce que c'était. On devait enlever le roi de Rome, le proclamer empereur dans une ville de guerre de la frontière du Nord. Un certain nombre de membres des deux chambres, dont on avait l'assentiment, devaient se rendre auprès de lui et former provisoirement le noyau d'une représentation nationale. Des émeutes fortement organisées devaient en même temps éclater à Paris, Lyon, Grenoble, Lille et sur d'autres points dont les garnisons étaient en partie gagnées.

Pour ne pas donner l'éveil au pouvoir et masquer en tout état de cause la gravité de cette conspiration, on avait mis, comme chefs apparents, deux étrangers, un Polonais nommé Juba, un Italien du nom de Mirandoli. La conspiration en effet fut découverte : Juba et Mirandoli furent arrêtés. Des soupçons planèrent sur diverses personnes, notamment sur les généraux Lafayette, Lallemand, MM. Lennox, Belmontet, Sarrut et Briqueville, je crois; mais on ne put jamais réunir assez d'indices que pour faire le texte d'une accusation contre Lafayette. On n'osa pas.

Vers ce même temps, 1831-52, un organe spécial surgit, du sein de la presse, au sentiment napoléonien. Le journal *la Révolution de 1830*, dont les principes sévères et progressifs étaient à l'abri de toute suspicion, espérant que la continuation de la république napoléonienne faciliterait plus que tout le développement graduel des conséquences de la révolution de Juillet, que Louis-Philippe combattait alors systématiquement, défendit hautement les droits de Napoléon II et donna au sentiment napoléonien la consistance d'un parti. Les rédacteurs de ce journal partaient de ce principe vrai que le roi de Rome étant, comme Napoléon lui-même un *fait purement révolutionnaire*, il y aurait naturellement plus d'harmonie entre ce fait et l'idée révolutionnaire triomphante qu'entre cette idée et Louis-Philippe, qui tenait par tous les bouts à la légitimité, c'est-à-dire au principe contre-révolutionnaire.

Une telle idée, vraie dans son principe, vraie dans ses conséquences, était si menaçante pour le trône de Louis-Philippe que des persécutions, des amendes, des manœuvres de police, ne tardèrent pas à étouffer une voix qui, mieux comprise alors de la France, lui eût probablement épargné un mécompte de plus [1].

---

[1] Le journal *la Révolution de* 1830, qui, toujours le premier sur la brèche à la défense des intérêts du peuple, avait vu s'engloutir son cautionnement dans les coffres du fisc, était passé des mains de James Fazy, publiciste et économiste de premier ordre, président actuel du conseil de Genève, et député aux États, dans celles du comte de Lennox, descendant des anciens rois d'Écosse. Il avait pour gérant, dans cette double phase, Antony Thouret, écrivain de mérite, d'un patriotisme ardent, et qui, dans cette lutte pour les intérêts populaires, vit s'engloutir la majeure partie de sa fortune, passa de longs jours en prison, et ne recueillit le prix de ses sacrifices que 18 ans après, lorsque le département du Nord l'honora du mandat de représentant à l'Assemblée nationale. Les autres rédacteurs du journal *la Révolution de* 1830, honorés la plupart depuis les uns de mandats législatifs, les

dix-huit ans auparavant la rage insensée de l'Europe et
des Bourbons. Mais cette concession ne servit qu'à faire
saillir avec plus d'éclat l'injustice de l'ostracisme qui pesait
sur les membres survivants de la famille Bonaparte.

En effet, l'inauguration eut lieu en grande pompe le
28 juillet 1833, et le journal *la Tribune* ayant manifesté
sa surprise de ne pas avoir vu un seul des membres de la
famille Bonaparte *secouer la poussière de l'exil et venir au
grand soleil de Juillet réclamer une juste réparation*, reçut
de Joseph Bonaparte la lettre suivante, noble mélange de
sentiments élevés et de respect pour les droits souverains
de la nation.

« Londres, 1er août 1833.

» A M. LE RÉDACTEUR EN CHEF DE LA TRIBUNE,

» Monsieur,

» J'ai lu dans votre journal du 29 juillet l'article où vous rendez
compte de la solennité qui a eu lieu le 28 au pied de la colonne
d'Austerlitz, à l'occasion de l'inauguration de la statue de l'empereur
Napoléon. Vous attribuez à des sentiments bien étranges l'absence
de ses frères; ignorez-vous donc qu'une loi *inique*[1], dictée par les
ennemis de la France à la branche aînée des Bourbons, les en exclut
en haine du nom de Napoléon? Nous connaissez-vous d'autres crimes?
Auriez-vous voulu qu'au mépris d'une loi que *la majesté nationale n'a
pas encore déchirée* nous portassions les brandons de discorde dans
notre pays au moment où il relève la statue de notre frère? Devons-
nous désespérer de la justice nationale? TOUT POUR LA NATION fut la
devise de notre frère : elle sera la nôtre. Nous n'avons rien à prétendre que de sa propre volonté.

---

[1] C'était la loi de proscription du 12 janvier 1816, confirmée le 24 août 1830,
révisée le 10 avril 1832, et définitivement abolie le 10 octobre 1848. Nous aurons
l'occasion plus loin de revenir avec détail sur cette loi.

Mais le germe était en terre, chaque soleil ajoutait à son développement. Tantôt du sein du parti démocratique s'élevaient des voix généreuses en faveur d'un nom qui, pour la démocratie, avait été un drapeau de gloire et pouvait bien être aussi un drapeau de liberté ; telles furent le comte de Lennox à *la Révolution de 1830*, Germain Sarrut à *la Tribune*, Sarrans jeune au *Courrier des Electeurs*, L. Belmontet partout ; j'en passe. Tantôt des dévouements partiels venaient jalonner de leur sang ou de leurs douleurs l'espace qui séparait le lieu d'exil où le présent clouait cette famille du pavois populaire que lui préparait l'avenir. D'autres fois, par des conspirations enfouies dans les archives des parquets, le pouvoir, jetant sur les tentatives du parti bonapartiste le voile sombre d'un machiavélique silence, essayait de le faire croire mort pour le tuer ainsi moralement.

Cependant le sentiment napoléonien se prononçait de jour en jour d'une manière plus nette et plus ferme. La nation n'avait pas oublié que la famille Bonaparte n'avait été souveraine que par son droit à elle, ce droit souverain du peuple qu'avait refusé de reconnaitre la branche ainée des Bourbons, et dont faisait fi la branche cadette. Ce fait rendu chaque jour plus évident faisait la force du parti bonapartiste. Aussi le gouvernement crut-il devoir l'endormir par une assez large concession : dans une fête nationale il voulut inaugurer la statue de Napoléon sur la colonne de la place Vendôme d'où l'avait fait précipiter

autres parvenus à la célébrité littéraire, ont su toujours rester fidèles aux principes généreux qu'ils défendaient alors. Aussi, l'auteur de cette histoire, leur collaborateur à cette époque, l'ami de la plupart d'entre eux depuis, et qui a pu les apprécier, se plait ici à leur en rendre un éclatant témoignage.

» Au lieu de vous exprimer comme pourrait le faire une feuille ennemie, en déversant le blâme sur des patriotes proscrits qui errent dans les deux mondes, victimes des ennemis de leur pays, n'y aurait-il pas plus de courage et de justice de votre part, monsieur, à rappeler aux électeurs de la France que Napoléon eut une mère qui languit sur le sol étranger, sans qu'il soit possible à ses enfants de lui dire un dernier adieu ; qu'elle partage avec trois générations de proches (soixante Français) les rigueurs d'un exil de vingt années. Ils n'ont d'autre crime que celui d'appartenir à l'homme dont le vœu national vient de relever la statue. Que les électeurs se fassent les interprètes de la France en imposant un mandat aussi populaire à leurs députés, et alors la famille de Napoléon *rentrera dans ses foyers et se mêlera aux masses d'où elle est sortie*, sans troubles et sans déchirement. Le nom de Napoléon ne sera jamais un drapeau de discorde civile : deux fois il s'éloigna de la France pour n'être pas un prétexte à ses malheurs. Telles sont les doctrines que Napoléon légua à sa famille ; et c'est parce que le peuple français sait bien que son prétendu despotisme ne fut qu'une dictature nécessitée par la guerre que lui firent ses ennemis que sa mémoire est restée populaire. Les étrangers abattirent sa statue ; les Français la relèvent. Est-il juste, est-il honorable pour la France que sa famille soit encore condamnée à maudire la protection étrangère et à entendre ses anciens ennemis mêmes reprocher aux Français l'injustice de sa proscription.

» Votre affectionné concitoyen,

» JOSEPH-NAPOLÉON BONAPARTE. »

Au milieu de ces péripéties du sentiment napoléonien et un an auparavant (22 juillet 1832), était mort l'héritier présomptif de la République impériale, aux grands jours de l'Empire, le roi de Rome. Le cancer politique qui avait rongé le cœur du père avait aussi rongé le cœur du fils, et cette mort qui brisa une destinée si belle à son aurore rappela involontairement ces mots mémorables répétés

souvent par Napoléon à Sainte-Hélène : *Toutes les antipathies, toutes les sympathies qu'on témoignera pour mon fils n'auront qu'une bien faible influence sur son avenir. Je lui lègue mon nom et ma gloire : il n'a pas besoin d'autre héritage...* SI ON LE LAISSE VIVRE[1] !...

Un moment désorientée par cette perte inattendue, l'idée napoléonienne essaya de jeter çà et là quelques ancres dans l'espoir de se remettre à flot au premier vent propice. Mais les membres de la famille Bonaparte, toujours aux prises avec le vent de la tempête politique qui les avait dispersés en 1815, s'effaçaient dans les obscurités de l'exil ou s'éteignaient dans les profondeurs de la tombe. Ainsi, par exemple, l'ex-roi Joseph, le comte de Survilliers, s'était, comme on l'a vu, retiré en Amérique après 1815. A New-Jersey, un des Etats de l'Union où il avait fixé sa résidence, il avait obtenu, le 28 janvier 1817, l'autorisation d'acquérir des propriétés sans perdre son titre de citoyen français. En juillet 1825, un nouvel acte de la législature de New-York lui avait concédé la même prérogative. Là sa maison avait été ouverte non-seulement aux Français de toute condition que la perte de leur fortune ou les proscriptions politiques conduisaient dans les Etats de l'Union, mais encore à tout ce qui avait partagé la gloire ou les revers des armées françaises, Polonais, Italiens, Espagnols, etc. Sa généreuse hospitalité n'avait connu de bornes que sa fortune.

Après dix-sept ans de séjour, en juillet 1832, il était parti d'Amérique pour voir le fils de Napoléon, le roi de Rome, au moment de sa majorité ; mais la première nou-

[1] Voir à ce sujet une lettre du docteur Antomarchi, médecin de Napoléon à Sainte-Hélène dans *la Tribune* du 7 janvier 1831.

velle qu'il avait apprise en arrivant à Liverpool avait été la mort de son neveu, l'Astyanax français.

Aux termes des sénatus-consulte de l'an xii et de l'an xiii, qui, à défaut de descendance mâle de Napoléon, conféraient l'hérédité de la dignité impériale à ses descendants mâles et à ceux de Louis, son frère, la mort du roi de Rome lui avait laissé de graves devoirs eventuels à remplir. Il était resté en Angleterre jusqu'en 1835, parcourant les divers comtés du royaume, y étudiant l'esprit de ses lois, le mécanisme de ses institutions. De retour à Philadelphie, cette même année, il avait été rappelé en 1836 en Europe par la mort de sa mère; en 1839 par la mort du cardinal Fesch. A cette dernière époque, ayant obtenu avec peine la permission de résider en Toscane, il s'était établi à Florence qu'il avait habitée avec toute sa famille jusqu'à sa mort (7 avril 1845)[1].

Les autres membres de la famille Bonaparte, alors survivants, sans cesser de faire des vœux pour le bonheur de la France, attendaient, dans une noble résignation, la fin de l'ostracisme qui pesait sur eux. Ainsi, la chaine traditionnelle de l'idée napoléonienne, brisée pendant quelques années dans les faits, semblait ne plus devoir être renouée.

Il n'en était rien cependant.

Sur les bords du lac de Constance, à Arenemberg en Suisse, vivait la famille de l'ex-roi de Hollande, Louis Bonaparte. En 1804, lors de l'avènement à l'empire de

---

[1] Comme d'autres membres de sa famille, Joseph s'était aussi occupé de littérature. On a de lui :

1° *Maïna* ou *la Villageoise du Mont-Cenis*. Hennerat, 1789.

2° *Odes*. Vienne, janvier 1813.

Napoléon, la question d'hérédité, réglée par le sénatus-consulte du 28 floréal an XII, confirmée par celui du 5 frimaire an XIII, avait été soumise à l'acceptation du peuple. Quatre millions de votes en avaient sanctionné les dispositions. L'hérédité avait été reconnue par ordre de primogéniture dans les descendants mâles de Napoléon, de Joseph et de Louis. Le premier était mort ainsi que l'héritier présomptif, le roi de Rome. Le second étant mort aussi sans laisser de descendants mâles, l'héritage direct était, d'après les lois de l'Empire, dévolu aux fils de Louis. Les deux aînés Napoléon-Charles et Napoléon-Louis étant décédés, le premier à La Haye, le 5 mars 1807 ; le second, à Forli, le 17 mars 1831 ; le troisième, Louis-Napoléon, se trouvait, d'après ces mêmes lois, héritier présomptif. Après la double abdication de Napoléon et les changements que les évènements avaient traînés à leur suite, ces lois dynastiques étaient devenues, il est vrai, une lettre à peu près morte ; mais le suffrage du peuple devait plus tard leur donner une signification.

Du reste quelques mots sur ce sénatus-consulte organique de l'an XII prouveront sans peine qu'en lui donnant plus tard une signification telle quelle le peuple français risquait d'autant moins de se déjuger que c'est la seule loi dynastique qui ait proclamé le grand principe de la souveraineté populaire.

En effet, ce fut par ce même sénatus-consulte du 28 floréal an XII, que l'acte solennel de souveraineté nationale fut soumis à la sanction du peuple français. Cet acte était la destitution définitive donnée aux Bourbons par la nation, *seule souveraine, seule dispensatrice de la souveraineté.*

Voici le résultat du dépouillement des votes qui consacrèrent la légitimité de la république impériale et les droits de Napoléon à l'empire.

Votants. . . . . 5,524,254.
Majorité absolue. . . . . 1,762,128.
Contre . . . . 2,579.
Pour. . . . . 5,521,675.

Le même sénatus-consulte assurait les droits d'hérédité que la dynastie impériale pourrait invoquer en justification de ses prétendances bien ou mal fondées.

Voici les articles où ces droits sont consignés.

« Art. 3. — La dignité impériale est héréditaire dans la descendance directe, naturelle et légitime, de Napoléon Bonaparte, de mâle en mâle, par ordre de primogéniture et à l'exclusion perpétuelle des femmes et de leur descendance.

» Art. 4. — Napoléon Bonaparte peut adopter les enfants ou petits-enfants de ses frères, pourvu qu'ils aient atteint l'âge de dix-huit ans accomplis.

» Art. 5. — A défaut d'héritier naturel et légitime ou d'héritier adoptif de Napoléon Bonaparte, la dignité impériale est dévolue et déférée à Joseph Bonaparte et à ses descendants naturels et légitimes, par ordre de primogéniture et de mâle en mâle, à l'exclusion perpétuelle des femmes et de leur descendance.

» Art. 6. — A défaut de Joseph Bonaparte et de ses descendants mâles, la dignité impériale est dévolue et déférée à Louis Bonaparte et à ses descendants naturels et légitimes, par ordre de primogéniture et de mâle en mâle, à l'exclusion des femmes et de leur descendance.

» Art. 7. — A défaut d'héritier naturel et légitime ou d'héritier adoptif de Napoléon Bonaparte;

» A défaut d'héritiers naturels et légitimes de Joseph Bonaparte et de ses descendants mâles, de Louis Bonaparte et de ses descendants mâles;

» Un sénatus-consulte organique, proposé au sénat par les titu-

laires des grandes dignités de l'Empire et *soumis à l'acceptation du peuple*, nomme l'empereur et règle dans sa famille l'ordre de l'hérédité de mâle en mâle, à l'exclusion perpétuelle des femmes et de leur descendance. »

Ainsi la souveraineté du peuple était toujours consacrée comme principe fondamental du gouvernement impérial. La sanction nationale constituait en dernier ressort. Ni les Bourbons de la branche aînée, ni les Bourbons de la branche cadette n'ont osé reconnaitre et proclamer ce principe.

Quoi qu'il en soit, Louis-Napoléon, le noble proscrit à qui la justice populaire devait rendre plus qu'une patrie lorsqu'au souffle de la réforme se serait écroulé le trône de Louis-Philippe, Louis-Napoléon Bonaparte était né à Paris, au milieu des pompes impériales, le 20 avril 1808. Inscrit le premier sur le registre de famille destiné aux enfants de la famille impériale et confié au Sénat, il fut baptisé au palais de Fontainebleau en 1811, par le cardinal Fesch, ayant pour parrain l'empereur Napoléon, pour marraine l'impératrice Marie-Louise, et pour témoins de son initiation à la vie chrétienne toutes les gloires de l'empire.

Quatre ans après, sous les yeux de sa mère, la reine Hortense, élevé par un des meilleurs professeurs de l'université de Paris et par un colonel d'artillerie de la vieille-garde, il grandissait dans l'exil et l'adverse fortune [1].

---

[1] Il eut pour premier maître le célèbre helléniste M. Hase, qui lui apprit les langues anciennes. M. Lebás, fils du conventionnel, professeur à l'athénée de Paris et maître de conférences à l'école normale, fut chargé de la direction de ses études classiques. Il suivit en même temps un cours de chimie et de physique sous les leçons d'un Français fort distingué, qui dirigeait une manufacture dans ce pays, M. Gastard, et en outre tous les cours du gymnase d'Augsbourg. Il fit ses humanités grecques et latines en Allemagne.

A l'exil il dut un esprit à la fois réfléchi et aventureux ; à l'adverse fortune il dut un cœur fort et une âme sympathique ; à l'un et à l'autre de la simplicité dans les goûts, de la sobriété dans les habitudes, l'amour du travail, la haine de la contrainte, et enfin de la sagesse dans les affaires, de l'audace dans le plaisir, du calme dans le danger et du sang-froid partout. Tels furent alors et depuis les traits saillants du caractère de Louis-Napoléon.

Il avait vingt-deux ans lorsque éclata la révolution de juillet. Un goût vif pour la profession des armes l'avait porté, jeune encore, à se former aux manœuvres militaires. Un régiment badois en garnison à Constance lui en fournit les moyens. Son aptitude y fut remarquée et lui valut son admission au camp de Thoun, réuni chaque année pour l'instruction des officiers de génie et d'artillerie de la Suisse. Là, tireur habile, excellent cavalier, bivouaquant et mangeant avec les soldats le pain de munition, le sac sur le dos, la brouette ou le compas à la main, il partagea toutes les fatigues de ce rude apprentissage du métier de la guerre.

Lorsque, si profondément remuée par le contre-coup de la révolution de 1830, l'Italie essaya, une fois encore, de secouer frémissante ses fers séculaires, son frère et lui se rangèrent sous les drapeaux des indépendants dont ils partagèrent jusqu'à la fin les succès et les revers. L'aîné, Napoléon-Louis, trouva la mort à Forli ; le second, Louis-Napoléon, tomba malade à Ancône.

Cette dette généreusement payée à la cause de la liberté lui valut un prix glorieux, la confiance d'un peuple opprimé.

Pendant l'insurrection polonaise, en août 1831, une députation secrète de Polonais lui fut envoyée de Varsovie pour lui offrir la couronne de Pologne en se mettant à la tête de la nation en armes. Voici un passage de la lettre des chefs polonais :

« .... A qui la direction de notre entreprise pourrait-elle mieux être confiée qu'au neveu du plus grand capitaine de tous les siècles? Un jeune Bonaparte, apparaissant sur nos plages le drapeau tricolore à la main, produirait un effet moral dont les suites sont incalculables. Allez donc, jeune héros, espoir de notre patrie; confiez à des flots qui connaîtront votre nom la fortune de César, et, ce qui vaut mieux, les destinées de la liberté. Vous aurez la reconnaissance d'un grand peuple opprimé et l'admiration de l'univers. — 28 août 1831.

» Le général KNIAZEWIEZ,

» Le comte PLATER , etc. »

Persuadé que son nom de Napoléon Bonaparte porterait ombrage aux cours de l'Europe et déciderait de la part du gouvernement français l'abandon de la Pologne, qu'un hypocrite intérêt feignait encore de vouloir soutenir, le prince se condamna avec douleur à refuser cette honorable mission. — « Vous m'offrez la couronne des Jagellons, » répondit-il, mais ce serait couronner un fait révolution- » naire et vous mettre ainsi au ban de l'Europe monar- » chique! Je servirai plus efficacement la sainte cause » de la Pologne en combattant à vos côtés comme volon- » taire. » En effet, il se disposait à partir en cette qualité lorsque la chute de Varsovie rendit son dévouement inutile.

La cause de la liberté à peu près étouffée partout sous les roues des canons impériaux ou royaux, il ne resta à

Louis-Napoléon qu'à solliciter l'honneur de servir la France, sa patrie. Il écrivit dans ce sens à Louis-Philippe. Sa lettre, dans laquelle il reconnaissait le roi comme *représentant de la grande nation*, resta sans réponse. Il réclama noblement alors le titre de citoyen français dont l'avait dépouillé la loi réactionnaire de 1816, et que le gouvernement du drapeau tricolore ne pouvait lui enlever sans violation de son principe : même déni de justice.

Il ne put même obtenir l'autorisation de résider en France. Il y vint cependant, et voici à quelle occasion. Nous empruntons l'intéressant récit de son voyage et de son séjour à Paris à une lettre de M. L. Belmontet, insérée dans le *Courrier de l'Europe*, sous la date du 9 octobre 1831.

« Compromis dans les affaires d'Italie où il avait combattu avec son frère pour le triomphe de la liberté, après avoir reçu les derniers soupirs de ce frère chéri, vu périr par les trahisons de la diplomatie une cause qu'attendaient les succès les plus certains, poursuivi comme une bête fauve par la police autrichienne et papale, Louis-Napoléon n'échappa à tous les dangers, à tous les piéges multipliés autour de lui qu'à la faveur d'un déguisement qu'il quitta sur les frontières de France, l'unique asyle ouvert à sa fuite, quoiqu'il y fût mis hors la loi par une loi barbare de 1816.

» Il traversa l'Italie habillé en domestique, sur le siége de la voiture de sa malheureuse mère placée entre le cercueil d'un premier fils et les dangers de l'autre, et forcée de comprimer son profond désespoir pour ne songer qu'au salut de l'unique fils qui lui restait.

» Ils entrèrent en France par le pont du Var ; sous la protection d'un passe-port anglais, ils traversèrent rapidement le midi de la France pour se rendre en Angleterre.

» Après tant de fatigues et de tourments, inconsolable de la perte de son frère et des malheurs de la liberté en Italie, après tant d'émotions pénibles, le jeune prince tomba dangereusement malade.

» Obligée de s'arrêter à Paris pour donner à son fils les secours les plus efficaces, Mme la duchesse de Saint-Leu écrivit à l'instant au roi pour lui annoncer son arrivée que la police ne soupçonnait même pas. L'ignorance du gouvernement à ce sujet était même si complète que, le jour où le roi reçut la lettre de la duchesse, M. Sébastiani, ministre des affaires étrangères, lui avait dit, en plein conseil : « Sire, j'ai des nouvelles positives de la duchesse, » mes gens m'écrivent qu'elle vient de débarquer à » Corfou. »

» M. Casimir Périer, le seul membre du cabinet à qui l'on confia le secret d'une présence à laquelle on ne s'attendait pas, se présenta au nom du roi chez l'auguste proscrite ; la duchesse lui dit : « M. le ministre, je suis mère, » je n'avais qu'un moyen de salut pour mon fils, je l'ai » pris ; je suis venue en France. Je sais qu'une loi de » mort est entre vos mains contre nous ; vous êtes dans » votre droit : faites en usage. »

» Le ministre répondit par des protestations amicales qu'il devait bientôt démentir. Un séjour d'une semaine fut accordé pour le rétablissement de la santé du prince, sous la condition expresse du plus strict incognito et du silence le plus absolu. Le secret fut religieusement gardé

par les deux proscrits; quelques indiscrétions le révé-
lèrent aux journaux : tout le monde le sut.

» La scène changea bientôt. On était au 5 mai. La
colonne Vendôme fut couverte de fleurs. Le peuple sym-
pathisa vivement avec des souvenirs glorieux. Le pouvoir
en fut alarmé. La colonne fut deshéritée des hommages
populaires. Delà des troubles à la place Vendôme. La présence des nobles proscrits pouvait devenir alarmante; des
cris en l'honneur du grand capitaine retentissaient jusqu'aux oreilles du prince alité, logé à cinquante pas de la
colonne. Le peuple s'irritait de plus en plus des insultes
faites au monument national : on se souvenait de
Napoléon. ..

» Troublé par de vives inquiétudes, M. Casimir Perrier
supplia la duchesse de partir à l'instant : le prince était
couvert de sangsues, la fièvre ne le quittait pas; cependant
il fallut partir. Le malade, emmailloté pour ainsi dire
dans sa voiture, se mit en route avec la fièvre. Le lendemain commencèrent les charges de cavalerie autour de
la colonne. »

A ces charges, qui avaient révélé à la France que le
sentiment napoléonien vivait encore, succédèrent des
procès, aux procès des cachots, tout l'attirail de l'oppression. En proie à une irritation vive, le parti bonapartiste
jeta à l'air quelques mots de colère et de blâme contre
certaines notabilités de l'empire devenues ardents persécuteurs du sentiment populaire. On rappela entre autres
choses que Napoléon avait dit de ses illustres compagnons :
*N'oubliez pas que l'intérêt de votre gloire est d'être fidèles à ma
mémoire et à mon nom, hors de là il n'est pour vous que* HONTE
ET DESHONNEUR.

Rappeler de tels mots c'était lancer dans les hautes régions du pouvoir un stygmate brûlant qui, de lui-même, s'imprimerait sur plus d'un front. Ce fût ce qui arriva. De là une ardente et vive polémique qui, commencée dans la presse, se termina par un duel. Quelques circonstances rendirent même ce duel célèbre : la part directe et indirecte à la fois qu'y prit Louis-Napoléon, sa cause et quelques mots mémorables d'Armand Carrel, rédacteur en chef du *National* et témoin du champion bonapartiste.

Voici dans quelles circonstances il eut lieu.

Joseph Bonaparte avait envoyé de Londres, pour être mise en loterie, et le produit en être consacré au profit des *prisonniers patriotes,* la croix que l'empereur portait pendant la campagne d'Austerlitz. Louis-Napoléon avait envoyé, pour le compte de ces mêmes détenus, qu'il appelait *la légion sacrée de la patrie,* un magnifique sabre. Le peu de concours que rencontra cette œuvre d'humanité de la part de quelques notabilités de l'empire, fut généralement remarqué, et dans un feuilleton de *la Tribune,* M. L. Belmontet appela l'indignation publique sur les défections des hommes de l'empire qui, reniant leur passé, se faisaient les persécuteurs de la révolution populaire.

Le général Jacqueminot, commandant-général de la garde nationale, et comme chef de l'état-major, vit un outrage dans cet article et en demanda raison à son auteur. Louis-Napoléon, du lieu d'exil où il était, écrivit à M. Belmontet qu'il regrettait profondément de ne pouvoir mettre le pied sur la terre de France pour lui servir de témoin. A défaut de l'illustre exilé, ses deux témoins

furent MM. Armand Carrel et de Briqueville. Le général Gourgaud et un autre furent ceux du général Jacqueminot. Le duel eut lieu : le général Jacqueminot fut légèrement atteint d'une balle, et ce fut au retour de cette affaire, où M. Belmontet avait déclaré qu'il se battait *pour la mémoire de l'empereur*, qu'Armand Carrel lui dit ces mots remarquables : *Votre cause est celle qui a le plus d'avenir. Le nom de l'empereur est une force immense*, L'EMPLOYER AU DÉVELOPPEMENT DES IDÉES DÉMOCRATIQUES, C'EST UNE MISSION SUBLIME. LES BONAPARTES ONT L'EUROPE PLÉBÉIENNE DANS LA MAIN S'ILS SAVENT LA COMPRENDRE.

Pendant ce temps, forcé de fuir une patrie où le prestige d'un nom et les souvenirs glorieux qui s'y rattachaient avaient paru trop dangereux au roi régnant, Louis-Napoléon, toujours banni, toujours proscrit, se réfugia en Angleterre. Il en parcourut pendant quelque temps les divers comtés, étudiant les lois de ce pays et leur esprit, ses institutions et leur mécanisme, les causes de sa puissance commerciale et ses progrès, dans l'espoir de pouvoir utiliser un jour, au profit de la France, ses graves études.

De retour en Suisse après quelques mois de séjour dans la Grande-Bretagne, il y étudia, dans le même but, la puissante constitution militaire de ce pays, et, sous l'impression de ces sérieux travaux de l'esprit, il publia successivement divers ouvrages qui, la plupart, annoncent un beau talent de penseur et d'écrivain [1].

---

[1] Voici une liste de ses principaux ouvrages.

1° *Rêveries politiques*, suivies d'un projet de *Constitution* élaboré en vue du retour en France de son cousin, le roi de Rome. — 1832. — Cette constitution est au moins aussi démocratique que celle de 1848.

2° *Deux mots à M. de Chateaubriand sur la duchesse de Berry*. Paris, 1833, in-8°.

Voici le jugement qu'avait porté Armand Carrel, rédacteur en chef du *National*, sur quelques-unes de ses œuvres.

« Les ouvrages de Louis-Napoléon Bonaparte, dit-il,
» annoncent une bonne tête et un noble caractère. Il y a
» de profonds aperçus qui dénotent de sérieuses études
» du mal social moderne et une grande intelligence des
» temps nouveaux. »

Pour donner plus d'éclat à l'hospitalité que Louis-Napoléon payait si bien en talent et en œuvres d'utilité publique, le gouvernement helvétique lui décerna le titre *honorifique* de citoyen de la Suisse. Cette qualité n'entraînait pas la naturalisation. C'était une pure marque d'honneur, déférée deux fois déjà à deux grands personnages politiques : une fois au maréchal Ney, lors de l'acte de médiation ; une autre fois au prince de Metternich, par l'aristocratie de Berne. Peu après, en 1834,

3° *Considérations politiques et militaires sur la Suisse.* 1833. — Cet ouvrage valut à son auteur le titre *honorifique* de citoyen de la Suisse et le grade de capitaine dans le régiment d'artillerie de Berne.

4° *Manuel d'Artillerie.* 1836: — D'après le rapport des officiers d'artillerie les plus compétents, c'est le meilleur traité qui existe. (Voir dans le *Spectateur militaire* un article sur le *Manuel.* Le compte rendu en est attribué au général Pelet.)

5° *Des Idées napoléoniennes.* 1839. — Cet ouvrage, qui a eu un grand nombre d'éditions, a été traduit dans la plupart des langues de l'Europe.

6° *Aux mânes de l'Empereur.* 1841. — In-4° de quatre pages.

7° *Fragments historiques.* 1841.

8° *Notes sur les amorces fulminantes et sur les attelages.* 1841.

9° *Analyse de la question des sucres.* 1842. — C'est un des bons traités qui aient été faits sur cette question.

10° *Réponse à M. de Lamartine.* 1843.

11° *Extinction du paupérisme.* 1844. — C'est un projet d'organisation sociale fort réalisable par la simplicité du plan et l'évidence des résultats.

12° *Le passé et l'avenir de l'artillerie*, 3 vol. 1846.

13° *Mélanges*, 1 vol. 1848.

le gouvernement de la Suisse, voulant donner à Louis-Napoléon un gage plus distingué de son estime, le nomma capitaine d'artillerie au régiment de Berne. C'était le faire entrer dans la carrière militaire comme l'empereur son oncle, capitaine d'artillerie dans une république : curieux rapprochement de circonstances qui dut lui donner à penser.

L'année suivante (1835), lorsqu'après le triomphe de la cause constitutionnelle en Portugal il fut question de donner à la jeune reine dona Maria un époux dont le caractère loyal et l'énergie présentassent des garanties sûres pour l'indépendance et la liberté, des Portugais de haute distinction jetèrent les yeux sur Louis-Napoléon. Deux motifs pleins de noblesse d'âme et de dignité patriotique mirent fin aux négociations entamées à ce sujet. — « De quelque » séduction que soit entourée la position brillante qui » m'est offerte, dit-il, deux motifs m'obligent à la refuser : » l'un, c'est que je ne veux accepter aucune élévation qui » sépare mon sort et mes intérêts des intérêts et du sort de » la France ; l'autre, c'est que je suis décidé à éviter toute » concurrence avec mon cousin, le prince de Leuchtem-» berg, fils du prince Eugène, que je vénère comme un » père... » [1]

Le rôle que la voix du peuple destinait dans l'avenir au neveu de l'empereur, nous fait un devoir de le faire connaître, non par quelque vain portrait de fantaisie, mais par ses pensées, par ses confidences, par ces faits intellec-

---

[1] Voir à ce sujet, dans les journaux de décembre 1835, une lettre de Louis-Napoléon. Elle exprime les plus purs sentiments d'honneur national et d'amour de France.

tuels ou, sans réserve calculée, l'âme se peint et le cœur se révèle.

Voici d'abord quelques passages extraits de ses ouvrages, et qui, au milieu de la crise sociale qui agite la France, acquièrent une certaine importance, et prouvent que le futur président de la République française avait sérieusement étudié le mal dans sa source.

« Gouverner ce n'est plus dominer les peuples par la force et la violence : c'est les conduire vers un meilleur avenir en faisant appel à leur raison et à leur cœur. »

Et ailleurs :

« Renfermer dans chaque groupe de travailleurs un germe de perfectionnement moral est peut-être la seule issue possible à la crise sociale moderne ; car ce qui améliore les hommes, c'est de leur offrir toujours devant les yeux un but à atteindre qui soit honorable et honoré. »

Et ailleurs encore :

« La classe ouvrière est comme un peuple d'ilotes au milieu d'une population de sybarites ; il faut lui donner une place dans la société et attacher ses intérêts à ceux du sol. »

Et ailleurs enfin :

« L'industrie, cette source de richesses, n'a aujourd'hui ni règle, ni organisation, ni but. C'est une machine qui fonctionne sans régulateur. Peu lui importent les forces motrices qu'elle emploie. Broyant également dans ses rouages les hommes comme la matière, elle dépeuple les campagnes, agglomère les populations dans des espaces sans air, affaiblit l'esprit comme le corps et jette ensuite sur le pavé, quand elle n'en sait plus que faire, les hommes qui ont sacrifié, pour l'enrichir, leur force, leur jeunesse, leur existence. Véritable Saturne du travail, l'industrie ruine ses enfants et ne vit que de leur mort. »

A ces nobles pensées destinées à la publicité, nous en joindrons d'autres qui n'étaient que des confessions secrètes de l'amitié, et où l'on surprend, en quelque sorte, Louis-Napoléon en flagrant délit de pensées généreuses et de sentiments élevés. Ce sont des fragments de lettres écrites par lui, dans les épanchements de l'intimité, à l'un de ses plus anciens et de ses plus dévoués amis, M. Louis Belmontet, l'écrivain brillant et chaleureux, l'un des martyrs de la cause napoléonienne, et qui a bien voulu nous donner communication de ces précieux autographes.

Voici ces lettres :

« Arenemberg, le 10 avril 1832.

» Mon cher Louis, nous souffrons des ravages que le choléra fait en France. Pauvre patrie ! elle avait assez de maux sans cela. — Il est donc vrai que l'infortune a ses avantages ; elle rend les hommes meilleurs : elle retrempe leur âme et leur montre en beau la nature humaine en leur faisant connaître des âmes nobles et généreuses pour lesquelles le malheur a plus de prestige que le pouvoir et la grandeur. Souffrir grandit.

» LOUIS-NAPOLÉON BONAPARTE. »

« Arenemberg, mai 1833.

» ... Mon portrait vous a donc fait plaisir ; j'en suis touché. Regardez-le souvent et pensez, en le voyant, que c'est celui d'un homme qui ne transigera jamais avec aucun ennemi de la France, qui se dévouera toujours à la cause de la liberté sans regarder derrière lui, et qui demeurera constamment fidèle aux devoirs de son nom, à l'honneur de la patrie et à ses braves amis.

» L.-N. B. »

« Arenemberg, 16 novembre 1831.

» ... Toujours loin de ma patrie, privé de tout ce qui peut rendre la vie intéressante pour un cœur mâle, je dois rester homme en dépit du sort, et mes seules consolations sont dans des études fortes.

» Adieu; songez quelquefois à toutes les idées poignantes qui doivent me blesser le cœur lorsque je rêve au grand passé de la France et quand je vois le présent si vide d'avenir. Il faut bien du courage pour marcher seul, comme on peut, au but que l'âme s'est tracé. N'importe! il ne faut jamais désespérer; l'honneur français a tant d'éléments de vitalité! L'empereur connaissait bien ce grand peuple qu'il aimait tant!

» L.-N. B. »

« Arenemberg, 27 août 1835.

« .... Ma vie n'a été jusqu'ici marquée que par des tristesses profondes et par des vœux étouffés. Le sang de Napoléon se révolte dans mes veines de ne pouvoir couler pour la gloire nationale. Jusqu'à présent ma vie n'a eu de remarquable que ma naissance. Le soleil de la gloire a rayonné sur mon berceau. Hélas! c'est tout. Qui peut se plaindre lorsque l'empereur a tant souffert?... La confiance dans le sort, voilà mon seul espoir; l'épée de l'empereur, voilà mon seul soutien; une belle mort pour la France, voilà mon ambition.

» Adieu; pensez aux pauvres exilés qui ont toujours les yeux tournés du côté de la France, et croyez que mon cœur battra toujours quand on lui parlera de gloire, de patrie, d'honneur et de dévouement.

» L.-N. B. »

Voici maintenant l'extrait d'une lettre de la reine Hortense, où l'auguste proscrite apprécie avec son cœur de mère et de Française, les nobles qualités de son fils.

16

« Arenemberg, 10 décembre 1834.

» .... Ma position de fortune m'oblige à rester l'hiver sur ma montagne, exposée à tous les vents. Qu'est-ce que cela à côté des horribles souffrances de l'empereur sur les rochers de Sainte-Hélène? La résignation est la vertu des femmes et le courage celle des mères. Je ne me plaindrais pas si mon fils, à son âge, ne se trouvait privé de toute société et complètement isolé, sans autre distraction que le travail assidu auquel il s'est voué. Son courage et sa force d'âme égalent sa pénible et triste destinée. Quelle nature généreuse! Quel bon et digne jeune homme! je l'admirerais si je n'étais sa mère. Je suis bien fière de l'être. Je jouis autant de la noblesse de son caractère que je souffre de ne pouvoir donner à sa vie plus de douceur. Il était né pour de belles choses ; il en était digne. Nous avons le projet d'aller passer deux mois à Genève ; du moins il entendra parler français : ce sera une agréable distraction. La langue maternelle n'est-ce pas déjà la patrie? Après la révolution de juillet, les actes arbitraires durent encore et même recommencent contre nous. La révolution m'a ôté les moyens de soulager, comme je le voudrais et comme le voudrait mon fils, les infortunes qui s'adressent toujours à nous et qui en conservent la noble habitude. On s'est emparé de nos biens pour en faire des pensions aux ennemis de la révolution. Vous pensez bien que c'est les perdre deux fois. Ah! si j'étais heureuse, comme ceux qui souffrent souffriraient moins !

» HORTENSE. »

Voici maintenant deux traits qui achèveront le portrait de Louis-Napoléon :

En 1830-31, lorsque la révolution de juillet eut si profondément remué l'Italie, Louis-Napoléon était un des chefs les plus audacieux de ce généreux noyau d'ardents patriotes qui, sous le nom de *Jeune Italie*, avaient repris en sous-œuvre l'œuvre des *Carbonari* de 1820. Alors, comme toujours, il s'agissait d'arracher l'Italie au joug

autrichien, de constituer l'unité italienne, quitte à jalonner bien des fois encore d'un sang généreux la route rude
et âpre qui conduit un peuple à la liberté.

Cette conjuration embrassait l'Italie entière. Elle avait
pour centre Rome, où l'on devait débuter par l'abolition
du pouvoir temporel des papes. Grégoire XVI, alors ceint
de la tiare depuis le 2 février 1851, homme bilieux,
peu capable et peu chrétien, motivait assez cette mesure
extrême. Le jour de l'exécution était fixé. Toutes les troupes papales, excepté les Suisses et quelques compagnies
de carabiniers étaient gagnées. De tous les points de l'Italie, les conjurés s'étaient rendus à Rome, qui devait donner le signal de l'insurrection générale. Louis-Napoléon
était du nombre.

Le jour de l'exécution arrive. On apprend qu'un traître
a livré le secret de la conjuration. Tout le prouve. Dès le
matin, toute la garnison est sous les armes : la police papale est en mouvement. Un déploiement inusité de forces
militaires étonne Rome et arrête les conjurés. Cependant
l'incertitude était la mort non-seulement pour eux, mais
pour ce millier de frères épars dans l'Italie entière. Il fallait un homme qui se dévouât pour sortir de cette incertitude, et pouvoir arrêter à temps ce mouvement sur tous
les points de l'Italie. Louis-Napoléon se dévoua. Le signal
à donner aux troupes gagnées était de tirer du sein un
mouchoir blanc et de le porter aux lèvres. Louis-Napoléon s'avance seul vers un corps de troupes qui escor-
taient des agents supérieurs de police. Il donne le signal :
la police ne s'émeut pas ; il le redonne encore. Un officier
lui jette ces mots en passant : « *Fugge : siamo venduti !*
(Fuis : nous sommes vendus.) En effet, les agents de po-

lice devant qui il avait donné le signal, qu'heureusement pour lui ils ne connaissaient pas, étaient chargés de l'arrêter lui et les siens. Son dévouement les sauva tous, ils purent se soustraire aux vengeances combinées de Rome et de Vienne.

A ce trait de courage aventureux et froid, nous en joindrons un autre qui dénote une bonté de cœur peu commune.

En 1831, la reine Hortense, sa mère, était venue à Paris pour réclamer du gouvernement français des arrérages qui lui étaient dus, et dont le chiffre dépassait plusieurs millions. La demande de l'auguste proscrite était légitime. Louis-Philippe l'avait reconnu lui-même : il avait seulement insisté sur l'inopportunité, et avait fait dire à la reine Hortense, par Casimir Perrier, *d'attendre, et qu'elle n'aurait pas de meilleur banquier que lui.* Malgré le conseil de ses amis, la reine crut à cette promesse; mais le banquier royal lui fit défaut. De là, pour les proscrits d'Arenemberg, un moment de gêne, journellement aggravé par Louis-Napoléon qui, dans ce château, à la porte duquel ne frappait jamais en vain le malheur, épuisait ses ressources à soulager toutes les infortunes patriotiques. Dans ces circonstances, le comité polonais de Berne ayant fait un appel en faveur de la Pologne, Louis-Napoléon lui envoya un nécessaire en vermeil d'un prix inestimable, qui avait appartenu à l'empereur Napoléon. Il s'en fit une loterie qui produisit 20,000 francs, et le comité, en lui témoignant sa reconnaissance, lui écrivit ces mots :

6 août 1833.

« .... Nous serions bien heureux s'il nous était possible de suivre l'impulsion de nos cœurs et de conserver comme un souvenir sacré

un objet qui jadis appartenait au grand homme dont les Polonais, qui ont eu le bonheur de combattre sous ses ordres, déplorent d'autant plus la mort qu'ils sont persuadés que, lui vivant, la Pologne n'eût point été condamnée à d'horribles supplices, et ses enfants à un long et douloureux exil.

» Cinq cents réfugiés polonais, pénétrés de sa généreuse sollicitude, ont l'honneur de présenter les sentiments du plus profond respect à l'illustre descendant de l'empereur Napoléon. »

Tel était l'homme qui, aux termes des constitutions impériales, eût pu recueillir l'héritage du grand empereur.

Cette perspective, quoique momentanément brisée dans les faits, lui avait, à plusieurs reprises, imposé des devoirs, et plus d'une fois aussi avait attiré sur lui les regards de l'Europe. Ainsi, par exemple, à la mort du roi de Rome (1852), héritier direct alors de la fortune politique de l'empereur, Louis-Napoléon avait des droits à la surveillance de l'Europe absolutiste et à la confiance de l'Europe démocratique. Aussi des divers points de l'Europe s'étaient rassemblés à Arenemberg des agents diplomatiques secrets, les uns sans caractère officiel, envoyés par certaines cours, les autres envoyés par de puissants partis populaires pour sonder les dispositions d'un homme dont la famille appelée au trône par le suffrage du peuple pouvait y être appelée encore sans que le peuple eût à se déjuger. Cette espèce de congrès occulte avait jeté l'émoi aux Tuileries. Un premier secrétaire de l'ambassade française à Londres, M. de Bacourt, homme de confiance du prince de Talleyrand, était venu s'établir pendant quelque temps à quelques pas d'Arenemberg, dans le château-hôtellerie du Volsberg. Au milieu de ces intrigues qui

s'agitaient autour de lui, de l'espionnage politique qui
le harcelait, le neveu de l'empereur fit preuve de beaucoup
de tact et d'esprit Aux agents des cours, il laissa pressentir ce qu'il voulut ; aux agents des partis populaires, il dit
que les Bonapartes, nés de la liberté, ne la renieraient
jamais; à l'espion français, il fit rapporter que quel que
fût le sort que lui destinât la fortune, sa devise serait
toujours celle de l'empereur : *Tout pour la France ; tout
pour le peuple français !*

Plus tard, après la perte cruelle de sa mère, le gouvernement français avait demandé son expulsion de la
Suisse, et, pour appuyer cette demande, avait rassemblé
une armée dans le Jura. La Diète helvétique avait courageusement refusé de s'associer à cette proscription nouvelle; mais le noble exilé ne voulant pas que la Suisse
devînt victime de son hospitalité, avait pris le parti de se
retirer en Angleterre. L'aristocratie anglaise se préparait
alors au fameux tournoi d'Eglincthon, dont on a tant
parlé. Elle fit à ce sujet à Louis-Napoléon les avances les
plus obligeantes. C'était un moyen de compromettre aux
yeux du parti démocratique européen l'héritier du grand
homme qui en avait été le représentant couronné. Des amis
dévoués de Paris avaient signalé à Louis-Napoléon le piége
qu'on lui tendait. Le prince l'avait vu et, sans s'y laisser
prendre, avait répondu à M. Molière de Montauban :
*Rassurez mes amis de Paris ; ils peuvent rester fidèles à la mé-
moire de l'empereur : son neveu ne pactisera jamais avec ses
bourreaux.*

Dès 1856, Louis-Napoléon, jusqu'alors plus spécialement livré aux travaux sérieux de cabinet, entra ostensiblement dans l'arène politique. A cette époque, la France

était en proie aux premières agitations de la réforme. Enfermée dans un moule trop étroit qu'on refusait d'élargir,
elle s'essayait à le briser. Louis-Napoléon crut le moment
venu de seconder ce mouvement national : il s'y prépara. Les
encouragements ne lui manquaient pas ; il avait pour le confirmer dans cette pensée, les insinuations précises d'hommes
influents de toutes les opinions. Le *constitutionnel* Lafayette, quelques années auparavant, l'avait fait assurer
d'un concours dont Louis-Philippe n'avait pas su profiter.
Vers le même temps, en 1852, le *royaliste* Châteaubriand
lui avait écrit : « *Vous savez que mon jeune roi est en Ecosse,
et que tant qu'il vivra il ne peut y avoir pour moi d'autre roi
de France que lui. Mais si Dieu, dans ses impénétrables des-
seins, avait rejeté la race de Saint-Louis ; si notre patrie devait revenir sur cette élection qu'elle n'a pas sanctionnée, et
si ses mœurs ne lui rendaient pas l'état républicain possible,
alors prince, il n'y a pas de nom qui aille mieux à la gloire de la
France que le vôtre.* » D'autre part, le *démocrate* Armand
Carrel avait dit : « *Le nom que porte Louis-Napoléon Bonaparte est le plus grand des temps modernes. C'est le seul qui
puisse exciter fortement les sympathies du peuple français. Si
Louis-Napoléon sait comprendre les nouveaux intérêts de la
France ; s'il sait oublier ses droits de légitimité impériale pour
ne se rappeler que la souveraineté du peuple, il peut être appelé
à jouer un grand rôle.* » Enfin l'opinion de la nation n'était
pas douteuse, et Louis-Napoléon pouvait compter sur le
dévouement d'un grand nombre d'officiers de toutes
armes, sur l'idée accréditée de son intelligence des temps
modernes, sur son nom, sur son courage, sur la fortune
et sur ces innombrables partisans semés d'un bout
de la France à l'autre par les éclats d'une gloire qui

avait bercé, dans ses rayons, toute la génération active d'alors.

Ce fut dans ces circonstances qu'eurent lieu sans succès, et à quatre années d'intervalle, les deux conspirations de Strasbourg et de Boulogne.

Pour la première (1836), arrêté à Strasbourg même, il fut transporté sans jugement aux États-Unis. Mais l'année suivante, il put tromper toutes les polices et se rendre en Suisse pour recueillir les derniers soupirs de sa mère, la reine Hortense [1].

Pour la seconde, dont le résultat ne répondit pas non plus à son attente, il fut, en attendant son jugement par la Cour des Pairs, emprisonné à la Conciergerie, dans le cachot qu'avait occupé Fieschi. Cette injure calculée arracha à son père, l'ex-roi de Hollande, Louis, une lettre touchante, et à Louis-Napoléon une noble protestation pour décliner la compétence de la Cour qui avait toléré ce barbare outrage.

[1] En 1814, par le traité de Fontainebleau, les rois coalisés lui avaient assigné des lieux dont on avait formé le duché de Saint-Leu pour elle et ses enfants. Elle avait pris de là et porté depuis le nom de *duchesse de Saint-Leu*.

Après le désastre de Waterloo, lorsque Napoléon, délaissé de l'univers dont il avait été l'arbitre, demeurait seul aux prises avec la mauvaise fortune, elle lui avait prodigué, à la Malmaison, les soins de la fille la plus tendre. Forcée de quitter Paris peu après, elle s'était successivement retirée à Genève, à Aix en Savoie, dans un hôpital qu'elle avait fondé, dans le duché de Bade, en Bavière, à Rome, ayant à subir, pendant ces migrations diverses, les tracasseries que lui suscitaient à chaque pas une foule d'agents subalternes, tout fiers d'inquiéter pour leur part une grandeur déchue. En 1831, elle avait perdu son second fils en Italie. En 1832, elle était venue en France, d'où, comme on l'a vu, elle avait été forcée de partir; elle s'était peu après retirée avec son troisième fils, le prince Louis-Napoléon, à Arenemberg, où elle était morte, le 5 octobre 1837, laissant la mémoire d'un noble caractère et d'un instinct généreux jusqu'à la prodigalité.

Voici la lettre du père adressée au rédacteur en chef du journal le *Commerce :*

« Florence, 24 août 1840.

» MONSIEUR,

» Permettez que je vous prie de recevoir la déclaration suivante.

» Je sais que c'est un singulier moyen et peu convenable que celui de recourir à la publicité ; mais quand un père affligé, vieux, malade, légalement expatrié, ne peut venir autrement au secours de son fils malheureux, un semblable moyen ne peut qu'être approuvé par tous ceux qui portent un cœur de père.

» Convaincu que mon fils est victime d'une infâme intrigue et séduit par de vils flatteurs, de faux amis, et peut-être par des conseils insidieux, je ne saurais garder le silence.

» Je déclare donc que mon fils Louis-Napoléon est tombé dans un piége épouvantable, un effroyable guet-apens.

» Je déclare surtout, avec une sainte horreur, que l'injure que l'on a faite à mon fils en l'enfermant dans la chambre d'un infâme assassin est une cruauté monstrueuse, anti-française, un outrage aussi vil qu'insidieux.

» Comme père profondément affligé, comme bon Français éprouvé par trente années d'exil, comme frère et, si j'ose le dire, élève de celui dont on redresse les statues, je recommande mon fils égaré et séduit à ses juges et à tous ceux qui portent un cœur français et de père.

» Signé : LOUIS DE SAINT-LEU. »

Voici maintenant la protestation de Louis-Napoléon devant la Cour des Pairs, constituée en cour de justice.

Après avoir invoqué le principe de la souveraineté nationale et le vote de quatre millions de citoyens en faveur des constitutions impériales, il termina ainsi :

« Un dernier mot, messieurs ; je représente devant vous » un principe, une cause, une défaite : le principe, c'est

17

» la souveraineté du peuple ; la cause, celle de l'empire ;
» la défaite, Waterloo. Le principe, vous l'avez reconnu ; la
» cause, vous l'avez servie ; la défaite, vous avez voulu la
» venger. Non, il n'y a pas de désaccord entre vous et
» moi, et je ne veux pas croire que je puisse être dévoué
» à porter la peine des défections d'autrui.

» Représentant d'une cause politique, je ne puis ac-
» cepter comme juge de mes volontés et de mes actes
» une juridiction politique. Vos formes n'abusent per-
» sonne. Dans la lutte qui s'ouvre, il n'y a qu'un vain-
» queur et qu'un vaincu. Si vous êtes les hommes du vain-
» queur, je n'ai pas de justice à attendre de vous, et je
» ne veux pas de générosité. »

Cette chaleureuse exposition de principes n'était pas
de nature à lui concilier les pairs de Louis-Philippe ;
aussi fut-il condamné à un emprisonnement perpétuel
dans la citadelle de Ham [1]. Il y passa six ans, et put s'en

---

[1] Sur cinquante-trois inculpés dans cette affaire de Boulogne, trente-trois furent
mis hors de cause et vingt en jugement. Voici leurs noms et la peine à laquelle ils
furent condamnés :

1º Louis-Napoléon. — Emprisonnement perpétuel.

2º Comte de Montholon. — Vingt ans de détention.

3º Colonel Voisin. — Dix ans de détention,

4º Denis Parquin. — Vingt ans de détention.

5º Bouffet de Montauban. — Cinq ans de détention.

6º Etienne Laborde. — Deux ans d'emprisonnement

7º De Maisonan. — Quinze années de détention.

8º Jules Lowbard. — Vingt ans de détention

9º Henri Conneau. — Cinq ans d'emprisonnement

10º De Persigny. — Vingt ans de détention.

11º Alfred d'Almbert. — Acquitté.

12º Joseph Orsi. — Cinq années de détention.

13º Prosper Desjardins. — Acquitté.

14º Mathieu Galvani. — Acquitté.

15º Napoléon Ornano. — Dix ans de détention.

échapper en 1846, sans pouvoir cependant recueillir le prix de son audacieuse évasion, la consolation de fermer les yeux de son père, le roi Louis, mort à Florence, le 25 juillet 1846 [1].

Ces tentatives, ces catastrophes, cette vie au grand jour, en un mot, d'un courage aventureux et chevaleresque en lutte avec l'adverse fortune, avaient attiré l'attention de la France sur Louis-Napoléon. On s'était rappelé que la devise de Napoléon, TOUT POUR LA FRANCE, avait continué d'être celle des membres de sa famille, et avec ce souvenir était ressorti des cœurs l'intérêt sympathique qui attachait la France à une famille dont l'élévation avait été son œuvre; aussi quoique les deux conspirations de Strasbourg et de Boulogne fussent jugées avec rigueur par l'esprit de parti, comme toutes celles que le succès ne couronne pas, la France, qui aime les téméraires, devait les absoudre avec éclat au 10 décembre 1848.

Dans l'intervalle de ces deux tentatives, s'était rattaché à l'une d'elles un incident de peu d'importance d'abord, mais qui prit ensuite des proportions assez vastes pour

16° Théodore Forestier. — Dix ans de détention
17° Eugène Bataille. — Cinq ans de détention.
18° Charles Aladenise. — Déportation.
19° François Bure. — Acquitté.
20° Henri de Querelly. — Acquitté.
Les défenseurs de Louis-Napoléon étaient MM. Berryer, Marie et Barillon de la Pagerie, de la famille de l'impératrice Joséphine, et aujourd'hui rédacteur en chef du journal *la Liberté*.

1 Les restes de l'ancien roi de Hollande, Louis Bonaparte, ceux de la reine Hortense, de leur second fils Napoléon-Louis, reposent dans un tombeau de famille de l'église de Rueil-Saint-Leu-Taverny, près du beau monument élevé à la mémoire de l'impératrice Joséphine, et dû au ciseau de Cartelier. Dans ce même tombeau sont les restes de Charles-Marie Bonaparte, père de l'empereur. Ils y furent transportés de Montpellier, en 1806 ou 1807.

prouver de quel poids était le nom révolutionnaire des Bonapartes dans la balance des intérêts monarchiques, non-seulement de la France, mais de l'Europe. Voici ce que c'était.

Après le mauvais succès de la conspiration de Strasbourg, le 13 novembre 1836, le *Moniteur* avait publié la note suivante : « D'après les ordres du roi, Louis-Napo- » léon a été extrait de la maison d'arrêt de Strasbourg, où » il était détenu, pour être transporté aux États-Unis. »

En même temps les autres conjurés, le colonel Vaudrey, Parquin, etc., étaient traduits en jugement. Cette cause, portée devant la cour d'assises avec un grand appareil, s'était terminée par un verdict de non-culpabilité sur toutes les questions relatives aux accusés.

Peu après, Louis-Napoléon, que la piété filiale appelait en Europe pour recueillir les derniers soupirs de sa mère, avait quitté les États-Unis, et était venu se fixer à Arenemberg. Sa présence n'avait pas tardé à y inspirer de l'inquiétude au gouvernement français, et l'ambassadeur de France, le duc de Montebello, avait remis aux avoyers du canton de Lucerne une note exigeant l'expulsion immédiate de Louis-Napoléon du territoire de la Confédération helvétique. Louis-Napoléon ayant été, on l'a vu, honoré du titre purement honorifique de citoyen suisse, cette demande du gouvernement français était un attentat au droit de cité. Du reste, le ton de dédain qui caractérisait cette note en fait une pièce assez curieuse. En voici quelques passages :

« Après les évènements de Strasbourg et l'acte de généreuse clémence dont Louis-Napoléon Bonaparte a été l'objet, le roi des Français ne devait pas s'attendre à ce qu'un pays ami tel que la Suisse, et avec

lequel les anciennes relations de bon voisinage avaient été naguère
si heureusement rétablies, souffrirait que Louis-Bonaparte revînt
sur son territoire, et, au mépris de toutes les obligations que lui imposait la reconnaissance, osât y renouveler de criminelles intrigues
et avouer hautement des prétentions insensées et que leur folie même
ne peut plus absoudre depuis l'attentat de Strasbourg. Il est de notoriété publique qu'Arenemberg est le centre d'intrigues politiques
que le gouvernement du roi a le droit et le devoir de ne pas tolér
dans son sein. Vainement Louis Bonaparte voudrait-il nier, les écrits
qu'il a fait publier, tant en Allemagne qu'en France, témoignent
assez que son retour d'Amérique n'avait pas seulement pour objet de
rendre les derniers devoirs à une mère mourante, mais bien aussi
de reprendre des projets et d'afficher des prétentions auxquelles il est
démontré aujourd'hui qu'il n'a jamais renoncé. La Suisse est trop
loyale et trop fidèle alliée pour permettre que Louis Bonaparte se
dise à la fois l'un de ses citoyens et le prétendant au trône de France ;
qu'il se dise Français toutes les fois qu'il a l'espérance de troubler sa
patrie au profit de ses projets, et citoyen de Turgovie quand le gouvernement de la patrie veut prévenir le retour de ses criminelles
tentatives. »

Le 6 août 1837, les états eurent à délibérer sur cette
note. La discussion fut des plus orageuses. S'élevant avec
force contre des prétentions qui ne tendaient à rien moins
qu'à compromettre la souveraineté de la Suisse, quelques
députés déclarèrent qu'il était temps d'en finir avec les
exigences toujours croissantes de l'étranger, si l'on voulait rester un état libre. D'autres, et surtout le député de
Turgovie, M. Kern, protestèrent avec vivacité contre la
note insolite de l'ambassadeur français. Cette opinion fut
partagée. On pensa que dans une affaire intéressant toute
la Suisse, la diète avait le droit d'examiner si Louis-Napoléon avait été régulièrement élu citoyen de Turgovie, et
si ses actes n'étaient pas en opposition avec sa conduite ;

qu'en conséquence la note devait être renvoyée à l'état de Turgovie, afin d'obtenir des renseignements précis qui mettraient à même de prendre une décision. Treize états et demi votèrent ce renvoi; quatorze votèrent dans le même sens la nomination d'une commission chargée d'entrer en correspondance avec le gouvernement de Turgovie.

Ces débats, auxquels la presse de tous les pays donnait un grand retentissement, passionnaient la Suisse contre la France, et remuaient tout ce qu'il y avait de sympathique dans le cœur des peuples pour la famille Bonaparte.

Le grand-conseil de Turgovie fit une réponse évasive à la note de l'ambassadeur français que lui renvoya la diète. Soutenant son droit avec une noble énergie, cet état, qui avait honoré Louis-Napoléen du titre de citoyen, persista dans son espritd'hostilité contre l'exigence du gouvernement français. L'affaire fut remise en délibération à la diète. Trois projets de réponse lui furent soumis.

L'un, que le gouvernement de Turgovie exigerait de Louis-Napoléon une déclaration par laquelle il renoncerait à sa qualité de Français, et à toute prétention ultérieure à cette qualité.

L'autre, qu'il fût signifié à M. de Montebello, qu'aux termes de la constitution fédérale aucune disposition exceptionnelle ne pouvait être prise à l'égard de Louis-Napoléon, attendu qu'il était citoyen de Turgovie.

La troisième, enfin, qu'on invitait le gouvernement français à adresser directement sa demande à l'état de Turgovie, la diète ne pouvant pas constater la qualité du prince comme citoyen de ce canton.

La discussion s'ouvrit sur ces trois projets, le 5 septembre. Dans le courant de la délibération, on apprit successivement que la note de l'ambassadeur français avait été suivie d'une dépêche du ministre des affaires étrangères de France, le comte Molé, insistant d'une manière formelle et menaçante sur son exécution ; que les ministres d'Autriche, de Bade, de Russie étaient disposés à appuyer cette exhorbitante prétention, et enfin que cette note, avant d'avoir été présentée au Gouvernement helvétique, avait été communiquée à toutes les cours et avait obtenu leur assentiment.

Cette affaire, comme on le voit, prenait de jour en jour des proportions plus graves. Au seul nom d'un Bonaparte, offusquant dans un coin d'un petit pays un grand gouvernement, l'Europe monarchique était prête à courir aux armes pour l'en expulser.

Tout n'était pas fini encore. Seulement la Suisse venait d'acquérir la conviction que, dans la lutte où elle s'était engagée, elle ne pouvait compter sur l'appui d'aucune puissance. Forte de son droit cependant, et de la justice de sa résistance, elle ne cédait pas. Elle refusait courageusement de s'associer à cette proscription nouvelle des Bonapartes. A la suite de grands débats, 17 états s'étaient prononcé pour l'ajournement de toute discussion à ce sujet ; c'était renvoyer la solution de la question aux Grands-Conseils. La décision ainsi déclinée, était une fin de non-recevoir, une sorte d'acte d'hostilité contre la France.

La position cependant devenait de plus en plus critique. La France avait mis en état de blocus la frontière du Grand-Duché. Le Wurtemberg menaçait de suivre cet

exemple. Le prince de Metternich avait dit assez brutalement aux députés suisses, assistant à Milan au couronnement de l'empereur, que la Confédération n'avait à espérer aucun appui dans ses démêlés avec la France. Enfin
on apprit que, sur les frontières de France, un corps de
vingt-cinq mille hommes s'était mis en mouvement; que
l'artillerie de Lyon avait reçu l'ordre de se tenir prête
à marcher, et que l'entrée de deux bataillons français à Gers
avait été suivie d'un ordre du jour menaçant du général
Aymar. Les cantons, de leur côté, se mirent en état de défense. Tout le pays se leva en armes : la guerre était
imminente.

Mais ne voulant pas que la Suisse devînt victime de son
hospitalité, Louis-Napoléon écrivit au gouvernement de
Turgovie, pour le prier d'annoncer au directoire qu'il
était prêt à se retirer dans tel lieu où il pourrait trouver
un asile assuré.

Cette démarche généreuse et spontanée simplifia la
question : le 6 octobre, une réponse fière et digne fut
votée à la note de l'ambassadeur de France. On y remarquait le passage suivant :

«... Fidèle au sentiment qui depuis des siècles l'ont unie à la France
la Suisse ne peut toutefois s'empêcher d'exprimer avec franchise le
pénible étonnement que lui ont causé les démonstrations hostiles
faites contre elle avant même que la diète ait été réunie pour délibérer
définitivement sur les réclamations qui lui étaient adressées.

» La diète désire autant que peut le désirer le gouvernement
français que des complications de la nature de celles qui ont eu lieu
ne se renouvellent plus et que rien ne trouble à l'avenir la bonne
harmonie de ces deux pays.»

Le 14 octobre, Louis-Napoléon quitta Arenemberg et

se rendit en Angleterre. Dans la séance du 16, le président donna lecture d'une dépêche du comte Molé qui an-
nonçait que le différend entre la France et la Suisse devait être considéré comme terminé; on désarma des deux
côtés, et ce qui resta de plus évident de tout ce débat,
c'est que le nom de Bonaparte était encore une puissance
avec laquelle le principe monarchique pressentait qu'il
aurait tôt ou tard à compter.

Peu après, encore dans l'intervalle des conspirations
de Strasbourg et de Boulogne, le sentiment bonapartiste
avait été profondément remué par une de ces réparations
éclatantes dont les grandes nations honorent tôt ou tard
les grands hommes. Les cendres de l'empereur avaient été
transportées de l'île Sainte-Hélene, où le prisonnier de
l'Europe avait laissé son corps, en France, où son ame
et sa pensée n'avaient jamais cessé d'être.

A la suite de nombreuses pétitions adressées aux Chambres, le 12 mai 1840, la Chambre des Députés avait
adopté un projet de loi portant la demande d'un crédit
spécial d'un million pour la translation des restes mortels
de Napoléon à Paris, et pour la construction de son tombeau dans l'église des Invalides.

Cet acte de justice, qui accomplissait un des derniers
vœux de l'empereur, inspira au général Bertrand,
son ancien grand-maréchal du palais, et qui l'avait
suivi sur la terre d'exil, l'idée de faire hommage à
la France des armes du grand homme. Cette démarche n'eut pas le résultat qu'en attendait la famille
Bonaparte. Bien plus, au moment même où la munificence nationale rendait un solennel hommage au plus
illustre de ses membres, elle lui attira, de la part du

roi Louis-Philippe, un affront gratuit que nous relaterons en quelques mots. Le voici.

Ces armes étaient l'épée que l'empereur avait portée à Austerlitz, et la seule qu'il eût portée habituellement depuis; deux paires de pistolets d'arçon d'un riche travail; l'épée en forme de glaive qu'il avait au Champ-de-Mai; un sabre qui avait appartenu à Jean Sobieski, et un poignard qui avait été donné par le pape au grand-maître de Malte, Lavalette.

Mourant sur le rocher de Sainte-Hélène, Napoléon avait, entre autres missions, chargé le général Bertrand de remettre, en temps opportun, ses armes à son fils. Celui-ci étant mort, la famille Bonaparte songea à faire hommage de ces armes à la France. D'après une correspondance échangée entre le général Bertrand et Joseph Bonaparte, ces armes devaient être remises au gouverneur des Invalides, pour être déposées soit à l'hôtel, soit dans un autre monument public, comme la colonne. Après la présentation du projet de loi relatif à la translation des restes de Napoléon, le général Bertrand avait été reçu par le roi, lui avait fait part de la manière dont il se proposait de remplir sa mission. Le roi lui répondit que « ses ministres ni lui-même » ne pouvaient pas consentir à ce que les armes fussent » remises aux Invalides, au nom de la famille Bonaparte, » et qu'il lui paraissait plus convenable de les déposer » aux Tuileries, jusqu'à ce qu'elles pussent être placées » sur le cercueil. »

Le général Bertrand se rendit à cet avis. Le 4 juin, il fut reçu avec pompe, dans la salle du trône, par le roi, entouré de sa cour, et lui remit ces armes, en lui adressant les paroles suivantes :

« Sire, rendant hommage à l'acte de justice nationale
» que vous avez généreusement entrepris; animé d'un
» sentiment de gratitude et de confiance, je viens dé-
» poser entre les mains de V. M. ces armes glorieuses
» que, depuis si longtemps, j'étais réduit à dérober au
» jour, et que j'espère placer bientôt sur le cercueil du
» grand capitaine, sur l'illustre tombe destinée à fixer les
» regards de l'univers.

» Que l'épée du héros devienne le palladium de notre
» patrie. »

Le roi répondit :

« Je reçois, au nom de la France, les armes de l'empe-
» reur Napoléon, dont ses dernières volontés vous avaient
» confié le précieux dépôt; elles seront fidèlement gardées
» jusqu'au moment où je pourrai les placer sur le mauso-
» lée que lui prépare la munificence nationale.

» Je m'estime heureux qu'il m'ait été réservé de rendre
» à la terre de France les restes mortels de celui qui ajouta
» tant de gloire à nos fastes, et d'acquitter la dette de notre
» commune patrie en entourant son cercueil de tous les
» honneurs qui lui étaient dus. »

» Le général Bertrand, ayant communiqué ce résultat à
Joseph, en reçut, sous la date du 6 juin, la protestation
suivante :

« Monsieur le général Bertrand, la mort du fils de Na-
» poléon termina la mission que vous aviez reçue de l'em-
» pereur, comme dépositaire des effets mobiliers qu'il
» laissait à son fils.

» Vous étiez chargé des armes; je jugeai convenable de
» consulter les hommes les plus sages : tous pensèrent
» que la famille de Naopléon serait honorablement ins-

» pirée à en faire hommage à la nation, dans un monu-
» ment public, comme la colonne ou l'Hôtel-des-Inva-
» lides. J'exprimai solennellement cette pensée dans une
» lettre du 28 août 1833 aux honorables jurisconsultes
» dont j'embrassai les vues, trop heureux même dans
» l'exil de pouvoir donner une preuve de dévouement à
» cette patrie à qui nous devons tout.

   » Il y a peu de jours que vous me mandiez que « les
» armes de l'empereur seraient remises aux Invalides, et
» que je reconnaîtrais dans ce qui vous restait à faire
» tout votre désir de m'être agréable. » Aujourd'hui vous
» m'annoncez le contraire. Comment pouvais-je prévoir
» un tel changement? Comment ne pas protester? Com-
» ment ne pas réclamer contre la nouvelle injustice qui
» nous est faite? Comment pouvoir persuader à soi-même
» et au public que l'affront fait au nom de la famille de
» l'empereur soit l'ouvrage d'un citoyen aussi fidèle que
» le grand-maréchal du palais de l'empereur notre frère !

» JOSEPH-NAPOLÉON BONAPARTE. »

Cet incident regrettable n'influa en rien sur l'acte de munificence nationale voté par les Chambres sous la pression du pays. Le 7 juillet, la frégate la *Belle-Poule*, commandée par le prince de Joinville, et la corvette la *Favorite*, commandée par le capitaine Guyet, étaient parties de Toulon pour Sainte-Hélène, où elles étaient arrivées le 8 octobre. Le 14, vingt-cinq ans après, où, jour pour jour, Napoléon était arrivé prisonnier, ses restes avaient été exhumés et transférés à bord de la *Belle-Poule*. L'escadrille avait appareillé le 18, et était arrivée en rade de Cherbourg, avec son précieux dépôt, le 30 novembre.

Avant de suivre, à travers les populations de la France, ce convoi unique dans les annales du monde, et page si flatteuse de l'histoire de la famille Bonaparte, nous croyons devoir relater les circonstances les plus intéressantes de l'exhumation. Nous les empruntons à une lettre du prince de Joinville, qu'une bienveillante indiscrétion nous a permis de reproduire.

« En rade de Cherbourg, 30 novembre 1840.

» ... Parti le 14 septembre de la baie de Tous-les-Saints, je mouillais le 8 octobre sur la rade de James-Town.

» Mon premier soin a été de mettre M. de Chabot, commissaire du roi, en rapport avec M. le général Middlemore, gouverneur de l'île. Ces messieurs avaient à régler, selon leurs instructions respectives, la manière dont il devait être procédé à l'exhumation des restes de l'empereur et à leur translation à bord de la *Belle-Poule*. L'exécution des projets arrêtés fut fixée au 15 octobre. Le gouverneur voulut se charger de l'exhumation et de tout ce qui devait avoir lieu sur le territoire anglais. Pour moi je réglai, par un ordre du 13 octobre, les honneurs à rendre par la division placée sous mes ordres.

» Le 15, à minuit, l'opération commença en présence des commissaires français et anglais, M. de Chabot et le capitaine Alexander. A dix heures du matin le cercueil était à découvert dans la fosse. Après l'en avoir retiré intact, on procéda à son ouverture, et le corps fut trouvé dans un état de conservation inespéré. En ce moment solennel, à la vue des restes si reconnaissables de celui qui fit tant pour les gloires de la France, l'émotion fut profonde et unanime.

» A trois heures et demie le canon des forts annonça à la rade que le cortége funèbre se mettait en marche vers la ville de James-Town. Les troupes de la milice et de la garnison précédaient le char recouvert du drap mortuaire, dont les coins étaient tenus par les généraux Bertrand et Gourgaud et par MM. de Las Cases et Marchand ; les autorités et les habitants suivaient en foule. Sur rade, le canon de la fré-

gate avait répondu à celui des forts et tirait de minute en minute; depuis le matin les vergues étaient en pantenne, les pavillons à mi-mât et tous les navires français et étrangers s'étaient associés à ce signe de deuil. Quand le cortége parut sur le quai, les troupes anglaises formèrent la haie, et le char s'avança lentement vers la plage.

» Au bord de la mer, là où s'arrêtaient les lignes anglaises, j'avais réuni autour de moi les officiers de la division française. Tous en grand deuil et la tête découverte, nous attendions l'approche du cercueil; à vingt pas de nous il s'est arrêté, et le général-gouverneur, s'avançant vers moi, m'a remis au nom de son gouvernement les restes de l'empereur Napoléon.

» Aussitôt le cercueil a été descendu dans la chaloupe de la frégate, disposée pour le recevoir, et là encore l'émotion a été grave et profonde : le vœu de l'empereur mourant commençait à s'accomplir; ses cendres reposaient sous le pavillon national.

» Tout signe de deuil a été dès-lors abandonné. Les même honneurs que l'empereur aurait reçus de son vivant ont été rendus à sa dépouille mortelle, et c'est au milieu des salves des navires pavoisés, avec leurs équipages rangés sur les vergues, que la chaloupe, escortée par les canots de tous les navires, a pris lentement le chemin de la frégate.

» Arrivé à bord, le cercueil a été reçu entre deux rangs d'officiers sous les armes et porté sur le gaillard d'arrière disposé en chapelle ardente. Une garde de soixante hommes, commandée par le plus ancien lieutenant de la frégate, rendait les honneurs. Quoiqu'il fût déjà tard l'absoute fut dite et le corps resta ainsi exposé toute la nuit. L'aumônier et un officier veillèrent près de lui.

» Le 16, à dix heures du matin, les officiers et équipages des navires de guerre et de commerce français étant réunis à bord de la frégate, un service funèbre solennel fut célébré. On descendit ensuite le corps dans l'entre-pont où une chapelle ardente avait été préparée pour le recevoir.

» A midi tout était terminé et la frégate en appareillage.

» François D'ORLÉANS. »

Le 8 décembre, le cercueil de l'empereur fut transbordé de la frégate la *Belle-Poule* sur le bateau à vapeur la *Normandie*, disposé en chapelle ardente, et qui, escorté par le *Courrier* et le *Véloce*, devait le transporter jusqu'au débarcadère de Courbevoie. Immédiatement après le transbordement, le convoi funèbre se mit en route pour le Hâvre, tirant un coup de canon de quart-d'heure en quart-d'heure.

Du Hâvre à Courbevoie, les populations de vingt lieues à la ronde vinrent se presser en foule sur les pas du triste cortége, avides de rendre un pieux hommage aux restes du héros, puissant génie qui avait changé la face de l'Europe, et que la vengeance haineuse des souverains avait enchaîné sur le rocher de Sainte-Hélène. Du haut des collines, du fond des vallées, de partout d'où l'on pouvait distinguer la flotte, partaient des signaux de toute espèce indiquant des groupes de citoyens ; les deux rives de la Seine en étaient bordées ; on en voyait jusque sur les arbres qui çà et là se miraient dans l'eau, et parfois, lorsque le soleil resplendissant perçant la nue brumeuse, illuminait d'un vif éclat le lit de la rivière et enclavait le cercueil dans les reflets d'une lumineuse atmosphère, des cris d'enthousiasme partis de tous les points, répétés de distance en distance, étaient portés sur l'aile du vent jusqu'à plus d'une journée de marche. Aussi les coteaux, les collines, les berges du fleuve, les arbres eux-mêmes, littéralement peuplés de monde, mobiles comme une mer houleuse, bruyants comme une forêt agitée, semblaient s'être animés pour saluer le retour du héros populaire.

A l'homme seul qui vivant était entré triomphant dans

toutes les capitales du continent de l'Europe, il était donné de triompher encore dans la mort.

A Rouen, le cercueil fut une seconde fois transbordé du pont de la *Normandie* sur celui de la *Dorade* qui, précédé de la *Parisienne* et de huit autres bateaux à vapeur servant d'escorte, arriva le 14 décembre au pont de Neuilly.

Le lendemain, 15, eurent lieu les funérailles, une de ces grandes cérémonies nationales qui font époque dans l'histoire. En voici l'historique, dont, pour plus d'exactitude, nous prenons les détails dans l'*Annuaire* de Villeroi. Mais avant de suivre le cortége dans le trajet de Courbevoie à l'Hôtel-des-Invalides, il n'est pas sans intérêt de donner une idée des lieux qu'il avait à parcourir.

A Courbevoie, s'élevait au débarcadère un temple grec, à jour, de quatorze mètres d'élévation, sous lequel était placé un char funèbre, digne par ses proportions colossales et la richesse de ses ornements de recevoir le corps de Napoléon.

Au pont de Neuilly, la décoration avait pris un caractère tout maritime, comme pour rappeler la part honorable de la marine dans ce grand acte de reconnaissance nationale.

En tête du pont s'élevait une immense colonne rostrale, haute de 47 mètres, dédiée à Notre-Dame-de-Grâce, patrone des marins. Cette colonne, de forme octogone, était assise sur trois soubassements superposés, dont le premier était orné d'un grand bas-relief représentant le voyage de la *Belle-Poule* et le trajet de Cherbourg à Paris. Trois trophées maritimes, entourés de drapeaux aux insignes impériaux, plantés au milieu d'un amas de bombes

et d'obusiers, décoraient le second. Enfin, sur le troisième soubassement, se tenait assise la statue de la patronne des marins. Autour de cette figure, de grande proportion, étaient disposés trois énormes trépieds qui jetaient des flammes de couleur. Les angles supérieurs du dernier socle étaient surmontés de quatre aigles aux ailes déployées et qui tenaient la foudre dans leurs serres. Enfin, le chapiteau était couronné par un globe colossal sur lequel était placé en lettres d'or un seul mot : FRANCE, que dominait un aigle de cinq mètres d'envergure.

A l'Arc de triomphe de l'Étoile, ce gigantesque monument dont l'empereur avait posé la première pierre en 1810, les décorations rappelaient les grandes actions des guerres de Napoléon. Sur le sommet de l'Arc, se déployait une vaste composition représentant l'apothéose du héros. L'empereur, revêtu du grand costume impérial, comme au jour de son sacre, se tenait debout devant le trône. A ses deux côtés, étaient deux figures représentant les génies de la guerre et de la paix. A chacun des angles étaient d'énormes trépieds d'où jaillissaient des flammes de couleur. Au milieu étaient groupés des trophées d'armes.

Depuis l'Arc de triomphe de l'Étoile jusqu'à la place de la Concorde, régnaient deux longues files de piédestaux supportant alternativement des colonnes, des statues, des candelabres antiques et de grands vases en forme de lampe funèbre.

Quatorze statues, de proportions colossales, représentant des victoires ailées, tenaient d'une main la palme consacrée, et de l'autre présentaient des couronnes au cercueil du triomphateur.

Huit statues allégoriques, au-dessus desquelles s'élevait,

19

devant le palais Bourbon, une statue gigantesque de l'Immortalité, ornaient le pont de la Concorde. Le front ceint du diadème, la statue de l'Immortalité, tenait de la main droite une couronne d'étoiles d'or qu'elle semblait prête à déposer sur le cercueil du mort illustre.

Sur le quai des Invalides, s'élevait la statue colossale de l'empereur. Napoléon tenait dans sa main droite un large cordon auquel était attachée la croix de la Légion-d'Honneur; la main gauche était appuyée sur le sceptre. De là, cette grande figure de l'empereur semblait dominer sur deux longues rangées de statues représentant les grands rois, les grands capitaines de la France, et qui décoraient l'avenue principale de l'esplanade jusqu'à la grille des Invalides.

En avant de la grille d'entrée de l'Hôtel, s'élevait un dais magnifique sous lequel devait s'arrêter le char impérial. Sur la façade de cette cour, en avant du portail de l'église, était une vaste chapelle ardente, de 54 pieds de haut, pour recevoir le corps de l'empereur. Elle était de forme carrée, ornée de frontons aux armes impériales, et d'architraves contenant les portraits des généraux célèbres et les noms des grandes batailles de la république et de l'empire. A la hauteur des combles, tout autour de la frise, apparaissaient en lettres d'or tous les noms de nos grands hommes de guerre depuis 1792.

La chapelle était pavoisée dans tout son pourtour, et des bas-reliefs imitant le bronze y rappelaient de tous côtés les souvenirs de notre grande épopée militaire.

Dans la nef de l'église, d'immenses tentures noires, à bordures argentées et relevées en rideaux, étaient garnies de trois magnifiques cordons, composés, le premier,

de guirlandes de laurier, placées au-dessous des drapeaux des nations conquises ; le deuxième, d'écussons aux insignes impériaux, placés sur le milieu de chaque pilier ; enfin, le troisième, d'une draperie représentant la couronne impériale, sur laquelle étaient croisés deux bâtons, le sceptre et l'aigle.

Depuis le sol jusqu'au premier ordre d'architecture, tout le dôme était tendu d'une draperie en velours violet et or, et parsemée de tous les insignes impériaux.

Au milieu s'élevait un immense catafalque, entouré de trophées et de drapeaux, orné de plumes d'aigle et des armes de l'empereur, rehaussé de quatre rideaux de velours bordé d'hermine, se relevant et soutenus par une couronne octogone. Aux quatre angles du catafalque s'élevaient quatre figures de victoires dorées et adossées à des trophées d'armes. Au sommet du monument, l'aigle impériale déployait fièrement ses ailes.

Au fond de l'église, on avait construit un autel au-dessus duquel, à droite et à gauche, étaient deux tribunes pour les personnes de la suite du roi. Là étaient d'immenses estrades construites pour la Chambre des pairs, la Chambre des députés et les grands corps de la magistrature. L'église, dont les bas-côtés étaient garnis d'estrades, était transformée dans toute sa longueur en chapelle ardente. Plusieurs milliers de bougies supendues à des lustres étincelants, ou régnant en cordons lumineux le long des frises, répandaient une clarté éblouissante dans toutes les parties de l'église.

Sur le devant des tribunes supérieures descendait une tenture noire et argentée. Sur la tenture, des couronnes vertes encadraient les inscriptions suivantes :

CAMPO-FORMIO.—CODE NAPOLÉON.—CRÉATION DE LA LÉGION-
D'HONNEUR. — CONCORDAT. — RÉTABLISSEMENT DU CULTE. —
CRÉATION DE LA COUR DES COMPTES.—LUNÉVILLE ET AMIENS.—
INDUSTRIE, COMMERCE, AGRICULTURE. — LETTRES, SCIENCES ET
ARTS. — CRÉATION DE LA BANQUE DE FRANCE. — CRÉATION DU
CONSEIL-D'ÉTAT.—ORGANISATION DE L'ADMINISTRATION PUBLIQUE.
—TRAVAUX D'UTILITÉ PUBLIQUE.

Au delà de la nef, des degrés tapissés de noir conduisaient au rond-point qui précédait le tombeau.

Du haut de la voûte pendaient de longues et majestueuses tentures de drap violet, portant pour armoiries
l'aigle impériale, sur le manteau héraldique de pourpre
et d'hermine, avec des N parmi des abeilles d'or.

Tout le dôme était drapé de tentures de drap violet,
parsemé d'abeilles d'or et portant des écussons au chiffre
de l'empereur.

L'autel avait été transporté à l'abside. C'était là que l'archevêque de Paris, assisté de ses évêques, devait dire le
service funèbre.

Telle était la voie triomphale qu'avait à parcourir le
cercueil de l'empereur, avant de prendre possession du
tombeau que lui avait assigné la munificence nationale.

Maintenant suivons le cortége.

Le froid était intense. Cependant, malgré la rigueur de
la température, la population de Paris et de vingt lieues à
la ronde s'était, dès le matin, dirigée vers les lieux que
devait parcourir le convoi de l'empereur.

Le cortége marcha dans l'ordre suivant :

La gendarmerie de la Seine; la garde municipale à
cheval; deux escadrons du 7ᵉ lanciers; le général Dar-
riule, commandant de la place, avec son état-major; un

bataillon d'infanterie de ligne; la garde municipale à pied; les sapeurs-pompiers; deux escadrons du 7ᵉ lanciers; deux escadrons du 5ᵉ cuirassiers; le lieutenant-général Pajol, commandant la division, et son état-major; les officiers de toutes armes, sans troupes employées à Paris; l'École spéciale et militaire de Saint-Cyr; l'École polytechnique; l'École d'application d'état-major; un bataillon d'infanterie légère; deux batteries d'artillerie; un détachement du 1ᵉʳ bataillon de chasseurs à pied; sept compagnies du génie; les quatre compagnies de sous-officiers vétérans; deux escadrons du 5ᵉ cuirassiers; quatre escadrons de la garde nationale à cheval; le maréchal Gérard, commandant supérieur de la garde nationale de la Seine, et son état-major; la 2ᵉ légion de la garde nationale de la banlieue; la 1ᵉʳ légion de la garde nationale de Paris; deux escadrons de la garde nationale à cheval de Paris;

Un carosse, dans lequel était M. l'abbé Coquereau, aumônier, venant de Sainte-Hélène;

Les officiers généraux de l'armée de terre et de mer du cadre de réserve ou en retraite;

Les officiers généraux de la marine royale;

Le corps de musique funèbre;

Le cheval de bataille;

Un peloton de vingt-quatre sous-officiers décorés, pris dans les différents corps, sous les ordres d'un capitaine de la garde nationale;

Un carosse, attelé de quatre chevaux, dans lequel étaient les membres de la commission de Sainte-Hélène, le lieutenant-général Gourgaud, le baron de Las-Cases, le comte de Rohan-Chabot;

lides, le cercueil était arrivé devant la grille principale, où l'attendait l'archevêque de Paris, assisté de tout son clergé, pour dire les prières de l'eau bénite. Dans l'église, sous un magnifique dais de velours, surmonté de drapeaux et de panaches flottants, et à droite de l'autel, étaient le roi, portant l'uniforme de garde national, les ducs d'Orléans et de Nemours, en habits de lieutenants-généraux, la reine et les princesses, en grand deuil. Le clergé était à gauche de l'autel, en face du roi. Sur les estrades de la croix, siégeaient la Chambre des pairs et la Chambre des députés ; au-dessous, le conseil d'État, la cour de cassation et la cour des comptes. Venaient ensuite, à droite, la cour royale, le conseil général et le conseil municipal, les états-majors de la garde nationale et de l'armée, et le conseil d'amirauté ; à gauche, étaient les membres de l'université, l'Institut, les corps savants, les tribunaux de première instance et de commerce. Les aides-de-camp, les officiers d'ordonnance, les écuyers du roi et des princes, les dames de la reine et des princesses, étaient dans une tribune, à gauche du roi, au-dessus des bancs des ministres. Dans la nef, sur les gradins, étaient les détachements d'honneur, l'état-major de l'hôtel des Invalides, les préfets et maires des départements, les écoles, les marins de la *Belle-Poule*, une foule de militaires décorés ; au-dessous de l'orgue, un nombreux orchestre, et dans les tribunes élevées, les personnes munies de billets. Auprès du catafalque, on remarquait les membres de la commission de Sainte-Hélène, et sur un fauteuil, à la suite du banc du clergé, le maréchal-gouverneur de l'hôtel des Invalides.

A deux heures et demie, les prières de l'eau bénite dites,

Un peloton de trente-quatre sous-officiers décorés, de toutes armes ;

Les maréchaux de France ;

Les quatre-vingt-six sous-officiers, portant les drapeaux des départements, sous les ordres d'un chef d'escadron ;

Le prince de Joinville et son état-major ;

Les cinq cents marins arrivés avec le corps de l'empereur.

Venait ensuite le char funèbre, traîné par seize chevaux blancs, couverts de riches housses de deuil : les cordons d'honneur, fixés au poële impérial, étaient tenus par MM. le maréchal-duc de Reggio, grand-chancelier de la Légion-d'Honneur, le maréchal Molitor, l'amiral Roussin et le général Bertrand ;

Les anciens aides-de-camp et officiers civils et militaires de la maison de l'empereur ;

Les préfets de la Seine et de police ; les membres du conseil général, les maires, adjoints et conseils municipaux de Paris et des communes rurales ; les anciens militaires de la garde impériale, en uniforme ; la députation l'Ajaccio, les militaires en retraite.

Tel était le nombreux et brillant cortége, presque exclusivement militaire, qui célébrait les funérailles de l'empereur au milieu du deuil immense de tout un monde dont le respect profond changeait le char funèbre en char de triomphe, et ajoutait la majesté de la sympathie nationale à l'ineffable majesté de la gloire, du malheur et de la mort : dernier et beau fleuron à la couronne d'immortalité du vaincu de Waterloo.

A deux heures, au bruit du canon de l'Hôtel des Inva-

Le général Gourgaud s'avança et plaça le chapeau à côté de l'épée.

Le service funèbre commença, et à cinq heures le dernier vœu de l'empereur était rempli. Sous ces lugubres voûtes où, pendant des jours de triomphe, avaient tant de fois retenti des chants de victoire, et où flottaient appendus, comme un mobile linceul de gloire, les drapeaux de vingt nations vaincues, reposait le grand homme.

Telles furent ces funérailles, sans précédents dans l'histoire, et qui semblent une page arrachée aux récits féeriques d'un temps fabuleux. A cette tardive glorification d'un grand homme, une chose manqua : la présence de sa famille. Mais, par une inconséquence bizarre, pendant que la nation déifiait l'homme, le pouvoir d'alors en maintenait proscrit le nom.

Huit ans après ce grand acte de munificence nationale, et presque jour pour jour, un coup de tonnerre inaugurait une nouvelle ère politique en France.

Un mot à ce sujet.

Depuis qu'emportée par son génie aventureux la France s'était assez follement jetée dans le casse-cou des expériences gouvernementales, elle avait, peu à peu, essayé de tout. Dix à douze sortes de gouvernements miroitaient avec leurs reflets divers dans un passé d'un demi-siècle comme miroitent dans un kaléidoscope, les paillettes et les détritus qu'y amoncèle la main du hasard. En 1830, elle avait un *roi citoyen* et un *trône populaire, entouré d'institutions républicaines.* Le mot avait de la valeur. Les choses n'avaient pas répondu au mot. Ce fard démocratique n'avait pu se nuancer avec les vieilles rides de la monarchie qui, après dix-huit ans de nouvelle

le clergé, vêtu de violet comme pour l'office des martyrs, fut recevoir le corps sous le porche drapé. En ce moment, du haut de l'estrade placée en avant des orgues, les trombonnes et les contrebasses firent entendre une marche d'un double caractère, funèbre et triomphal à la fois : le canon retentit au dehors ; la garde nationale présenta les armes, les invalides serrèrent le sabre à leurs épaules, et le cercueil entra porté par des soldats et des marins. Ce fut un instant d'une admirable solennité. Tous les assistants étaient debout, la tête découverte, les yeux et les bras tendus vers ce cercueil, dans lequel reposait tant de gloire et de grandeur. Des invalides, qui faisaient la haie sur le passage du corps, s'étaient agenouillés malgré la consigne ; d'autres essuyaient les larmes roulant sous leurs paupières.

En ce moment, le roi quitta la place qu'il occupait dans le dôme. Il était suivi des princes et des généraux Bertrand et Gourgaud, portant sur un coussin de velours, l'un l'épée, l'autre le chapeau de l'empereur. Il s'avança au devant du convoi que conduisait le prince de Joinville, l'épée à la main, et qui la baissant jusqu'à terre :

— « Sire, dit-il, je vous présente le corps de l'empereur Napoléon. »

Le roi répondit :

— « Je le reçois au nom de la France. »

Et il ajouta :

— « Général Bertrand, je vous charge de placer l'épée » de l'empereur sur son cercueil. »

Le général Bertrard obéit. Le roi reprit :

« Général Gourgaud, placez sur le cercueil le chapeau » de l'empereur. »

fuite sa famille éparpillée ; sans une seule épée prête à se tirer pour lui, sans un seul ami qui partageât sa disgrâce ; sans qu'une seule de ces harpies, dont la rapacité avait miné son trône, lui jetât, par quelque éclatante démission, l'obole de la sympathie ou de la reconnaissance !

Après la chute de Louis-Philippe, la république avait été proclamée. Pour les hommes habitués à compter sans Dieu et sans le peuple, elle avait été considérée comme une surprise ; par ceux qui comptent sur l'un et sur l'autre, elle avait été saluée comme une ère d'avenir.

Quoi qu'il en soit, ce que les monarchies de 1815 et de 1830 n'avaient pas voulu faire pour la famille Bonaparte, elle le fit. Après trente-trois ans d'exil, les membres de cette famille purent rentrer en France, citoyens et libres.

La république ouvrait pour la France une ère nouvelle ; ils le sentirent, s'y associèrent sans arrière-pensée, et mirent au service de l'œuvre commune des cœurs et des bras que des lois de proscription leur avaient jusqu'alors interdit d'utiliser au profit de leur patrie.

Un grand fait, pressenti déjà, résume cette deuxième période de l'histoire de la famille Bonaparte. Le voici.

Tant que la *légitimité par droit divin* trôna en France sous ses deux formes, avec les Bourbons de la branche aînée ou ceux de la branche cadette [1], le *droit humain*, momentané-

---

[1] Selon les statuts de l'antique monarchie de France, tout membre de la famille royale, issu de famille légitime, avait droit éventuellement à la succession au trône, de mâle en mâle, par ordre de primogéniture, jusqu'à perpétuité, à l'exclusion toujours des femmes.

Après la mort de Louis XIII la famille royale se divisa en trois branches :

La première eut pour chef Louis XIV : de lui est issue la ligne connue sous le nom de *Bourbons de France.*

La deuxième eut pour chef Philippe V, d'où est sortie la ligne connue sous le nom

preuve, n'avait su apparaître qu'avec un grief de plus

En effet, la monarchie de 1815 s'était établie au milieu des proscriptions : son règne avait été celui des supplices, des coups d'État, de l'hypocrisie religieuse. La monarchie de 1830 s'était alternativement soutenue par la ruse par la violence, par la corruption : son règne avait été celui de la rouerie sceptique. Surexcités par le débordement successif du matérialisme des idées pendant les commotions des quarante dernières années, les passions égoïstes, les appétits grossiers avaient impudemment affiché leurs prétentions immorales, et cette monarchie, favorisant tous ces instincts immondes, n'avait su faire vibrer que les basses cordes du cœur. Intrônisant le culte des intérêts matériels, elle avait pris pour devise : *Rien pour rien.* Jusqu'à la fin, fidèle à ce cynique adage, à travers la dégradation des pouvoirs publics, elle était parvenue presque à pervertir la France elle-même. La décadence honteuse de la grande nation était au bout de ce mépris des principes moraux ; Dieu seul pouvait la prévenir : il la prévint. Il envoya au peuple un souffle de sa colère et de sa justice. Le peuple s'insurgea. Devant cet instrument intelligent de la pensée divine, la monarchie de 1830, trop tard avisée, voulut faire un pas en arrière ; mais le pied lui glissa dans la boue : elle tomba !

Encore une fois souveraine, la nation put ramasser pour la troisième fois, en un demi-siècle, la couronne tombée du front de trois rois, l'un, Louis XVI, légitime ; l'autre, Charles X, imposé ; le troisième, Louis-Philippe, élu.

La chute de ce dernier n'a pas de précédent dans l'histoire. Il s'enfuit seul, pouvant à peine rejoindre dans sa

TROISIÈME PÉRIODE

(1848.)

Un fait digne de remarque, c'est que les peuples seuls,
dans leur triomphe, sont généreux. L'histoire de toute restauration royale n'est qu'une page ajoutée au martyrologe
des peuples. Le premier mot d'une révolution populaire
est toujours oubli, pardon. Il en fut ainsi en février 1848.
Le peuple victorieux jeta le manteau de l'oubli sur ses
griefs récents. Généreux envers ses ennemis, il sut être
juste et réparateur envers les Bonapartes qui, depuis
trente-trois ans, expiaient dans l'exil le crime d'être sortis
de son sein, d'avoir été élevés par lui. Il leur tendit la
main et les accueillit comme un père accueille des fils qui
ont souffert pour lui.

Les circonstances dans lesquelles les Bonapartes ren-

ment vaincu en France et en Europe, dut attendre, comprimé mais frémissant, la fin des mauvais jours. Entraînés dans une chute commune, les Bonapartes attendaient comme lui. Mais dès que, aux journées de février, la révolution, pour la troisième fois triomphante, eut une fois encore intrônisé le *droit humain*, avec lui reparut ce qui en avait été l'expression couronnée, la famille Bonaparte.

Telles ces constellations, dont une main providentielle règle la marche et l'ordre, n'apparaissent jamais qu'avec les étoiles secondaires qui sont ou leur accessoire ou leur complément.

de *Bourbons d'Espagne*, et de ces derniers les *Bourbons de Naples et de Lucques*.

La troisième eut pour chef le duc d'Orléans, Philippe, frère de Louis XIV, d'où est issue la ligne des *Bourbons de la branche cadette*, qui n'était par conséquent qu'une forme nouvelle de légitimité.

Cela est si vrai qu'en 1830, lorsqu'après l'offre de la couronne au duc d'Orléans par quelques députés il fut question de régler la dénomination du nouveau roi, on s'était arrêté à celle de *Philippe V*, pour ne pas *interrompre la chaîne des temps*. Sur l'observation un peu vive du général Lafayette, que « la révolution de 1830 n'ayant pas été faite contre des hommes, mais contre un principe, essayer de faire revivre ce principe c'était tout remettre en question », le duc d'Orléans renonça à sa prétention de légitimité; il dit à Lafayette, en anglais, qu'il parlait assez volontiers : *Do as you think it* (faites comme vous l'entendrez), et il prit le nom de Louis-Philippe Ier. (Voir pour plus de détails de ce dernier fait, l'*Histoire des hommes et des choses de Juillet*, par Sarrans jeune, t. I.)

moyens, l'empereur Nicolas, qui n'aimait pas Louis-Philippe, s'était montré assez disposé à cette alliance. Mais cette combinaison avait avorté par l'influence des Leuchtemberg, et surtout par suite d'une ridicule boutade de la duchesse d'Angoulême, qui avait eu le sot orgueil de rappeler que la maison impériale de Holstein-Gottorp ne datant que de 1761, un tel mariage serait tout honneur pour elle [1].

Le prince de Metternich, qui avait pris l'affaire à cœur, ne se décourageait pas. A un refus essuyé sur un point, il répondait par une démarche nouvelle sur un autre, et promenait de cour en cour le nom de l'*enfant du miracle* à la recherche d'une princesse disposée à perpétuer la plus vieille race du monde.

Cette obstination du vieux diplomate était pour Louis-Philippe une grosse affaire. Dans sa sollicitude dynastique, il s'en occupait plus que des affaires de l'État. Enfin, voyant ce mariage inévitable, il fit lui-même un choix, le plus compromettant possible, et mit en jeu, dans ce sens, toutes les marionnettes diplomatiques. Comme il en tenait secrètement tous les fils, il les dirigea si bien qu'en arrê-

---

[1] La Russie n'a pris position en Europe que par Pierre Ier. La dynastie des Romanow a fini avec l'impératrice Elisabeth. La dynastie de Holstein-Gottorp n'est montée sur le trône de Russie qu'en 1761 avec Pierre III.

On comprend avec quel dédain l'orgueilleuse maison de Bourbon, qui compte des aïeux parmi les rois francs et attache tant d'importance à l'ancienneté de race, a de tout temps parlé de l'élévation récente de cette maison. Déjà, 25 ans auparavant, Louis XVIII, alors comte de Provence, ayant à Mittau fait, comme la duchesse d'Angoulême, allusion à l'élévation récente de la maison impériale de Russie, s'était attiré de la part de l'empereur Alexandre le rude mot suivant : *Le comte de Provence a raison, les Holstein-Gottorp ne datent que d'hier et les Bourbons se perdent dans la nuit des temps, aussi sommes-nous la tige qui pousse et eux la branche qui tombe.*

traient en France étaient favorables à l'élévation de leur famille, dans le cas où les mœurs publiques n'auraient pu s'accommoder du gouvernement républicain. En effet, la chute des Bourbons de la branche cadette était trop récente pour qu'une transaction fût de longtemps possible entre la nation et eux. Quant à la branche ainée, c'était une race désormais condamnée, avant même que Louis-Philippe eût rendu cette condamnation en quelque sorte irrévocable, en ménageant avec tant d'habileté le mariage du duc de Bordeaux avec une princesse de Modène : mariage qui, soit dit en passant, fut son ouvrage, quoiqu'il ait généralement été considéré comme conclu contre lui.

Un mot à ce sujet. Le lecteur nous pardonnera cette petite incursion, en faveur de l'anecdote : elle est peu connue. La voici.

A la suite des mariages espagnols et de la semi-rupture qu'ils amenèrent entre la France et l'Angleterre, chacune des cours du nord de l'Europe se crut en droit de se venger du succès dynastique obtenu à cette occasion par Louis-Philippe. La cour d'Autriche, la plus haineuse et la plus déloyale des cours, ne resta pas en arrière. L'homme d'État qui la gouvernait, M. de Metternich, tenait depuis longtemps suspendu sur la tête de Louis-Philippe la menace du mariage du duc de Bordeaux avec une princesse du continent. Une ouverture à ce sujet avait été faite au chef de la maison impériale de Russie, Nicolas Ier.

Vraie nature de barbare à peine dégrossie, courant après l'éclat des procédés blessants avec assez de frivolité dans l'esprit pour en tirer vanité, et assez de grandeur dans les sentiments pour dédaigner l'hypocrisie des

Westphalie, le plus jeune des frères de l'empereur. Sur le berceau de quatre autres avait, de près ou de loin, rayonné le soleil de la gloire impériale : c'étaient Louis-Napoléon, fils de Louis, l'ex-roi de Hollande ; Charles-Lucien et Louis-Lucien, fils de Lucien, prince de Canino ; et Lucien-Napoléon, fils de Murat. Les autres, Napoléon fils de Jérôme, Pierre, fils de Lucien, qui devaient sous peu figurer sur la scène politique, étaient nés après la chute de l'empire.

Lorsqu'éclata la révolution de février, l'ex-roi Jérôme habitait, depuis 1839, Florence, où de nouvelles persécutions l'avaient forcé de chercher un refuge. Napoléon, son fils, était capitaine au 8ᵉ régiment de ligne au service de son oncle, le roi de Wurtemberg. Pierre-Napoléon, après avoir servi en Amérique, avait été chef d'escadron au service du roi de Wurtemberg. Capitaine de la légion étrangère, en Algérie, il avait été nommé chef de bataillon le 5 mars 1848. Les autres membres de la famile Bonaparte étaient dispersés aux quatre vents.

Le crime originel qui avait fait d'eux les parias de l'Europe absolutiste, c'était, nous l'avons dit, d'avoir été les élus d'une nation libre. Ils avaient expié dans l'exil l'élévation d'un grand homme sorti du peuple sur un trône donné par le peuple. C'était une rancune de la légitimité par droit divin, poursuivant la légitimité par droit humain dans chaque membre d'une famille dont l'élévation en avait été l'expression brillante.

Ce fait est si vrai, qu'un simple exposé des lois de proscription prononcées contre eux suffirait au besoin pour le prouver.

Un mot sur ces lois qui, ajoutant le cachet de la per-

tant ses vues sur une princesse de Modène, M. de Metternich crut faire le plus vif déplaisir à Louis-Philippe , quand au contraire les agents de ce dernier avaient assez habilement manœuvré pour rendre ce choix seul possible. Aussi, en apprenant la conclusion du mariage, Louis-Philippe laissa échapper ces mots : — « Très bien , le vieux renard » d'Autriche est tombé dans le piége. Voilà notre cousin » marié à une princesse de Modène, c'est presque une » renonciation à ses prétentions à la couronne de France. »

En effet, Louis-Philippe avait, avec raison, pensé que la France ne transigerait jamais avec les alliés ou les descendants de François IV d'Este, ce sanguinaire duc de Modène, si justement surnommé le *Néron moderne*, et qui, en 1850, par son outrecuidante jactance à l'égard de la révolution de France, avait su ajouter tant de ridicule à tant d'odieux. En apprenant les mots de Louis-Philippe, le prince de Metternich, qui se vit joué, ne put s'empêcher de dire après réflexion : — « Louis-Philippe pourrait bien avoir » raison. L'adage français dit vrai : Corsaire contre cor- » saire fait toujours mal ses affaires. »

Maintenant nous pouvons reprendre notre récit.

Quelque belle que fût la part que faisait aux Bonapartes la situation si compromise des prétendants dynastiques de la maison de Bourbon, nul d'entre eux ne songea aux droits de légitimité impériale. Fiers de tenir tout du peuple, ils voulurent, si tel était le vœu de la France, lui devoir tout encore. Leur ambition se borna à reconquérir leur titre de citoyen français, et à le mériter par leur pa- triotisme.

De tous les Bonapartes mêlés aux choses et aux hommes de l'empire, un seul survivait. C'était Jérôme, l'ex-roi de

la belle expression de la reine Hortense : *Ce fut les perdre deux fois* [1].

La seconde loi de proscription, du 24 août 1830, fut rendue par le gouvernement né, contre toute prévision, de la révolution de juillet. Cette loi nommée, par une sorte de dérision, *loi d'amnistie*, réintégrait dans leurs droits civils et politiques les Français bannis en exécution des articles 4 et 7 de la loi de 1816, mais maintenait dans toute sa rigueur la proscription, la spoliation prononcée par l'article 4 contre la famille Bonaparte. Défendue par M. Dupin aîné, alors membre du conseil des ministres, elle fut adoptée à la Chambre des Députés, à la majorité de 206 voix sur 237. Parmi ces élus du privilége, un seul orateur, M. Berryer, s'éleva contre le maintien de l'article 4.

La troisième loi était du 10 avril 1832. Elle avait pour but d'abolir l'article 4 de la loi de 1816, étendu par la loi de 1830 aux Bourbons de la branche aînée. Mais dans le maintien de ses dispositions de proscription et de spoliation, elle ajouta une iniquité de plus. En effet, pour les Bourbons de la branche aînée, elle atteignit seulement la ligne descendante directe, tandis que pour la famille Bonaparte elle s'étendit à la ligne directe ascendante et descendante, et par extension gratuite à toute la ligne collatérale.

Qu'on en juge. Pour les Bourbons, le projet disait :

« Le territoire de la France et des colonies est interdit à perpétuité à Charles X, déchu de la royauté par la déclaration du 7 août 1830, à ses descendants, aux époux et épouses de ses descendants. »

[1] Voir la lettre de la reine Hortense, page 122.

sécution à la légitimité par droit humain, momentanément incarnée dans la famille Bonaparte, étaient un coup de canon échappé de Waterloo, et tiré longtemps après la victoire.

Ces lois furent au nombre de trois. La première, du 12 janvier 1816, imposée d'abord par la Sainte-Alliance contre le principe de la souveraineté populaire qui, lors de l'érection de l'empire, s'était formulée par 4 millions de votes, offre un assez curieux incident. C'est qu'à la Chambre des Pairs, où siégeaient tant de notabilités impériales, elle passa contre le sentiment des ministres d'alors [1]. Cette loi portait :

« Art. 4. — Les ascendants et descendants de Napoléon Bonaparte, ses oncles et ses tantes, ses neveux et ses nièces, ses frères, leurs femmes et leurs descendants, ses sœurs et leurs maris, sont exclus du royaume à perpétuité, et sont tenus d'en sortir dans le délai d'un mois, sous la peine portée par l'article 91 du Code pénal (la mort).

» Ils ne pourront y jouir d'aucun droit civil, y posséder aucun bien, titre, pensions à eux accordés à titre gratuit, et ils seront tenus de vendre, dans le délai de six mois, les biens de toute nature qu'ils possèdent à titre onéreux. »

Ce que la loi n'ajoutait pas, c'est que les biens des Bonapartes servirent à payer des pensions accordées aux chouans, aux chevaliers du meurtre dans le Midi, et selon

---

[1] En 1832, le 10 septembre, pendant la discussion à la Chambre des pairs de la révision de l'art. 4 de la loi du 12 janvier 1816, MM. Decazes et Barbé-Marbois, qui faisaient partie du cabinet de 1816, déclarèrent ce fait à la tribune (Voir *le Moniteur* du 10 septembre 1832).

Pour n'avoir plus à revenir sur ce sujet, nous dirons que cette page fut arrachée le 10 octobre 1848, et la loi de 1816 légalement abrogée.

Plusieurs mois avant que, par l'abrogation de cette loi, l'Assemblée se fût associée au vœu hautement exprimé par la nation, la famille Bonaparte avait été jetée dans l'arène politique par la même force d'impulsion qui, quarante-quatre ans auparavant, avait porté Napoléon au trône.

La France qu'ils retrouvaient, n'était plus la France de la révolution ou de l'empire. Les Bourbons avaient passé par là : ils n'avaient pu, il est vrai, amoindrir à leur taille la grande nation; mais ils l'avaient si peu comprise et si mal gouvernée que, dans des jours d'impatience et de colère, elle s'était lancée dans l'arène chanceuse de l'inconnu à la recherche d'un meilleur état social.

Voici comment j'ai apprécié ailleurs la situation de la France à ce moment solennel [1].

« Lorsque s'était ouverte l'année 1848 où, pour la troisième fois en un demi-siècle, avait disparu un trône englouti sous la lave populaire, la France offrait un singulier spectacle. On aurait pu se croire transporté à cette époque de Rome caduque que flétrit saint Augustin, par ces mots : « Que leur importait à ces Romains dégénérés ce » qu'on appelait la corruption? Ce qu'il leur fallait c'est » que chacun pût augmenter ses richesses. Tous les moyens » étaient bons; et dans cet effrayant dévergondage moral, » la fin justifiait toujours les moyens.

[1] *Histoire de France depuis les temps les plus reculés jusqu'à l'avènement de Louis XVI*, par Anquetil, *continuée* par A. Savagner jusqu'au 21 janvier 1793, et par Camille Leynadier jusqu'en 1849. — 4 forts vol. grand in-8°. — Edition compacte avec gravures.

Pour les Bonapartes :

« Les dispositions ci-dessus sont applicables aux ascendants et descendants de Napoléon, à ses oncles et tantes, à ses neveux et nièces, à ses frères, leurs femmes et leurs descendants, à ses sœurs et leurs maris.

» Les personnes désignées ci-dessus ne pourront jouir en France d'aucun droit civil : elles ne pourront posséder aucun bien, meubles et immeubles ; elles ne pourront en acquérir à titre gratuit ou onéreux. »

Ce surcroît de pénalité prouve d'une manière évidente qu'en proscrivant la famille Bonaparte on avait toujours voulu proscrire la souveraineté nationale qui, ayant régné avec Napoléon, avait été détrônée avec lui. La royauté quasi-légitime, comme la royauté légitime, avait voulu apprendre à tout venant ce qu'il en coûtait d'accepter une couronne des mains du peuple souverain.

Mais, dès le 24 février 1848, lorsque le peuple eut renversé la quasi-légitimité, comme dix-huit ans auparavant il avait renversé la légitimité, il ne resta de ces diverses lois qu'une lettre morte. Dès ce jour, le décret de bannissement de la famille Bonaparte, pure représaille de l'etranger contre vingt-cinq années de victoires, imposée à la France au même titre que tant d'autres humiliants sacrifices, avait été aboli de fait comme les traités de 1815. Aussi lorsque, peu après, la nation, sans s'inquiéter si ces décrets figuraient encore au *Bulletin des Lois,* allait envoyer siéger sur les bancs de l'Assemblée nationale plusieurs des membres de la famille proscrite depuis Waterloo, l'Assemblée, en mettant au néant le décret de proscription, devait arracher de nos lois une page néfaste qui rappelait les plus mauvais jours de nos annales.

,rares exceptions, c'était un désordre incroyable de l'intelligence individuelle et sociale qui, vu au grand jour de
la froide raison, montrait sous sa pauvre et vulgaire réalité quelque chose d'humiliant pour l'orgueil de la France.

» Un fait incontestable c'est que lorsque la révolution
de 1848 avait, par son triomphe, jeté dans l'arène tous
ces éléments, il existait dans l'ordre social un mal réel
qu'on ne peut sainement apprécier qu'en remontant à la
révolution de 1789. Cette révolution, en effet, avait été
évidemment arrêtée par tous les pouvoirs qui s'étaient
succédés. Il n'y avait plus eu, il est vrai, d'aristocratie
nobiliaire ou cléricale, mais il y avait eu une aristocratie
de *cens*. Maîtresse de la société et du pouvoir par le monopole électoral et législatif, cette aristocratie pouvait s'assurer mutuellement et s'assurait en effet contre toute diminution de tarif, contre toute levée de prohibitions,
contre toute concurrence enfin, en tout et pour tout. La
suprématie de l'argent sur le travail, sur l'intelligence,
ainsi érigée en système, le monopole d'avant 1789 n'avait
été que déplacé après, et le niveau démocratique s'était
fatalement arrêté au milieu social. Bien plus, proclamer
l'argent le maître absolu de l'idée, du bras, c'était jeter
un défi aux classes ouvrières qui vivaient de leur travail,
à celles qui vouées aux professions libérales pouvaient se
croire déshéritées, c'était semer un germe fatal de révolution, non plus politique cette fois, mais sociale.

» Pour conjurer cette perspective effrayante, il fallait
de l'abnégation, du patriotisme, du désintéressement, de
la probité politique, des idées saines, justes et bien mû-
ries. Au lieu de cela, surgirent, après le triomphe, des coteries alliées un moment pour convoiter la part du butin,

» En effet, en France, en 1848, comme à Rome dans sa décadence, pauvres et riches étaient atteints de la même infirmité ; ces derniers trop occupés de jouir, les autres trop désireux de la jouissance, tous atteints de la manie de briller ; celui qui avait, voulait encore avoir ; celui qui n'avait pas, séchait, mourant d'envie, devant celui qui avait. Et un jour, en 1848, comme dans l'empire romain aux premiers siècles de notre ère, au milieu de cet enivrement, de cette fascination d'hommes qui fermaient les yeux sur leur décadence, avait éclaté la tempête soudaine qui, ébranlant le sol jusque dans ses fondements, avait voué l'avenir aux chances terribles de l'inconnu.

» Si l'on voulait apprécier les éléments qui, en France, allaient se débattre sur ce champ de bataille, tout fumant encore de sang, on trouverait, d'une part, une infime minorité d'hommes probes, intègres, voulant sincèrement le bien des classes ouvrières, le développement de leur intelligence et de leur bien-être, l'ordre par la *liberté*, une égale part de soleil pour tous par la *fraternité*, la réhabilitation de la dignité humaine par l'*égalité* ; d'autre part, on verrait l'excès de doctrines socialistes mal digérées, servant de motif aux uns pour rechercher l'influence ; l'art de conspirer érigé en art gouvernemental, servant de motif aux autres pour briguer ouvertement le pouvoir ; ailleurs, les derniers, par l'intelligence, travaillant à être les premiers par le rang ; des fractions modérées n'ayant au service de leur cause que des bonnes intentions et des paroles vides d'idées ; enfin, des hommes sincères, mais ardents jusqu'à la passion, qui croyaient fonder un ordre social sur la violence, comme si la violence avait jamais fondé quelque chose de stable ; en un mot, à part quelques

jusqu'à ce moment, avaient aimé le peuple, non pour eux, mais pour lui, avaient travaillé à son bonheur avec persévérance et désintéressement, il ne resta comme au sage qu'à s'envelopper dans leur manteau pour laisser passer cette avalanche de passions égoïstes. »

Ce fut au milieu des tiraillements de ces éléments purs ou immondes, que le nouveau gouvernement provisoire fut condamné, dès son début, à se mouvoir avec un état social fort ébranlé déjà et battu en brèche par mille passions bonnes ou mauvaises, sans force régulière pour imposer ses décisions, et n'ayant pour régulariser ce chaos que l'admirable discipline du peuple et la main de la Providence.

Ce fut aussi dans de telles circonstances que les Bonapartes rentrèrent en France.

Louis-Napoléon, qui vivait paisiblement en Angleterre, d'où la police de Louis-Philippe l'empêchait de sortir, partit immédiatement après les journées de février. Il arriva à Boulogne, sur un paquebot qui, par un singulier hasard, s'amarra contre un autre paquebot prêt à partir pour l'Angleterre, avec la famille de Louis-Philippe, allant à son tour chercher un refuge sur le territoire anglais.

En même temps ceux des Bonapartes qui se trouvaient à Paris écrivaient individuellement les lettres suivantes aux membres du gouvernement provisoire :

A MM. LES MEMBRES DU GOUVERNEMENT PROVISOIRE DE LA
RÉPUBLIQUE.

« La nation vient de déchirer les traités de 1815. Le vieux soldat de Waterloo, le dernier frère de Napoléon, rentre dès ce moment au sein de la grande famille.

» Le temps des dynasties est passé pour la France !

22

mais prêtes à se désunir pour le partage. A la vue de ces intérêts égoïstes, exclusivement occupés d'eux, et ne tenant compte des intérêts généraux que pour les tourner à leur profit, on put croire que la plupart de ces hommes sans passions généreuses dans le cœur, n'avaient, en agitant les bas-fonds de la société, fait de tout temps d'autre métier que celui de pêcheurs d'anguilles qui, pour prendre les poissons par centaines, troublent l'eau des lacs et amènent à la surface la vase du fond.

» En effet, dès la chûte de Louis-Philippe, de toutes les classes, de tous les rangs, mille passions mauvaises se dressèrent en face du nouveau pouvoir, couvant de l'œil et étendant la main sur toutes les charges, tous les emplois. On vit arriver des départements tout ce qui, de près ou de loin, avait longtemps caché des vues sordides sous un patriotisme d'emprunt. Chaque jour amena de nouveaux prétendants à la curée, couvrant d'une blouse leur habit de solliciteur. Aussi à la vue de tant d'impudente bassesse pour s'arracher un lambeau de la défroque du monarchisme, les républicains sincères désespéraient de la fortune de la France. Ils la croyaient descendue au niveau des empires enfouis; ils la voyaient prête à expirer dans l'amour de l'or et des places, comme Rome jadis dans l'amour de la volupté; ils disaient hautement que si, devant Rome mourante dans l'orgie, un sage s'était jadis demandé : *Où sont les citoyens romains?* S'il eût vécu en 1848, à la vue de cet âpre intérêt qui assiégeait toutes les avenues du pouvoir, et qui ne se retirait que plus ou moins repu, il aurait pu se demander : *Où sont les républicains français?*

» Alors, à ces âmes d'élites, à ces hommes rares qui,

son serment, j'engage le mien entre vos mains à la République française.

· » Recevez, messieurs, cet acte de sympathie et d'un dévouement qui ne demande que d'être mis à l'épreuve.

» PIERRE-NAPOLÉON BONAPARTE.

» Paris, le 29 février 1848. »

Jetés par le vent du triomphe populaire au milieu d'une patrie révolutionnée, les Bonapartes, faits révolutionnaires dans leur principe et dans leur essence, devaient naturellement se trouver en harmonie avec les faits existants. Mais en dehors des apparences et sous l'écorce révolutionnaire qui avait momentanément envahi jusqu'au cœur de l'état social, il y avait d'autres éléments qui étaient ou une exagération ou une dénégation du fait révolutionnaire lui-même. Deux surtout de ces éléments étaient à la fois dangereux pour la cause triomphante et pour les Bonapartes. En effet, d'une part, l'un poussant le pouvoir à la démagogie, l'autre arrêtant ses tendances démocratiques, entravaient sa marche régulière. D'autre part, les Bonapartes, dont le nom représentait un principe d'ordre et de régularité entre ces deux éléments, qui, sous des formes diverses, étaient la négation de ce principe, se trouvaient, pour me servir d'une expression consacrée, *en l'air*, c'est-à-dire sans appui ni d'une ni d'autre part. C'était là une situation fausse qu'ils n'auraient jamais pu dominer, si l'instinct et le bon sens du peuple n'avaient tenu en réserve une de ces inspirations hardies qui restent un secret du ciel jusqu'au jour où il leur est donné de trancher les questions d'une manière à la fois nette et irrévocable.

» La loi de proscription qui me frappait est tombée avec le dernier des Bourbons. Je demande que le gouvernement de la République prenne un arrêté qui déclare que ma proscription était une injure à la France, et a disparu avec tout ce qui nous a été imposé par l'étranger.

» Recevez, messieurs les membres du gouvernement provisoire de la République, l'expression de mon respect et de mon dévouement.

» Jérome BONAPARTE

» Paris, ce 26 février 1848. »

A MM. les membres du gouvernement provisoire de la République.

« Au moment même de la victoire du peuple, je me suis rendu à l'Hôtel-de-Ville. Le devoir de tout bon citoyen est de se réunir autour du gouvernement provisoire de la République, et je tiens à être un des premiers à le faire : heureux si mon patriotisme peut être utilement employé.

» Recevez, messieurs, l'expression des sentiments de respect et de dévouement de votre concitoyen.

» Napoléon BONAPARTE.

» Paris, 26 février 1848. »

A MM. les membres du gouvernement provisoire de la République.

« Messieurs,

» Fils de Lucien Bonaparte, nourri de ses opinions républicaines, idolâtre, comme lui, de la grandeur et du bonheur de la France, j'accours, enfant de la patrie, me mettre à la disposition des éminents citoyens qui forment le Gouvernement provisoire. Le sentiment qui me domine, c'est un patriotique enthousiasme et la conviction que la prospérité et l'avenir de la République ont été résolus le jour où le peuple vous a mis à sa tête. Comme mon père, qui n'a jamais trahi

situation plus forte qu'eux, sortes de roseaux peints en fer,
pliant quand il fallait se raidir, se raidissant quand il fallait plier, balottés au gré du souffle de vents divers dans
les sentiers épineux d'une route inconnue, et laissant à
chaque ronce un lambeau de leur popularité.

D'une part, c'était M. de Lamartine, poëte, orateur,
historien, célèbre à ces divers titres, inconstant dans ses
opinions selon ses ennemis, faible de caractère selon ses
amis, mais ayant le mérite immense d'avoir su rallier la
confiance, inspirer la foi à une de ces époques terribles
où la foi semble éteinte, et où la confiance n'est nulle
part.

Ensuite c'était M. Ledru-Rollin, fougueux orateur à la
parole passionnée, sorte de Gracche aux instincts princiers,
qui, s'étant de tout temps exclusivement posé comme un
homme de parti, n'avait pas su voir que la France aspirait
d'instinct à passer l'éponge sur tous les vieux partis pour
fonder quelque chose qui ne fût ni les haillons sanglants
de 93, ni les oripeaux dorés du directoire, ni le despotisme glorieux de l'empire, ni ces formes gouvernementales bâtardes qu'on appelle constitutionnelles, usées sous
leurs diverses faces, ni rien enfin de ce qui rappelait un
passé gros de malheurs, de désastres ou de mécomptes.

Entre ces deux hommes principaux du gouvernement,
il y avait dissidence, non dans le but, mais dans les
moyens. L'un et l'autre voulaient l'institution de la république; mais Lamartine, qui avait toujours lutté avec les
idées, voulait l'instituer par la conciliation, et Ledru-Rollin, dont le parti avait toujours lutté par les armes, voulait la fonder par la violence.

Dans ces deux nuances principales, se fondaient les

Mais pour bien faire saisir l'ensemble d'une situation sans précédents dans l'histoire, il nous faut embrasser dans un coup d'œil sommaire les hommes et les faits d'alors, jusqu'au moment où un fait révolutionnaire vrai, le nom des Bonapartes, est venu dominer à la fois les faits et les hommes. Cette page, passée inaperçue au milieu des graves préoccupations du temps, est, sinon une des plus belles, du moins une des plus saillantes de l'histoire de la famille Bonaparte.

Reprenons les faits.

Le lecteur a vu déjà quelle était la France qu'avaient retrouvée les Bonapartes, lorsque le triomphe du peuple leur avait ouvert une patrie, dont les royautés ombrageuses leur avaient depuis trente-trois ans fermé les portes. On pourrait les résumer ainsi :

Un gouvernement bien intentionné, mais mal secondé, aux prises avec une situation formidable ;

Des passions de toute nature, liguées pour le dominer ou le renverser ;

Un parti de la misère et de la faim, le seul redoutable, le seul digne d'intérêt, et point de mire de toutes les ambitions déçues ou impatientes ;

Des appétits grossiers, surexcités outre mesure par l'appât d'une curée en apparence abondante et facile ;

Enfin, un peuple majestueux et calme qui, réservant pour le moment décisif les éclats de sa voix omnipotente, se disposait à jeter son *quos ego....* au milieu des vagues bouillonnant dans cette cuve immense qu'on appelle Paris.

Si de ces généralités nous passons aux détails, nous voyons au gouvernement des hommes en lutte avec une

chefs d'une commission qui y avait été instituée pour formuler un système d'organisation du travail, manipulaient avec la plus incroyable inintelligence les éléments les plus irritables du moment. Le deuxième avait son siége au ministère de l'intérieur : le chef apparent était Ledru-Rollin, dont tout le système, consistant à se mouvoir exclusivement dans la tradition révolutionnaire, pouvait à la fois aboutir à la guerre étrangère et à la guerre civile. Un troisième gouvernement siégeait à l'Hôtel-de-Ville, avec Lamartine et Arago, qui voulant, par la conciliation, ménager tous les partis, n'en satisfaisaient aucun. MM. Marrast, Marie, Bethmont, Garnier-Pagès, Crémieux, représentant sous la république le parti conservateur du règne de Louis-Philippe, formaient le quatrième qui siégeait un peu partout. Quant au cinquième, s'étant installé avec Caussidière, à la préfecture de police, avec Sobrier, à la rue de Rivoli, avec Blanqui, dans les clubs, avec Barbès, dans la rue, il représentait la pression extérieure toujours prête à se porter, selon les circonstances, contre un ou plusieurs des autres gouvernements.

Chacun de ces gouvernements avait en outre sa police particulière. De là des rapports contradictoires qui laissaient le pouvoir exécutif légal hors d'état de prendre un parti sur toute question majeure, et le faisaient taxer d'imprévoyance, quand en réalité il ne pouvait rien prévoir.

Tous ces éléments de machine gouvernementale s'étaient voués à la rude tâche de résoudre, chacun à leur point de vue, le formidable problème à la solution duquel était forcément attaché l'avenir de la république. Mais là était la difficulté. Au lieu de la coopération sincère, incessante de toutes les volontés, de toutes les intelligences néces-

autres membres du gouvernement provisoire : Dupont de l'Eure, vieillard intègre à la probité proverbiale; Arago, savant astronome, lisant à livre ouvert dans les affaires du ciel; Marrast, publiciste au style nerveux, mêlé de fiel et de sel; Flocon, soldat de la *Réforme*, à la polémique ardente; Crémieux, Bethmont, Garnier-Pagès, Marie, avocats de mérite et patriotes éprouvés à la défense des martyrs de la presse; Louis Blanc, Albert, champions aventureux d'une forme sociale mal digérée, l'un écrivain distingué, l'autre excellent ouvrier mécanicien, complétaient ce noyau d'hommes d'État.

Ensuite, et à titre d'éléments incidentels, se rattachaient à ce noyau gouvernemental les hommes qu'on appelait de la *république rouge*, les Barbès, Blanqui, Raspail, Lagrange, Caussidière, Sobrier, forcenés athlètes sortis de la lutte de février, tout vibrants de la tradition de la Montagne, et disposant par les clubs de toute la force irrégugulière, seule force matérielle du moment.

Puis venaient les diverses fractions socialistes, qui avaient pour drapeau, Cabet : qui croyait pouvoir greffer des institutions monacales sur les appétits grossiers d'une société toute sensuelle; Pierre Leroux, dont les honnêtes aberrations se perdaient dans les nuages; Proudhon qui, par son système d'échange, croyait faire progresser la société, en la faisant rétrograder jusqu'à son point de départ; les théories d'Owen, avec leur libre arbitre; celles de Fourier, avec leurs fantastiques naïvetés : j'en passe.

Tout cela formait cinq ou six sortes de gouvernements de droit ou de fait, qui se fondaient en deux nuances principales, république modérée ou république rouge. L'un siégeait au Luxembourg, avec Louis Blanc et Albert qui,

de cette commission. Mais au lieu de chercher dans la pratique des idées normales et réalisables, ils partirent du faux principe que l'action méthodique et réglée de l'État pouvait, en industrie, être substituée partout à l'action volontaire et indépendante de l'individu. Des ateliers nationaux furent ouverts comme un essai de ce système, et cent mille travailleurs se trouvèrent enrégimentés pour l'émeute et l'insurrection. C'était inaugurer brutalement un socialisme bâtard, touchaut par un bout au communisme, et par l'autre à la guerre civile ; c'était jouer un état social sur un coup de dez avec une imprévoyance et une légèreté dont l'histoire n'offre pas d'autre exemple ; c'était enfin jeter dans les classes ouvrières des opinions folles, faire naître des espérances irréalisables, et forcément acculer le gouvernement à un aveu d'impuissance.

Ce fut ce qui arriva. Ne pouvant répondre à des exigences au dessus de toutes les forces, de toutes les volontés, le Gouvernement provisoire qui, depuis le départ des troupes de Paris, sur l'injonction des clubs, n'avait plus à sa disposition de force matérielle, vit peu à peu s'amoindrir sa force morale. Les classes ouvrières qui l'avaient soutenu, se voyant le jouet de fausses promesses, se mirent à la merci du premier intrigant qui saurait les leurrer de cette lueur de bien-être qu'on leur avait fait entrevoir. Les classes bourgeoises, qui l'avaient accepté, effrayées des tendances anarchiques de la Commission du Luxembourg, en firent remonter la responsabilité jusqu'à lui, et tinrent en suspicion ses intentions et ses actes. Chaque jour quelque nouvel incident compliqua une situation déjà fort compliquée, rendit plus ardue une tâche qui l'était déjà trop, et il vint un jour où, de toutes

saire pour mener à bien ce grand œuvre, tous ou presque tous n'apportaient parfois que des systèmes mal digérés, des conceptions puériles, des intérêts mesquins, et enfin de petits égoïsmes qui, comme les eunuques des sérails, se mouvant dans leur impuissante nullité, ne voulaient ni faire, ni laisser faire.

Par le fait seul du caractère évident de la révolution de février, le gouvernement du Luxembourg était celui qui pouvait amener les plus formidables complications. En effet, cette révolution n'avait eu de politique que la forme. Au fond, elle n'avait été que la première période d'une révolution sociale, un pas vers le complément du grand travail humanitaire qui, ayant successivement changé *l'esclavage* en *servage*, le *servage* en *salaire*, doit à son tour modifier, par un nouveau perfectionnement, le salaire, et, pour me servir d'une heureuse expression du président de la république, Louis-Napoléon Bonaparte, *retremper l'esprit et le corps des classes ouvrières, et les conduire vers un meilleur avenir* [1].

Au lieu de nier ou de dénaturer ce caractère vrai de la révolution de février, comme on a, depuis lors, tenté de le faire, le gouvernement provisoire l'avait franchement reconnu. Loin de fermer les yeux pour ne pas le voir, il avait cherché un remède au mal. Il avait institué une commission dite du Luxembourg, chargée de s'inspirer à la fois des observations des patrons et des ouvriers, et de formuler un système pour règlementer le travail sur une base plus rationnelle. Deux membres du gouvernement, Louis Blanc et Albert, avaient été, on l'a vu, mis à la tête

---

[1] *Extinction du paupérisme.* Edit. de 1848, p. 8 et 11.

des deux partis républicains, montagnard et modéré. L'un, pour qui l'agitation sociale était un moyen de gouvernement, craignait ce nom comme principe de régularité ; l'autre redoutait, comme influence, un nom qui, dans ses rayons de gloire, avait une première fois déjà absorbé la république. En cela et , à quelques exceptions individuelles près, les hommes des deux partis furent d'abord sincères : fait si rare à cette époque d'égoïsme corrompu, que l'historien doit se trouver heureux d'avoir à le constater une fois en passant.

Celui des Bonapartes qui inspirait le plus de craintes aux membres gouvernants était Louis-Napoléon , qui, à tort ou à raison, pouvait invoquer un droit de légitimité impériale , et à qui ses ennemis prêtaient des vues pour le rétablissement de l'empire. Déjà , dès le 29 février, il avait paru au gouvernement un assez grave sujet d'embarras pour qu'il crût ne pas devoir hésiter entre son droit de citoyen et le sacrifice de ce droit. Il avait écrit aux membres du Gouvernement provisoire :

« Paris, le 29 février 1848.

» MESSIEURS,

» Après trente-trois années d'exil et de persécutions, je croyais avoir acquis le droit de retrouver un foyer sur le sol de la patrie.

» Vous pensez que ma présence à Paris est maintenant un sujet d'embarras, je m'éloigne donc momentanément. Vous verrez dans ce sacrifice la pureté de mes intentions et la sincérité de mon patriotisme.

» Recevez, messieurs, l'assurance de mes sentiments de haute estime et de sympathie.

» LOUIS-NAPOLÉON BONAPARTE. »

ces sortes de gouvernements, les uns occultes, les autres apparents, les premiers voulant le plus, les autres le moins; ceux qui voulaient le plus, disposant de la force matérielle, ceux qui voulaient le moins n'eurent plus même pour eux la force morale. Dès ce moment, il exista dans l'autorité une anarchie réelle, s'annonçant au dehors par une politique de contre-coups et de soudresauts qui, tout en fondant tant bien que mal le nouvel ordre de choses à travers des difficultés incroyables, l'exposait, à chaque assise de l'édifice, à voir remettre le tout en question par un écroulement subit.

Dans cette crise sociale, dont le prolongement pouvait être fatal aux institutions nouvelles, un seul espoir restait au Gouvernement provisoire : c'était que des élections, définitivement fixées au 23 avril, sortirait une majorité qui l'aiderait à mener à bonne fin une œuvre jusqu'alors conduite avec plus de courage que de bonheur. Ce fut le contraire qui arriva. Entre autres produits imprévus des élections, il eut à constater celui de deux grands éléments de réaction monarchique et révolutionnaire, c'est-à-dire d'hommes qui ne voulaient pas de république modérée, et d'autres qui ne voulaient de république d'aucune sorte.

Un autre élément, plus imprévu encore, sortit de l'urne électorale : ce fut le nom des Bonapartes. Trois neveux de Napoléon furent élus représentants à l'Assemblée nationale, Napoléon, fils de Jérôme ; Pierre, fils de Lucien, et Lucien, fils de Murat.

Inopinément sorti de l'urne, ce nom considéré comme principe traînait évidemment quelque chose de régulier à sa suite. A ce titre, il fut le point de mire des attaques

veaux partisans. Le monde est ainsi fait. La franchise, même dans les actes violents, dénote un parti sûr de lui ; les menées cauteleuses indiquent un parti qui doute de sa force : l'un peut parfois maîtriser l'opinion, les autres l'aliènent toujours. Aussi, aux élections partielles du 6 juin, Louis-Napoléon, celui des Bonapartes sur qui planait plus spécialement la proscription, fut élu dans quatre départements.

Ce gant, jeté au gouvernement par le peuple souverain, fut fort imprudemment ramassé par lui. Sous l'inintelligente préoccupation des dangers que courait la république par l'avènement à la représentation nationale d'un quatrième neveu de l'empereur, dans la Commission exécutive, comme dans l'Assemblée, on afficha les craintes les plus exagérées, on parcourut toute une échelle de terreurs feintes ou vraies, conceptions fébriles de cervaux malades, passant de l'effarement à l'exagération, de l'exagération à l'impertinence, sans se douter qu'en faisant Louis-Napoléon si grand, ils apparaissaient petits ; qu'en le faisant si fort, ils apparaissaient faibles, et se réduisaient au rôle de pygmées, tremblant que le neveu d'un Hercule les emportât dans sa peau de lion.

La persécution, restée quelques jours à l'état de menace, passa à l'état de fait. Le 12 juin, le jour même où l'Assemblée nationale était appelée à se prononcer sur la validité de l'élection de Louis-Napoléon, la Commission exécutive donna l'ordre de l'arrêter. Voici une copie de la dépêche que l'histoire doit recueillir comme une pièce assez curieuse d'un débat où le contact d'hommes médiocres et d'esprits étroits rabaissa des hommes d'État supérieurs à la taille la plus vulgaire.

Cet acte honorable d'abnégation fut mal interprété ou mal compris par des hommes qui s'étaient posés comme les gardiens exclusifs de la république, et bientôt on parla vaguement d'un nouveau projet de bannissement des Bonapartes. Dans la séance même du 26 mai, un représentant, M. Vignerte, avait laissé échapper une menace contre ce grand nom. Il avait fait entrevoir que si l'on admettait *provisoirement* dans l'Assemblée les membres de la famille impériale que la souveraineté populaire y avait envoyés, la proscription contre eux dans l'avenir pourrait bien reprendre tous ses droits. Mais un des Bonapartes, Napoléon, fils de Jérôme, s'élançant à la tribune, fit rentrer sous terre, d'un revers de main, cette monomanie d'ostracisme.
— « Citoyens, dit-il, je n'avais nullement l'intention de
» prendre la parole dans cette discussion; vous devez
» comprendre combien il est pénible de mettre, en pareil
» cas, sa personne en jeu. Mais il y a un mot qu'a pro-
» noncé le préopinant, le citoyen Vignerte, je crois, contre
» lequel je réclame, et je repousse ce mot aussi énergi-
» quement que le préopinant a pu mettre d'énergie à l'em-
» ployer, c'est le mot *provisoirement*. Il n'y a rien de pro-
» visoire pour un citoyen français. Je suis citoyen français
» aussi bien que le citoyen Vignerte lui-même, et au même
» titre que lui. Il est étonnant qu'un membre de cette
» Assemblée ose venir dire qu'il y a un de ses collègues
» qui n'est que *provisoirement* dans cette enceinte. »
Cette protestation chaleureuse fut accueillie par des bravos.

Cette persécution imminente, qu'on n'osait aborder avec franchise, sorte d'épée de Damoclès suspendue sur la tête des Bonapartes, ralliait chaque jour autour d'eux de nou-

odieux ont échoué devant la fidélité de l'armée et le patriotisme de la nation.

» Les dynasties se sauvegardent entre elles et s'épargnent mutuellement, dût leur clémence parricide compromettre le salut de la patrie! Aussi, la dernière royauté déchue se rendit-elle complice, par indulgence, des attentats du prétendant impérial. L'impunité d'abord, puis la mollesse de sa répression, ont enhardi le cœur vulgaire de ce conspirateur insensé. L'honneur, insigne mais immérité, que viennent de lui décerner les *suffrages de quelques hommes égarés, coupables* peut-être, a ranimé ses pensées d'usurpation et ravivé ses espérances criminelles, effrontées.

» Votre indignation légitime, éclatante, apprendra à Charles-Louis-Napoléon Bonaparte que le peuple français, magnanime jusqu'au pardon, jusqu'à l'oubli de *forfaits dignes du châtiment le plus sévère*, ne se résignera jamais à laisser relever un trône, quel que soit le nom de l'audacieux, de l'imprudent qui aspire à y monter, et que la république naissante ne craint pas le 18 brumaire de l'an vii.

» Que si le fugitif tombait entre vos mains patriotes, amenez-le devant vos magistrats républicains et *livrez-le sans pitié à la justice de la révolution.*

» Salut et fraternité.

> *Le préfet de la République,*
> » *près le département de l'Indre.* »

De tels actes n'étaient qu'impolitiques; ceux qui suivirent avaient un autre caractère. En voici le détail, page assez instructive de l'histoire de la famille Bonaparte.

Un mot avant de passer outre sur les champions de ce débat.

D'abord, un nom qui servait aux uns d'épouvantail, aux autres de manteau.

Ensuite, une Commission exécutive, à qui tout faisait ombrage, et qui faisait ombrage à tout.

Puis, une Assemblée médiocrement passionnée pour

« Paris, 12 juin 1848, à une heure du soir.

» LE MINISTRE DE L'INTÉRIEUR AUX PRÉFETS ET SOUS-PRÉFETS.

» Par ordre de la commission du pouvoir exécutif, faites arrêter Charles-Louis-Napoléon Bonaparte s'il est signalé dans votre département.

» Transmettez partout les ordres nécessaires,

Signalement :

» Agé de quarante ans, taille d'un mètre soixante-six centimètres, cheveux et sourcils châtains, yeux petits et gris, nez grand, bouche moyenne, lèvres épaisses, barbe brune, moustaches blondes, menton pointu, visage ovale, teint pâle. Marques particulières : tête enfoncée dans les épaules, épaules larges, dos voûté. »

Cette idée fixe de persécution dans les hautes régions du pouvoir, trouva naturellement des amplificateurs dans les régions inférieures. Mais, comme en tout les valets vont plus loin que les maîtres, quelques préfets ne se bornèrent pas à faire afficher cette dépêche, ils l'accompagnèrent de proclamations. En voici une du préfet de l'Indre [1], que nous donnons comme un échantillon du respect de quelques prétendus républicains de 1848 pour le suffrage populaire, et surtout comme un exemple de leurs sentiments fraternels.

PROCLAMATION.

« Citoyens,

» Deux fois, à Strasbourg et à Boulogne-sur-Mer, la folle ambition d'un prétendant a tenté de précipiter dans la guerre civile la France qui le repoussait justement de son sein. Deux fois ses complots

____
[1] Marc-Dufraisse.

des réflexions qui n'avaient rien de flatteur pour le pouvoir. La troisième question, surtout, soulevait les récriminations les plus vives. On se demandait par quelle étrange aberration des hommes d'État mettaient en question si le peuple avait le droit d'élire, après le suffrage universel et la souveraineté du peuple proclamés ; par quel incroyable aveuglement ils venaient contester au peuple ce grand privilége qu'il tenait de Dieu, que les rois lui avaient enlevé, et qu'il avait reconquis sur les rois. Dans ce doute seul, il y avait l'élément d'une émeute factice ou réelle : elle eut lieu.

La séance s'ouvrit. L'ordre du jour était un vote de confiance et un vote d'une loi d'expulsion de Louis-Napoléon. Au dehors retentissaient les cris : *Vive Louis-Napoléon ! Vive la république !* L'Assemblée était bruyante et nombreuse. Napoléon Bonaparte monte à la tribune. Chacun comprend qu'il s'agit d'une question qui agite non-seulement l'Assemblée, mais encore la rue ; le silence se rétablit. L'orateur commence par protester énergiquement contre les projets liberticides que l'on prêtait à son cousin. Il déclare que Louis-Napoléon n'avait d'autre ambition que d'être reçu à l'Assemblée comme simple citoyen, et qu'il désavoue d'avance toute tentative républicaine ou impériale faite en son nom. Il conclut en faisant saillir l'injustice qu'il y aurait à invalider son élection.

Pendant ce discours, il fut difficile de pressentir à la physionomie générale de l'Assemblée, le parti qu'elle prendrait si elle était consultée sur cette grave question.

Quelques orateurs se succédèrent à la tribune, passant alternativement de la question financière en discussion, à la question politique. Mais tout à coup on entend battre

ce qui était, courant à l'aventure à la recherche d'un mieux inconnu, mais jalouse à l'excès de tout ce qui en dehors d'elle ou dans elle pouvait amener ce mieux désiré.

Enfin, des masses populaires qui, sans aucune des préoccupations du pouvoir exécutif ou de l'Assemblée, se passionnaient par pur instinct et sans but déterminé pour tout ce dont le pouvoir exécutif et l'Assemblée ne voulaient pas.

Nous ne tenons pas compte des calculs, des intérêts, des égoïsmes, de toute cette lèpre sociale, que comme un germe de mort la monarchie semblait avoir légué à la république.

On était, on l'a vu, au 12 juin. A la suite de la quadruple nomination de Louis-Napoléon, la commission exécutive, n'ayant pu le faire arrêter, avait projeté de faire invalider sa nomination, en saisissant l'Assemblée de ces trois questions :

1° *Le citoyen Louis-Napoléon Bonaparte est-il Français ?*

2° *Le citoyen Louis-Napoléon Bonaparte doit-il être considéré comme prétendant ?*

3° *Le peuple français a-t-il le droit d'élire, sous la république, un homme qui prétend à la couronne impériale ?*

Ces trois questions, livrées d'abord à la publicité comme ballon d'essai, trouvèrent partout ou des incrédules ou des détracteurs. Les hommes de bon sens, choqués de leur absurdité, refusaient d'y croire, et doutaient qu'elles eussent pu se présenter à l'esprit d'hommes placés à la tête d'un gouvernement de France. Les masses, plus frappées de l'injustice que ces questions étaient appelées à sanctionner, formulaient leur opposition par des cris ou

» Considérant que des agitations attentatoires à la République populaire que nous voulons fonder, compromettantes pour la sûreté des institutions et pour la paix publique, se sont déjà révélées au nom de Charles-Louis-Napoléon Bonaparte;

» Considérant que ces agitations, symptômes de manœuvres coupables, pourraient acquérir une importance dangereuse à l'établissement de la République, si elles étaient autorisées par l'indulgence, par la négligence ou par la faiblesse du gouvernement;

» Considérant que le gouvernement ne peut accepter la responsabilité du danger que courraient la forme républicaine des institutions et la paix publique, s'il manquait au premier de ses devoirs, en n'exécutant pas une loi existante, justifiée plus que jamais, pendant un temps indéterminé, par la raison d'État et par le salut public, déclare :

» Qu'il fera exécuter, en ce qui concerne Charles-Louis-Napoléon Bonaparte, la loi de 1832, jusqu'au jour où l'Assemblée nationale en aurait autrement décidé. »

La lecture de cette étrange déclaration qui, en regard de l'élection des Bonapartes par sept colléges, était dans chacune de ses disposilions une lourde erreur antinationale, fut suivie d'une grande agitation. Le moment surtout où elle s'était produite avec tout ce luxe de mise en scène d'une comédie qui, après quelques explications, n'avait plus été un secret pour personne, souleva de vives rumeurs. Deux Bonapartes, Napoléon et Pierre, s'élançant l'un et l'autre à la tribune, protestèrent contre cette loi improvisée, et au secours de laquelle on avait appelé les émotions d'une journée d'émeute. A leur voix, l'Assemblée nationale eut peu de peine à comprendre que voter par acclamation l'exil de Louis-Napoléon, comme le voulait la Commission exécutive, ce serait avoir l'air de voter sous l'impression de la crainte. Elle accorda la loi de confiance, et remit au lendemain la discussion de la loi de

le rappel. De faux rapports annoncent successivement qu'on a tiré trois coups de feu sur la garde nationale, qu'un officier d'état-major a été blessé, que l'émeute s'avance aux cris de : *Vive l'empereur !* Les chefs d'emploi jouent l'indignation ; les comparses jouent la peur ; les compères crient à la trahison ! M. de Lamartine, alors à la tribune, déclare que l'émeute est faite par un prétendant ; que ce prétendant est Louis-Napoléon ; que le gouvernement étant en face de l'émeute, l'Assemblée n'a plus marchander avec le vote de confiance et la loi d'expulsion de Louis-Napoléon. Il conclut en demandant le vote des deux lois par acclamation, et donne lecture de la déclararation suivante :

« La commission du pouvoir exécutif,

» Vu l'article IV de la loi du 12 janvier 1816, et les articles 12 et 6 de la loi du 16 avril 1832 ;

» Considérant que Charles-Louis-Napoléon Bonaparte est compris dans la loi de 1832, qui exile du territoire français les membres de la famille Bonaparte ;

» Considérant que s'il a été dérogé de fait à cette loi par le vote de l'Assemblée, qui a admis trois membres de cette famille à faire partie de l'Assemblée, cette dérogation, tout individuelle, ne s'étend ni de droit ni de fait aux autres membres de la famille ;

» Considérant que la France veut fonder en paix et en ordre le gouvernement républicain populaire, sans être troublée dans cette œuvre par les prétentions ou par les ambitions dynastiques de nature à former des partis ou des factions dans l'État, et par suite à fomenter même involontairement des guerres civiles ;

» Considérant que Charles-Louis-Napoléon Bonaparte a deux fois fait acte de prétendant en revendiquant une république avec un empereur, c'est-à-dire une république dérisoire au nom du senatus-consulte de l'an XIII ;

dehors et des agitations du dedans. Les Bonapartes étaient au pied de la tribune. Pour eux, surtout, la question était vitale. Si les lois de proscription de 1816 et de 1852 n'étaient pas abrogées pour Louis-Napoléon, elles pourraient demain être invoquées contre les autres membres de la famille.

La discussion s'engagea. Beaucoup de représentants prirent la parole : peu d'orateurs parlèrent. La question, noyée dans un déluge de récriminations et de mots, n'avançait pas. Deux représentants, MM. Jules Favre et Louis Blanc, parlèrent en faveur de l'admission avec un grand talent de logique. D'autres la combattirent avec des arguments malencontreux ou d'une naïveté rare. Ainsi, par exemple, un soldat de la Montagne, le représentant Flocon, contesta à un Bonaparte le droit de défendre à la tribune un autre Bonaparte. Un soldat de la Commission exécutive, le représentant Buchez, s'écria : — « En recevant » Louis-Napoléon dans cette enceinte, vous vous exposez » à ce qu'il y entre accompagné des acclamations popu- » laires. » Comme si ce n'était pas là le plus beau cortége d'un représentant du peuple ! C'était à ne pas y croire. Enfin, un représentant, M. Bonjean, lut une lettre par laquelle Louis-Napoléon déclarait se soumettre entièrement à la décision de l'Assemblée. — « Mais il n'a point fait de » profession de foi », objecta le représentant Ledru-Rollin. — « En voici une », reprit le représentant Vieillard, et il lut une lettre de Louis-Napoléon, dans laquelle il protestait de son dévouement à la république. Dès ce moment, la cause de la commission exécutive fut perdue. L'assemblée rejeta successivement deux propositions des représentants Buchez et Degousée, et, par une épreuve solen-

bannissement. La commission exécutive ne gagna que la moitié de sa cause.

Pendant toute la soirée, des rumeurs coururent par la ville; des groupes se formèrent; des attroupements interrompirent la circulation. Minuit sonna cependant sans collision sanglante, et Paris se coucha dans l'incertitude de savoir si l'Assemblée repousserait de son sein un homme élu par quatre départements, et dans l'attente anxieuse de la solution de cette grave question de souveraineté populaire.

Le lendemain, 13 juin, les abords de l'Assemblée, les rues adjacentes, offrirent le même spectacle que la veille. Les masses qui, en général, ont non-seulement plus d'instinct, mais encore plus de cœur que les assemblées délibérantes, avaient fait bon marché de toutes ces arguties alléguées contre l'élection de Louis-Napoléon, et n'avaient vu là qu'un seul fait en cause, la souveraineté du peuple, mandée à la barre d'une Assemblée, simple déléguée de cette souveraineté.

Dès une heure, les abords de la Chambre étaient gardés par un grand déploiement de forces. On semblait avoir senti que le trouble ou la tranquillité des jours qui allaient suivre, était dans la discussion attendue. Dégagée des éléments qui tendaient à l'obscurcir, la question à résoudre était celle-ci : L'Assemblée, au lieu de se faire juge de la valeur d'une élection, peut-elle l'être de la valeur d'un élu? Dans ce dernier cas, ne s'arroge-t-elle pas le droit de corriger le suffrage universel et, par ce fait seul, ne détruit-elle pas le principe de la souveraineté populaire?

La gravité d'une telle question n'échappait à personne.

La séance s'ouvrit sous la double impression des faits du

Voici la lettre à l'Assemblée :

« MONSIEUR LE PRÉSIDENT,

» Je partais pour me rendre à mon poste, quand j'apprends que mon élection sert de prétexte à des troubles déplorables et à des erreurs funestes. Je n'ai pas cherché l'honneur d'être représentant du peuple, parce que je savais les soupçons injurieux dont j'étais l'objet. Je rechercherais encore moins le pouvoir. Si le peuple m'imposait des devoirs, je saurais les remplir.

» Mais je désavoue tous ceux qui me prêtent des intentions ambitieuses que je n'ai pas. Mon nom est un symbole d'ordre, de nationalité, de gloire, et ce serait avec la plus vive douleur que je le verrais servir à augmenter les troubles et les déchirements de la patrie. Pour éviter un tel malheur, je resterais plutôt en exil. Je suis prêt à tous les sacrifices pour le bonheur de la France.

» Ayez la bonté, monsieur le président, de donner communication de ma lettre à l'Assemblée. Je vous envoie une copie de mes remercîments aux électeurs.

» Recevez l'expression de mes sentiments distingués.

» LOUIS-NAPOLÉON BONAPARTE. »

Voici maintenant sa lettre aux électeurs, qui fut affichée dans tout Paris :

« CHERS CONCITOYENS,

» Vos suffrages me pénètrent de reconnaissance. Cette marque de sympathie, d'autant plus flatteuse que je ne l'avais pas sollicitée, vient me trouver au moment où je regrettais de rester inactif, alors que la patrie a besoin du concours de tous ses enfants pour sortir des circonstances difficiles où elle se trouve placée. Votre confiance m'impose des devoirs que je saurai remplir; nos intérêts, nos sentiments, nos vœux sont les mêmes. Enfant de Paris, aujourd'hui représentant du peuple, je joindrai mes efforts à ceux de mes collègues pour rétablir l'ordre, le crédit et le travail, pour assurer la paix extérieure, pour consolider les institutions démocratiques, et

nelle, admit à une forte majorité Louis-Napoléon, comme représentant du peuple.

La cause de la souveraineté populaire fut gagnée. Communiant avec le peuple, l'Assemblée sauva l'arche sainte sur laquelle des esprits aveugles, des ambitions folles, avaient imprudemment voulu porter la main.

La population qui encombrait les rues s'écoula sans trouble, les rassemblements se dispersèrent d'eux-mêmes; les groupes s'évanouirent; Paris rentra dans l'ordre.

Tout cependant n'était pas fini encore. Malgré la décision de l'Assemblée, la Commission exécutive ne se tenait pas pour battue. Elle comptait sur la situation faite à Louis-Napoléon, qui était non-seulement compromettante, mais encore intolérable. En effet, d'une part, à la suite des persécutions dirigées contre lui, des flots de peuple stationnaient journellement aux abords du palais de l'Assemblée, pour le saluer, à son entrée, d'acclamations qui, commentées par ses ennemis, motivaient la pensée d'usurpation qu'ils lui prêtaient. D'autre part, dans ces jours d'émeute permanente, où chaque carrefour offrait ses groupes discutants et animés, on l'accusait d'être l'instigateur d'une agitation qui avait pour but son élévation. Les esprits irréfléchis se laissaient prendre à ces calomnies. Ceux qui en connaissaient l'absurdité faisaient semblant d'y croire. Aussi ne restait-il à Louis-Napoléon qu'un parti à prendre : celui de faire tomber ses ennemis dans le piége qu'ils tendaient à sa bonne foi. Il le prit. De Londres, où il se trouvait, il écrivit à l'Assemblée et aux électeurs qui l'avaient nommé, les lettres suivantes :

» qui oserait prendre les armes pour soutenir la cause d'un
» despote, serait traitre à la patrie. »

A toutes ces malveillances gratuites, à tout ce fracas
d'étalage, à toute cette fantasmagorie de bataille, Louis-
Napoléon répondit le lendemain par une lettre de démission.

Voici cette lettre qui fut lue dans la séance du 16 juin :

« Londres, 15 juin 1848.

» MONSIEUR LE PRÉSIDENT,

» J'étais fier d'avoir été élu représentant à Paris et dans trois
autres départements : c'était à mes yeux une ample réparation pour
trente années d'exil et six ans de captivité; mais les soupçons injurieux qu'à fait naître mon élection, mais les troubles dont elle a été
le prétexte, mais l'hostilité du pouvoir exécutif, m'imposent le
devoir de refuser un honneur qu'on croit avoir été obtenu par
l'intrigue.

» Je désire l'ordre et le maintien d'une république sage, grande,
intelligente, et puisque involontairement je favorise le désordre, je
dépose, non sans de vifs regrets, ma démission entre vos mains.

» Bientôt, j'espère, le calme renaîtra et me permettra de rentrer
en France comme le plus simple des citoyens, mais aussi comme
un des plus dévoués au repos et à la prospérité de son pays.

» Recevez, monsieur le président, l'assurance de mes sentiments
distingués.

» LOUIS-NAPOLÉON BONAPARTE. »

La lecture de cette lettre qui, par quelques mots simples
et bien sentis, faisait rentrer sous terre tout cet échafau-
dage de malveillance et de calomnies amoncelées contre
un nom, fut suivie d'une agitation extraordinaire. Chacun
'aperçut qu'à son insu il avait été acteur patent ou secret

pour concilier entre eux les intérêts qui semblent hostiles aujourd'hui, parce qu'ils se soupçonnent et se heurtent au lieu de marcher ensemble vers un but unique, la prospérité et la grandeur du pays.

» Le peuple est libre depuis le 24 février. Il peut tout obtenir sans avoir recours à la force brutale. Rallions-nous donc tous autour de l'autel de la patrie, sous le drapeau de la République, et donnons au monde ce grand spectacle d'un peuple qui se régénère sans violence, sans guerre civile, sans anarchie.

» Recevez, mes chers concitoyens, l'assurance de mon dévouement et de mes sympathies.

» Louis-Napoléon BONAPARTE.

» Londres, 11 juin 1848. »

Cette dernière adresse aurait suffi pour lui gagner sa cause aux yeux du peuple, si elle ne l'eût été déjà. Mais sa lettre à l'Assemblée eut un résultat plus saillant encore. En effet, aveuglés par la passion, et dépassant sans l'atteindre le but contre lequel ils dirigeaient leurs traits, ses ennemis semblèrent conspirer pour lui. Les représentants Antony Thouret et Baune jetèrent un cri de réprobation contre cette lettre, où le nom de république n'était pas même, disaient-ils, prononcé. Les représentants Cavaignac, Jules Favres, David d'Angers, protestèrent contre une lettre où on lisait : *Si le peuple m'imposait des devoirs, je saurais les remplir.* Le représentant Clément Thomas demanda « qu'en présence de prétentions si peu dégui- » sées », l'Assemblée invalidât sa décision du 13 juin, et pour l'y décider, il ajouta : — « Si les renseignements » qui me sont parvenus sont vrais, c'est une bataille que » vous aurez demain. Êtes-vous prêts pour une discussion » ou pour une bataille ? Déclarez au moins que tout citoyen

dable de parti : plus de deux cent-trente clubs, maintenant dans Paris une agitation continuelle; cent mille travailleurs des ateliers nationaux, enrégimentés pour l'émeute et l'insurrection; une commission du Luxembourg qui, quoique dépopularisée peu après son installation, pouvait encore remuer les bas-fonds de la société; des commissaires de départements, sortis du ministère de l'intérieur, et chargés de propager sur tout le sol de la république le système inauguré à Paris; enfin, des myriades d'agents occultes, missionnaires de propagande, compromettant par tous les moyens les relations de la république à l'extérieur. A ces forces, le parti modéré avait à opposer cette monnaie banale dont est pavé l'enfer, ses bonnes intentions. Aussi le Gouvernement provisoire ne poursuivait-il sa marche qu'à travers des fluctuations sans précédents dans l'histoire, et avec l'appui d'une force qui lui venait tantôt d'un point, tantôt de l'autre, sans qu'il pût au besoin la diriger et moins encore la maîtriser.

Ainsi, par exemple, le 16 mars, sous l'apparence d'une ridicule question d'uniforme, qui cachait une idée réactionnaire, la garde nationale tenta une *journée*, dont le but n'a jamais été bien défini, mais qui, dans la forme et dans le fond, était évidemment hostile au Gouvernement provisoire, et le lendemain 17, sur un appel signé *Sobrier*, cent mille ouvriers, en armes, firent une manifestation formidable pour protester de leur dévouement à la république, et assurer au Gouvernement provisoire une force dont il soupçonnait à peine l'existence. Un mois après, il advint tout le contraire. Le 17 avril, à la suite d'un seizième *bulletin de la République*, sorti du ministère de l'intérieur, et où l'on semblait faire un appel à la violence, *si les départements ne*

d'une comédie, dont les chefs d'emploi avaient recueilli moins de profit que de honte.

Cette démission, qui était la protestation la plus accablante contre des allégations sans fondement, fut pour Louis-Napoléon un coup de partie. On put prévoir dès ce jour qu'à l'homme à qui on avait refusé une tribune, on venait de faire un piédestal.

L'avenir se chargea, comme on le verra plus loin, de justifier cette prévision.

Un mot avant d'aborder ce nouvel ordre de faits.

Dans les temps de crise, tout vient de tout. Les faits se lient, s'enchaînent de telle sorte que, pour en trouver la filiation, il faut remuer toute une époque et avoir l'air de courir l'école buissonnière, quand, en définitive, on ne court qu'après la source d'un fait. C'est ainsi que pour montrer comment le nom de Bonaparte, à simple titre de principe d'ordre et de régularité, s'était révélé à l'instinct des masses, nous avons été forcés de résumer en courant les éléments qui, après février 1848, s'étaient produits dans l'état social. C'est ainsi maintenant que, pour montrer comment ce nom était devenu pour les masses un drapeau définitif d'ordre et de régularité, nous allons être obligés de résumer à grands traits les crises sociales qui avaient jalonné l'espace compris entre les jours de persécution de ce nom et son jour de triomphe.

Nous serons brefs.

Les différences qui séparaient les nuances gouvernementales du parti montagnard ou modéré, et que nous avons essayé déjà de signaler, étaient devenues, de jour en jour, plus tranchées. Moins d'un mois après la révolution de février, le premier avait une consistance formi-

nistériels. Cette commission, composée de trois ou cinq membres, eût été un directoire au petit pied, et il y aurait eu, en réalité, deux gouvernements, celui des directeurs et celui des ministres. Cette combinaison fut repoussée. La seconde fut la nomination d'une commision de gouvernement, choisie au scrutin, composée de cinq membres, ayant le pouvoir exécutif, et à ce titre nommant les ministres. Cette combinaison fut adoptée, et les cinq noms sortirent de l'urne dans l'ordre suivant : Arago, Garnier-Pagès, Marie, Lamartine, Ledru-Rollin. La Commission exécutive choisit ses ministres et se mit à l'œuvre avec d'aussi bonnes intentions, mais avec aussi peu de succès que le Gouvernement provisoire.

La difficulté à résoudre était grande. Selon le mot d'un haut fonctionnaire du Gouvernement provisoire, ce gouvernement avait eu à faire de l'ordre avec du désordre ; maintenant il s'agissait de constituer de l'ordre sur du désordre. L'Assemblée nationale, premier jalon d'une constitution définitive de gouvernement, aurait pu alléger la Commission exécutive du lourd fardeau qui l'écrasait : elle fit tout le contraire.

En effet, gênée d'une part dans ses allures, par le souvenir de l'omnipotence de la Convention, qu'elle était fortement tentée d'imiter, elle manqua de résolution et d'énergie. Il fallait agir, on discourut, on déclama.

D'autre part, imbue de la déplorable routine des questions de personnes, véritable lèpre gouvernementale, léguée par les assemblées délibérantes de la monarchie à une assemblée républicaine, elle se laissa envahir par ce germe de corruption et de décomposition. Aussi, dès son début, ne fut-elle dans la machine gouvernementale qu'un rouage de

faisaient pas triompher dans les élections la vérité sociale, les travailleurs des ateliers nationaux voulurent appuyer cette dóctrine. Une formidable manifestation eut lieu ; mais elle échoua devant l'attitude de la gárde nationale qui, cette fois, fit au profit du Gouvernement provisoire ce que les ouvriers avaient fait le 17 mars.

Ainsi, ce gouvernement se trouvait à la merci d'une force en quelque sorte de hasard, dont rien de précis ne réglait l'ordre, et qui se déterminait selon l'inspiration ou la passion du moment, pour agir pour ou contre la république.

Un fait si anormal, qui jamais peut-être ne s'était produit d'une manière aussi saillante et sur une aussi vaste échelle, laissait au hasard seul, flanqué de l'instinct bon ou mauvais des masses, le soin de maintenir en équilibre un état social fort ébranlé déjà. Aussi, après deux mois de gestion, la mission des membres du Gouvernement provisoire était devenue une charge écrasante. Chacun d'eux y avait laissé un peu de sa réputation, beaucoup de sa popularité ; et dès que, après les élections générales du 23 avril, l'Assemblée nationale s'était trouvée régulièrement constituée (6 mai), ils s'étaient hâtés de résigner les pouvoirs qu'ils tenaient des circonstances.

Au Gouvernement provisoire succéda la Commission exécutive. Après quelques hésitations sur la forme à donner à cette démocratie nouvelle, les débats se concentrèrent sur deux combinaisons : l'une de créer une commission ou conseil intérimaire de gouvernement, dont les membres se seraient bornés à décider, sous leur responsabilité, les questions politiques, et à nommer les secrétaires et sous-secrétaires d'État chargés de diriger les départements mi-

blée dans un guerre de coalition. Ainsi, deux pensées se trouvaient en présence : l'une de renverser l'Assemblée, l'autre de la forcer à adopter une politique étrangère, en lui arrachant une déclaration de guerre.

Quelques jours avant le 15 mai, on avait pu lire sur tous les murs de Paris, l'affiche suivante :

« Aux Démocrates.

» La manifestation démocratique en faveur de la Pologne aura lieu lundi 15 mai. Les citoyens se réuniront place de la Bastille; le cortége suivra les boulevards et se rendra à la Chambre. »

C'était, comme on le voit, de la conspiration au grand jour. Le gouvernement était averti. Il crut devoir prendre des précautions pour empêcher le rassemblement d'arriver à la porte de l'Assemblée; mais au milieu de l'anarchie administrative qui régnait soit parmi les autorités, soit parmi les chefs de corps, il fut mal obéi par les uns et ne fut pas obéi par les autres. Le cortége, réuni dès le matin sur la place de la Bastille, au nombre de cinq à six mille personnes environ, ayant en tête les drapeaux des différents clubs, parcourut les boulevards entre deux haies compactes de curieux, rassemblés là pour voir passer l'émeute, se grossit sur la route de quinze à vingt mille personnes, traversa la place de la Concorde et le pont, à la vue de quelques compagnies de mobiles qui, par ordre, remirent les baïonnettes au fourreau, et l'Assemblée se trouva envahie sans qu'on eût tiré un seul coup de fusil de part ou d'autre.

Ce qui se passa alors est indescriptible. Les tribunes, les couloirs, les entrées latérales sont encombrés. L'hémycicle est envahi par deux flots de peuple. Au-dessus de cette marée humaine, d'instant en instant montante, flottent

plus, destiné à s'user avant le temps au frottement des hommes et des faits.

Pendant qu'elle se mouvait dans ce cercle vicieux, les partis ardents qui, n'ayant abdiqué aucune de leurs exigences, les formulaient ostensiblement dans les journaux et dans les clubs, se disposèrent à les formuler dans la rue.

On était au 15 mai. La république extrême et la république modérée n'avaient jamais pu parvenir à s'entendre sur une grande question : celle de savoir si, se fiant à la volonté du pays, on laisserait l'Assemblée souveraine s'emparer de l'autorité, ou si, faisant un gouvernement de Paris contre la France, on laisserait le peuple conserver le pouvoir, en créant un comité de salut public ou une sorte de dictature de la capitale.

Cette question était celle qui avait été le plus agitée dans les clubs depuis l'arrivée de l'Assemblée nationale. Aussi avait-il été facile de prévoir que l'Assemblée, arrivant pour s'emparer de l'autorité, éprouverait de la résistance, et qu'un choc plus ou moins violent aurait lieu. La manifestation, successivement ajournée du 4 mai au 12, du 12 au 13, du 13 au 15, eut lieu enfin ce jour-là.

Le prétexte de la manifestation fut une pétition en faveur de la Pologne. Question funeste qui semble être la pierre de touche avec laquelle on éprouve tout gouvernement qui s'établit en France. Du reste, ce prétexte n'était pas le résultat d'une pensée exclusivement française. L'étranger y jouait un rôle d'autant plus grand que, longtemps auparavant, des clubs étrangers de tous les pays s'étaient occupés de ce mouvement, et que ceux de Varsovie et de Cracovie, entre autres, avaient envoyé à Paris des émissaires pour agiter le peuple et engager l'Assem-

multe de cette ovation, un chef de club, Hubert, monte à la tribune, et d'une voix stridente, jette ces mots aux représentants stupéfaits : *Au nom du peuple, l'Assemblée nationale est dissoute.* Il y eut alors un moment de confusion incroyable. Les représentants se lèvent et protestent : les clameurs du peuple couvrent leurs voix. L'estrade du président est envahie. Faible jusqu'au bout, M. Buchez n'essaye pas même de défendre son fauteuil. Il descend et sort : les représentants suivent cet exemple en grand nombre. Resté maître de la salle, le peuple, étonné d'un triomphe qu'il n'avait ni médité, ni espéré, hésite. Les conséquences de cette grave atteinte à sa propre souveraineté l'arrêtent un moment sur la pente où on le pousse. Mais les évènements le pressent, les meneurs l'enivrent de paroles, il se laisse entraîner. On propose un nouveau gouvernement : les noms de MM. Pierre Leroux, Barbès, Blanqui, Cabet, Proudhon, Louis Blanc, Albert, Ledru-Rollin, Raspail, sont proclamés. La plupart de ces élus se dirigent vers l'Hôtel-de-Ville. Un flot d'envahisseurs les suit. Mais au moment même où éclatait leur triomphe, leur cause était perdue.

En effet, malgre la motion du représentant Barbès, qui avait demandé la mise hors la loi de tout officier de la garde nationale qui ordonnerait de battre le rappel, le rappel avait été battu. De toutes parts, arrivée au secours de l'Assemblée, la garde nationale avait pu facilement faire évacuer la salle, où n'existaient plus alors que des curieux. A sa suite, les représentants avaient pu remonter sur leurs siéges : la séance avait été reprise, et peu d'heures après, Paris, hérissé de baïonnettes, avait l'aspect orageux des jours d'émeute ; mais l'émeute était vaincue.

26

les drapeaux des clubs ou d'autres drapeaux portant des inscriptions en l'honneur de la Pologne. Les représentants sont à leur place, échangeant de vives paroles avec les envahisseurs. Au pied de la tribune, des luttes individuelles s'engagent. Les représentants Ledru-Rollin, Barbès, des hommes du peuple veulent parler : nul ne peut parvenir à se faire entendre. Le tumulte est effroyable. Le président de l'Assemblée, M. Buchez, n'a ni l'esprit d'initiative, ni l'énergie nécessaire pour le faire cesser. Louis Blanc, enfin, parvient à se faire entendre. Adjurant le peuple d'être calme et grand, il demande pour les représentants la liberté de discussion. Des clameurs, des cris retentissent ; c'est le mugissement d'un autre flot de peuple qui pénètre dans la salle, vague nouvelle, dont le bruit couvre la voix de l'orateur et jette aux pieds de la tribune les chefs de l'émeute, Sobrier, Hubert, Flotte, Raspail, Blanqui. Ce dernier demande la parole. Le président Buchez manque de courage pour la lui refuser. Blanqui, à la tribune, obtient le silence. Il demande le rétablissement de la Pologne, telle qu'elle était avant le démembrement de 1772 ; il veut que la Chambre délibère en présence du peuple, et vote, séance tenante, la guerre à la Prusse, à l'Autriche et à la Russie. Raspail lui succéde, et lit la pétition en faveur des Polonais. A Raspail succède Barbès, qui déclare que le peuple a bien mérité de la patrie. Il demande de déclarer traître à la patrie tout représentant qui ne voterait pas, séance tenante, pour la guerre et un impôt d'un milliard sur les riches. La foule envahissante applaudit avec frénésie ces motions. Dans son délire, elle prend, bon gré malgré, Louis Blanc et Barbès, et les porte en triomphe autour de la salle. Au milieu du tu-

ateliers nationaux comme sur une immense force d'insurrection. Le jour venu, les ateliers ne lui firent pas
défaut.

Les dangers qu'offraient ces ateliers, non-seulement
sous le rapport politique, mais encore sous le rapport
financier, avaient depuis longtemps frappé l'Assemblée.
Après d'assez irritantes discussions sur les moyens d'arriver à une dissolution complète, par des moyens d'a-
moindrissement graduel, elle s'était arrêtée à un enrôle-
ment de tous les ouvriers de dix-sept à vingt-cinq ans
occupés dans les ateliers. Cette mesure, qui était une
inauguration singulière d'une ère de liberté, souleva l'irritation la plus vive. Dès que le *Moniteur* eut rendu cette
ordonnance publique, les ouvriers se mirent à parcourir
par bandes les rues de Paris, en chantant sur le fameux
air : *Des lampions*, ce refrain significatif : *Nous rest'rons !*

Cela se passait les 21 et 22 juin. Le lendemain, dès le
matin, une colonne de 4 à 5 mille ouvriers, tumultueuse-
ment groupés autour de quelques bannières sur lesquelles
on lisait : *Liberté ou la mort*, avait envahi la place du
Panthéon. Peu après, s'étant acheminée vers le faubourg
Saint-Antoine, où elle se recruta de plusieurs milliers
d'hommes, cette colonne se rendit à la porte Saint-Denis,
où elle s'arrêta. Là, à un moment d'hésitation et de calme,
succéda le cri : *Les barricades ! les barricades !* et l'émeute
commença ; l'émeute forte, terrible, bien dirigée, surgissant et exécutant partout en même temps, élevant des barricades derrière tout l'immense demi-cercle qui coupe
Paris du Panthéon à la Bastille, et de la Bastille au clos
Saint-Lazare. En quelques heures, maîtres de la moitié de
Paris, les insurgés avaient pour points avancés, sur la rive

Les principaux clubistes et leur gouvernement improvisé avaient été cernés et pris à l'Hôtel-de-Ville, sans une seule goutte de sang répandu.

Telle fut cette journée du 15 mai, où abstraction faite de tout fait incidentel, on trouve ce fait dominant ; c'est que les partis mis en mouvement dans le seul but d'exercer une pression sur le gouvernement, enivrés par la facilité d'un succès inespéré, l'avaient renversé.

Il y avait dans ce fait seul quelque chose d'alarmant pour la société. En effet, si jamais dans leur aveuglement coupable les partis voulaient tourner contre elle l'hostilité dont on la menaçait, quel appui pouvait-elle attendre d'un gouvernement qu'un souffle de l'émeute arrivé jusqu'à lui par ricochet, avait suffi pour jeter momentanément à terre ?

Cette triste réflexion préoccupait d'autant plus vivement les esprits, que la journée du 15 mai n'avait rien décidé pour ou contre un des deux systèmes en présence. Quelques hommes étaient sous la main de la justice, mais la situation avait peu varié. La république extrême et la république modérée se trouvaient toujours en présence à peu près dans leurs mêmes positions respectives ; la première, ne pouvant se considérer comme vaincue, et se préparant à prendre une revanche ; la seconde, fort embarrassée de son triomphe, qu'elle devait moins à la force d'un principe qu'à une force de circonstance et de hasard. L'arène ainsi restait toujours ouverte, la lutte était imminente. Elle eut lieu.

La république extrême qui, après s'être appelée la république rouge, avait pris alors le nom de république démocratique et sociale, avait toujours compté sur les

de concert avec la commission exécutive, les mesures suivantes : Les généraux Lamoricière, Bedeau et Damesme durent simultanément attaquer les trois points principaux, soit pour couper le centre de l'insurrection des ailes, soit pour rejeter les ailes sur le centre, et refouler l'insurrection dans le faubourg Saint-Antoine.

L'engagement eut lieu sur tous les points à la fois. Mais cette journée du 23 n'amena pas de résultat définitif. Refoulés sur leurs têtes de colonnes, les insurgés avaient conservé partout leurs positions principales. Le quartier du général Lamoricière était à la porte Saint-Denis, prêt à marcher sur le clos Saint-Lazare. Celui du général Duvivier, qui avait remplacé le général Bedeau, grièvement blessé, était à l'Hôtel-de-Ville, prêt à remonter la rue Saint-Antoine. Celui du général Damesme était à la Sorbonne, prêt à attaquer le Panthéon.

Le peu de résultat de cette journée, l'acharnement avec lequel se battaient les insurgés, le nombre incroyable de barricades dont Paris était hérissé, qu'il fallait emporter une à une, qui, la plupart, étaient de véritables citadelles défendues par un feu continuel partant des croisées, des caves des maisons voisines, tout cela faisait pressentir pour le lendemain une journée terrible. Elle le fut en effet.

Pendant la nuit du 23 au 24, l'Assemblée s'était déclarée en permanence. La commission exécutive avait donné sa démission. Le général Cavaignac avait été investi de tous les pouvoirs exécutifs. Paris avait été mis en état de siége. Les assiégés, de leur côté, avaient profité de la nuit pour relever leurs barricades entamées et pour en construire de nouvelles.

gauche, l'extrémité de la ruè de la Harpe, sur la rive droite, le faubourg Poissonnière.

Ce n'était pas une émeute ordinaire. L'ensemble de l'attaque, le rapide développement qu'elle prit, tout le prouvait. C'était une véritable bataille que la république èxtrême allait livrer à la république modérée. En effet, on apprit successivement que l'insurrection comptait quarante mille hommes, qu'elle avait des munitions, des chefs, des généraux, et un plan qui, sous le rapport stratégique, ne manquait ni de hardiesse, ni d'habileté. Voici ce plan.

L'insurrection avait trois quartiers-généraux, se reliant les uns aux autres. Les trois points principaux étaient : à l'extrême gauche, sur la rive gauche, le Panthéon; à l'extrême droite, sur l'autre rive, le clos Saint-Lazare; au centre, la Bastille. Des points divers de ce demi-cercle qui embrassait la moitié de Paris, l'insurrection, en cas de succès, devait s'avancer par les ailes et embrasser Paris tout entier. En cas de défaite, se retirant de barricades en barricades, jusqu'aux extrémités des faubourgs Saint-Antoine et Saint-Marceau, elle pouvait se disperser dans les champs : c'était là sa ligne de retraite. L'Hôtel-de-Ville et la Préfecture de Police étaient les deux points sur lesquels devaient converger les ailes et le centre. Maîtres de ces deux points, les insurgés devaient proclamer leur gouvernement, et marcher simultanément vers l'Assemblée nationale, par les quais et les deux extrémités du demi-cercle formé par les deux ailes.

Ce plan, d'une habileté incontestable, présageait une attaque vive et bien combinée. Pour y faire face, après des lenteurs calculées selon les uns, forcées selon les autres, le général Cavaignac, ministre de la guerre, prit,

dernier point de résistance, était pris, et que la lutte était terminée.

Telles furent les sanglantes journées de juin. Le parti vaincu eut à gémir de sa défaite ; le parti vainqueur eut à pleurer sur son triomphe. Avec la bataille, la lutte armée était terminée ; après la bataille, la lutte de principes resta la même. La question politique fut vidée ; la question sociale resta pendante. A la commission exécutive qui, comme on l'a vu, avait, par sa démission du 25, terminé d'une manière assez piteuse son impuissante carrière, l'Assemblée avait donné pour successeur le général Cavaignac, président d'un ministère dont il devait choisir les membres. Des hommes avaient été simplement substitués à des hommes, et la république entra dans une nouvelle période, avec la confiance de moins et l'état de siége de plus.

Ainsi, après le 16 mars, le 17 avril ; après le 17 avril, le 15 mai ; après le 15 mai, le 23 juin : telles avaient été les tristes étapes qui, en quatre mois, avaient jalonné la marche de la république proclamée en février.

Trois phases gouvernementales avaient marqué cette courte période de la république.

La première avait été celle du Gouvernement provisoire qui, à travers une situation formidable, née des circonstances, des ambitions légitimes ou haineuses, des ardeurs impatientes ou réfléchies, des passions patriotiques ou anarchiques, avait fait traverser, sans catastrophe et sans souillure, à un peuple soulevé, une époque terrible, avait mené la révolution à travers une indicible agitation du dedans et du dehors, sans la briser à une émeute ou à une guerre, et rendu, pendant ses soixante-

Dès le matin du 24, l'insurrection ayant perdu sa position offensive de la veille, était partout sur la défensive ;
aussi attaquée avec plus de vigueur que la veille, sans être
vaincue encore, elle avait été forcée de reculer sur tous
les points. Ses trois points principaux, les clos Saint-
Lazare, le faubourg Saint-Marceau et le faubourg Saint-
Antoine se trouvaient isolés. On devait les attaquer le lendemain.

En effet, sur ces trois points et pendant toute la journée
du 25, le canon tonna. La fusillade retentit partout. Les
maisons qu'il fallait prendre d'assaut furent enlevées à la
baïonnete, et l'insurrection, successivement repoussée
du faubourg Saint-Marceau et du clos Saint-Lazare, se
trouva refoulée dans le faubourg Saint-Antoine. Mais le
gouvernement avait payé cher cette victoire. Dix généraux, MM. Bedeau, Lafontaine, Foucher, Renaud, Duvivier, Damesme, Négrier, François, Bourgon, Koste avaient
été tués ou grièvement blessés. Le général Bréa avait été
assassiné. L'archevêque de Paris avait été mortellement
frappé d'une balle en allant porter des paroles de paix
aux insurgés. Des milliers d'autres victimes avaient péri
dans cette lutte fratricide, et ce commencement de victoire
avait déjà coûté plus cher à la France que les plus sanglantes batailles.

Cependant, maîtres du faubourg Saint-Antoine, les insurgés, loin de mettre bas les armes, menaçaient de s'en-
sevelir sous ses ruines. Mais attaqués en face par le général
Perrot, pris à revers par le général Lamoricière, ils furent
forcés, le 26, de se rendre sans condition.

A deux heures, une dépêche du général Cavaignac
annonça à l'Assemblée que le faubourg Saint-Antoine,

nière même approximative l'avenir. Aux prises avec des nécessités impérieuses, des circonstances tout exceptionnelles, elle avait apporté à son œuvre cette élévation de sentiment, cette abnégation de pensée, cette énergie farouche qui ne connait qu'une loi : *Salus populi suprema lex esto.* L'Assemblée de 1848, au contraire, façonnée en grande partie aux formes énervantes et méthodiques des assemblées des règnes antérieurs, avait commencé par se fractionner en autant de coteries qu'il y avait d'opinions dans son sein, et, sur les bords d'un cratère au fond duquel la lave bouillonnait encore, s'était amusée à jouer aux *nécessités parlementaires*, comme au temps de Charles X et de Louis-Philippe. Préoccupée avant tout de ces inintelligentes luttes d'amour-propre et d'ambition, elle s'était agitée beaucoup pour faire peu [1].

Ce fut au milieu de cette situation, née de contre-coups et de soubresauts, que la constitution fut votée, le 4 novembre, après quarante-neuf jours de discussion. Elle fut promulguée le 12. Nouvelle pièce de monnaie marquée à l'effigie du temps et jetée dans le fondement de l'édifice, cette constitution fut la huitième depuis un demi-siècle.

(1) Quelques lecteurs, peut-être, ignorent ce que c'est que *des nécessités parlementaires*, nous en dirons un mot en passant. En France, où l'on a des noms honnêtes pour les choses qui le sont le moins, on avait appelé *nécessités parlementaires* cette assez vile guerre de portefeuilles qui avait été une des hontes des chambres de la Restauration et de la révolution de Juillet. Voici comment l'on procédait. Chaque député enrégimenté à un chef de file votait sur toutes les questions, non pas selon sa conscience, mais selon l'intérêt de parti. Le résultat le plus incontestable de cette tactique était une sorte de prime aux ambitions les moins légitimes. En effet, tel membre de la chambre qui par sa nullité ne serait jamais sorti par lui-même de sa sphère, une fois enrôlé dans une coterie, devenait, à titre d'appoint, quelque chose, et le moins qu'il pouvait espérer au jour du triomphe, c'était quelque bonne sinécure dont le budget faisait les frais. La méthode parut bonne en 1848. On y revint.

cinq jours de pouvoir, près de trois cents décrets ou arrêtés d'intérêt public, parmi lesquels on peut citer le règne
régulier et constitutionnel du peuple ; l'abolition de la
peine de mort en matière politique ; le droit politique désormais acquis et égal pour tous ; le suffrage universel ;
l'unité de la représentation dans une seule assemblée souveraine, et enfin l'élection du président de la république
par le peuple.

La deuxième phase avait été celle de la Commission
exécutive : phase déplorable ! où, dans la crainte exagérée
d'un conflit qui pouvait tout faire voler en éclat, la Commission exécutive s'était effacée systématiquement devant
l'Assemblée ; où l'Assemblée, pour le même motif, s'était
systématiquement aussi effacée devant les partis chez qui
seuls, dans ces jours de crise, s'était révélé une vitalité
fébrile. Pendant un mois, l'Assemblée, la commission
exécutive, les partis avaient semblé avoir peur les uns des
autres, et vouloir se faire peur les uns aux autres. Une
telle situation était anormale : elle n'avait pu durer. La
vie imprudemment retirée du centre s'était portée aux
extrémités, et les journées de juin avaient eu lieu.

La troisième phase, enfin, avait été celle de la présidence provisoire et déléguée du général Cavaignac qui,
tranchant de fait la question pendante encore de la suprématie du pouvoir exécutif ou de l'Assemblée, avait laissé
cette dernière souveraine sans contrepoids, sans responsabilité légale, véritable Convention, pouvant tout faire
et voulant tout faire : cette situation avait offert un danger véritable. En effet, la Convention de 1792 avait été
le représentant forcé d'un temps nouveau, manquant totalement d'échelle dans le passé pour mesurer d'une ma-

avaient, comme on l'a vu, si imprudemment donné l'éclat de la persécution, s'était présenté de nouveau dans la lice. Par une lettre du 6 septembre, au général Piat, rendue publique, il avait annoncé ou plutôt confirmé qu'il accepterait la députation, si elle lui était offerte.

Cette adhésion était franche : elle fut un coup de partie. Sur huit départements, cinq l'élurent. Dans les autres, il ne manqua la majorité que de quelques voix.

Cette fois, l'Assemblée n'osa infirmer une volonté si hautement exprimée, et, malgré les calomnies amoncelées sur cet élu, cette élection multiple fut validée. Le 27 septembre, Louis-Napoléon, admis en qualité de représentant du peuple, prononça dans l'Assemblée nationale l'allocution suivante, qui fut bien accueillie :

— « Citoyens représentants, il ne m'est pas permis de
» garder le silence en présence des calomnies qui se sont
» amoncelées contre moi. J'ai besoin d'exprimer les vrais
» sentiments qui m'animent, qui m'animeront toujours.
» Après trente-trois années d'exil et de souffrance, je
» rentre dans ma patrie et je jouis de mes droits de
» citoyen ! La république m'a fait ce bonheur ; qu'elle
» reçoive ici mon serment de dévouement et de recon-
» naissance.

» Que les citoyens généreux qui m'ont envoyé ici
» restent bien convaincus que je regarde la tranquillité
» comme le premier besoin du pays, et que je veux les
» institutions démocratiques qui sont les premiers besoins
» du peuple.

» Longtemps j'ai vécu sur la terre d'exil ; je n'ai pas pu
» consacrer au service de mon pays mes méditations et
» mes études. La carrière m'est ouverte ! mes chers col-

Quoi qu'il en soit, ce fut aussi au milieu de ces mêmes circonstances que la France se prépara, par l'élection du président, à sortir du provisoire, à compléter la constitution, et à donner à la machine gouvernementale une forme définitive après laquelle chacun aspirait.

Ici, de nouvelles difficultés surgirent. Dans des vues d'un ordre si élevé que les regards de l'homme ne peuvent y atteindre, la Providence a bien pu condamner l'humanité à marcher par sauts et par bonds, mais une nation ne saurait progresser ainsi. L'ordre lui est aussi nécessaire que la liberté. L'un est le sang, l'autre est la vie. La liberté sans l'ordre, c'est l'anarchie ; l'ordre sans la liberté, c'est le tombeau. Or, depuis février, des passions ardentes ou généreuses s'étaient mises à l'œuvre avec plus de ténacité que de bonheur pour coordonner ces deux éléments essentiels de toute vitalité sociale. Mais sous le soleil des révolutions, les pentes se descendent vite. On grandit en un jour ; on vieillit en une heure, et tous ces hommes ardents ou généreux, accablés à chaque pas sous la démonstration du néant des fortunes publiques, avaient été, en quelques jours, autant de victimes livrées au Minotaure de la popularité.

Le principe d'ordre et de liberté n'était pas en eux : il existait ailleurs. La nation le chercha. Elle tenait les dés : Dieu tenait le sort. Confiante dans sa fortune, elle risqua le jeu, laissant à Dieu le soin de pourvoir au reste. Le nom de Bonaparte lui apparut comme une sauvegarde du présent, comme une garantie d'avenir : elle l'adopta.

Dès les premiers jours de septembre 1848, son parti avait paru pris. De nouvelles élections partielles allaient avoir lieu. Louis-Napoléon, à qui d'inintelligentes mesures

d'hostilité systématique qui révéla aux yeux les moins prévenus une rivalité de candidature mal déguisée. Ainsi, par exemple, dans la séance du 25 octobre, un représentant, M. Grandin avait, dans un discours sur un banquet montagnard, fait allusion à une lettre de Napoléon Bonaparte, publiée par plusieurs journaux, et dans laquelle ce représentant faisait connaître que son cousin, Louis-Napoléon, ayant été informé que des projets d'émeute se tramaient en son nom, s'était empressé d'en informer le ministre de l'intérieur, M. Dufaure. Le ministre avait répondu qu'il avait reçu lui-même communication de ces bruits, mais qu'il avait immédiatement rassuré Louis-Napoléon, en lui affirmant qu'il était mal informé, et qu'il ne se tramait en réalité aucun complot de ce genre.

Alors, Napoléon Bonaparte s'était dirigé vers la tribune; mais aussitôt une partie de l'Assemblée avait réclamé à grands cris la présence à la tribune de Louis-Napoléon. Au milieu des interpellations les plus tumultueuses, Napoléon Bonaparte avait objecté que son cousin était absent, et que d'ailleurs étant lui-même l'auteur de la lettre, il était en droit de s'en expliquer devant l'Assemblée. Puis il avait raconté les faits communiqués au ministre de l'intérieur, et expliqué que la note publiée n'avait eu d'autre but que d'écarter de lui et de sa famille l'accusation plus ou moins directe, mais souvent dirigée contre eux, de pactiser avec l'émeute.

Ce simple exposé des faits était de nature à satisfaire les rancunes les plus exigeantes; elle produisit un effet contraire. Le bruit, le tumulte, l'agitation devinrent extrêmes, tant les questions de personnes et de candidatures ont le

» lègues, recevez-moi dans vos rangs avec une affectueuse
» confiance. Ma conduite sera toujours digne de mon nom,
» et elle prouvera à ceux qui voulaient me proscrire une
» deuxième fois, à l'aide de leurs calomnies, que je veux
» avant tout la défense de l'ordre et l'affermissement de
» la République. »

Ce nom de Louis-Napoléon Bonaparte, qui sortait avec
une sorte d'unanimité de l'urne électorale, apparaissait
comme un drapeau pour l'élection présidentielle fixée au
10 décembre. Pour entraîner la France à sa suite, il lui
manquait peut-être le cachet d'une persécution nouvelle.
Quelques motions, plus généreuses que réfléchies dans
leur portée, le lui donnèrent. Ainsi, par exemple, dans
la séance du 10 octobre, au sujet de la discussion de l'article 45 de la constitution, qui réglait l'élection du président de la république, le représentant Antony Thouret
proposa un amendement tendant à déclarer « inaptes à être
nommés présidents de la république tous les descendants
des familles qui avaient régné sur la France. »

L'attaque était trop directe ; Louis-Napoléon se crut
forcé d'y répondre : — « Je ne prends pas la parole, dit-
» il, contre l'amendement. Certes, j'ai été assez récom-
» pensé en retrouvant tous mes droits de citoyen pour
» n'avoir aucune ambition.

» Je ne viens pas non plus réclamer pour ma cons-
» cience contre les calomnies dont je suis l'objet. C'est
» au nom des 500,000 électeurs qui, par deux fois m'ont
» honoré de leurs suffrages, que je viens désavouer le
» nom de prétendant qu'on me jette toujours à la tête. »

Peu après, ces attaques directes ou indirectes contre le
nom de Bonaparte prirent à l'Assemblée un caractère

Une voix. — Il n'y est jamais.

Une autre voix. — Il ne vole jamais.

M. Clément Thomas. — Et quand je dis cela , je sais pourquoi, Vous ne pouvez pas nier qu'il y ait un certain nombre de membres de l'Assemblée qui vont se présenter au pays comme candidats à des fonctions très élevées et très graves. (Exclamations bruyantes. — Plusieurs membres qui sont groupés dans le couloir qui est à la droite de la tribune, et parmi lesquels on remarque MM. Jérôme Bonaparte, Pierre Bonaparte, Piétri, etc., interpellent vivement l'orateur.)

M. Jérôme Bonaparte. — Mais, Monsieur, cela ne vous regarde pas. (Exclamations sur plusieurs bancs.)

M. le président. — Je prie les représentants qui sont dans le couloir, de vouloir bien reprendre leurs places. (Quelques représentants se conforment à l'invitation , mais le plus grand nombre persiste à rester dans le couloir; ils dégagent seulement un peu les abords de la tribune. En ce moment une vive agitation règne dans toute la salle.)

M. Clément Thomas. — Je dis que plusieurs membres de l'Assemblée vont se présenter devant le pays. Eh bien! ce n'est pas en ne venant que très rarement à vos séances, ce n'est pas en s'abstenant de prendre part à tous les votes significatifs; ce n'est pas en évitant de dire d'où on vient, où on va, ce qu'on veut, qu'on prétendra gagner la confiance d'un pays démocratique comme la France; pour moi, je me défie d'une pareille tactique. (Nouvelle interruption.)

M. jérôme bonaparte, qui est toujours dans le couloir de droite, vivement. — Eh bien! vous voterez contre! (Rumeurs.)

Quelques membres. — A l'ordre! à l'ordre!

M. le président. — M. Jérôme Bonaparte, si vous interrompez encore, je vous rappellerai à l'ordre.

M. Clément Thomas. — Puisque M. Jérôme Bonaparte est si disposé à répondre pour son cousin...

Plusieurs voix. — Il a parlé pour lui.

M. Clément Thomas. — Je lui demanderai s'il n'est pas vrai qu'en ce moment des agents parcourent les départements pour y porter la candidature de M. Louis Bonaparte?

pouvoir de passionner même les républicains démocrates. L'un d'eux, le représentant Clément Thomas, prenant alors la parole, interpella Louis Napoléon, absent, sur son absence, sur son silence habituel, sur ses votes trop rares. Bien plus, dans un accès de passion assez peu réfléchie, il lui demanda compte de sa candidature à la présidence : comme si dans une république chaque citoyen ne pouvait prétendre à la première magistrature du royaume.

Voici l'extrait textuel de cette partie de la séance. Le lecteur pourra juger avec quelle acrimonie était attaquée dans l'Assemblée la famille Bonaparte.

M. Clément Thomas. —Messieurs, j'ai peut-être le tort ordinairement d'aller trop nettement au fond des choses, et je vais peut-être tomber aujourd'hui dans le même inconvénient (bruit); mais je ne puis m'empêcher de dire que je suis étonné, quand un fait concerne directement un membre de cette Assemblée, que ce soit un autre membre qui vienne répondre à sa place. (Interruption. — Bruyante agitation.)

M. Napoléon Bonaparte. — Il fallait l'avertir, avoir cette politesse; il serait venu vous répondre.

M. Flocon. —Son devoir est d'être ici.

M. Clément Thomas. —Ce n'est pas la première fois aujourd'hui que je remarque l'absence dans l'Assemblée du représentant Louis Bonaparte (Vive interruption.)

Plusieurs membres. —Qu'est-ce que cela vous fait?

M. Pietri. —Cela ne regarde personne.

M. Clément Thomas. —Je n'ai pas besoin de dire que je ne parle ici au nom de personne; pas plus au nom d'une partie quelconque de l'Assemblée qu'en celui du cabinet. Personne donc ne saurait être responsable de ce que je dis; c'est moi seul qui en suis responsable. Eh bien! je répète que ce n'est pas la première fois que je remarque l'absence de M. Louis Bonaparte. (Nouvelle interruption.)

voulaient lui faire ses ennemis et sa conduite ultérieure.
Il déclara qu'il acceptait du sentiment populaire une candidature qu'il n'avait pas recherchée, parce que les élections successives qui l'avaient porté à l'Assemblée, et les
votes de l'Assemblée elle-même contre tout décret de
proscription, l'autorisaient à croire que la France regardait son nom comme pouvant être une garantie d'ordre,
comme pouvant servir à la consolidation de la société.
Il ajouta que désormais, quelles que fussent les attaques
et les interpellations dont il serait poursuivi, il s'abstien-
drait d'y répondre.

Voici du reste son discours :

« Citoyens représentants, l'incident regrettable qui s'est
» élevé hier à mon snjet, ne me permet pas de me taire.
» Je déplore profondément l'obligation où je suis de par-
» ler encore de moi, car il me répugne de vous parler ici
» sans cesse des questions personnelles, alors que nous
» n'avons pas un moment à perdre pour nous occuper
» des graves intérêts de la patrie.

» Je ne parle pas ici de mes sentiments et de mes opi-
» nions. Je les ai déjà manifestés, et jamais personne n'a
» pu encore douter de ma parole.

» Quant à ma conduite parlementaire, de même que
» je ne me permettrai jamais de demander compte à au-
» cun de mes collègues de celle qu'il aura choisie, de
» même je ne reconnais à personne le droit de m'inter-
» peller sur la mienne. Ce compte, je ne le dois qu'à mes
» commettants.

» De quoi m'accuse-t-on ? D'accepter du sentiment po-
» pulaire une candidature que je n'ai pas recherchée.

Quelques membres. — Eh bien ! et après ? et après ?

M. Clément Thomas. — Je lui demanderai s'il n'est pas vrai que partout, dans les départements, on présente la candidature de son cousin à la partie la moins éclairée de la population... (Vive interruption.) Et si, pour la faire réussir, on ne répand pas les bruits les plus absurdes ?

Si cela est vrai, je demande à M. Jérôme Napoléon Bonaparte à quel titre son cousin vient se présenter à la candidature... (Bruyante interruption.)

M. Isambert. — En vertu de son droit de citoyen.

M. Jérome Bonaparte *au président.* — Rappelez l'orateur à l'ordre. Il ne s'agit pas de discuter ici les candidats à la présidence.

Les cris : A l'ordre ! à la question ! se font de nouveau entendre.

M. le président. — J'invite l'orateur à rentrer dans la question dont il s'est écarté.

M. Clément Thomas. — M. Isambert me dit que tout citoyen a le droit de se présenter aux suffrages du pays ; il me semble, à moi, que les prétentions de ce genre doivent être appuyées sur des titres réels. (Exclamations.)

M. Pietri *au président.* — M. le président, vous ne faites pas votre devoir. C'est une indignité : rappelez l'orateur à l'ordre. (Bruit tumultueux).

M. le président *à M. Piétri.* — Je viens de rappeler l'orateur à la question : cela ne vous regarde pas : je vous rappelle, vous, à l'ordre.

M. Pierre Bonaparte *à l'orateur.* — Vous parlez au nom d'une coterie.

Voix nombreuses. — A l'ordre ! à l'ordre ! (Un grand nombre de représentants se lèvent et crient de nouveau, les uns : à l'ordre ! les autres : à la question ! D'autres quittent leurs places bruyamment et vont se grouper au pied de la tribune ; de sorte qu'en ce moment toute la salle présente un spectacle de confusion et de tumulte, dont il serait difficile de donner une idée.)

Le lendemain, Louis-Napoléon prenant la parole, à propos de l'incident de la veille, expliqua la situation que

» les hommes de bien, la confiance de ce peuple ma-
» gnanime qu'on a si légèrement traité hier (Mouvements
» divers.)

» Je déclare donc à ceux qui voudraient organiser contre
» moi un système de provocations, que dorénavant je ne
» répondrai à aucune interpellation, à aucune espèce d'at-
» taque. Je ne répondrai pas à ceux qui voudraient me
» faire parler, alors que je veux me taire. Je resterai iné-
» branlable contre toutes les attaques, impassible contre
» toutes les calomnies. »

Le résultat de cette maladroite attaque du 25 octobre fut
que Louis-Napoléon, qui jusqu'alors s'était à peine avoué
candidat, se posa comme tel.

Le véritable motif de ces attaques n'était un secret pour
personne. C'était, d'une part, une sollicitude exagérée,
mais sincère, pour le maintien de la république, que l'on
croyait compromise avec l'avènement à la présidence d'un
Bonaparte. De l'autre, c'était une ardeur d'opposition passionnée à qui tout faisait ombrage, hommes et choses : et
çà et là des intérêts menacés, des ambitions impatientes,
dont le mobile n'avait ni la sincérité des premiers, ni l'excuse des seconds.

A ces éléments plus ou moins sincèrement attachés à la
république, et acharnés alors contre les Bonapartes, il
faut joindre ceux qui ne voulaient ni des Bonapartes, ni de
présidence ; et si les bornes de ce récit nous permettaient
de faire l'histoire de ces partis à la fois hostiles à la forme
et au fond, il serait aisé de les montrer passant de la surprise à la malveillance, de la malveillance à l'intrigue,
fomentant les passions, suscitant les haines, exploitant la

» Eh bien ! oui , je l'accepte , cette candidature qui
» m'honore (agitation), je l'accepte, parce que trois élec-
» tions successives et le décret unanime de l'Assemblée
» contre la proscription de ma famille m'autorisent à
» croire que la France regarde mon nom comme pou-
» vant servir à la consolidation de la société... (Nom-
» breuses exclamations. — Interruption bruyante et pro-
» longée.)

» Ceux qui m'accusent d'ambition connaissent peu mon
» cœur. Si un devoir impérieux ne me retenait pas ici, si
» les sympathies de mes concitoyens ne me consolaient
» de l'animosité de quelques attaques et de l'impétuosité
» même de quelques défenses (interruption), il y a long-
» temps que j'aurais regretté l'exil.

» On voudrait que j'eusse montré de grands talents et
» occupé brillamment cette tribune. Mais il n'est donné
» qu'à peu de personnes d'apporter une parole éloquente
» au service d'idées justes et saines. N'y a-t-il qu'un
» moyen de servir le pays? Ce qu'il faut surtout au pays,
» c'est un Gouvernement stable, intelligent, ferme, sage,
» qui pense plus à guérir les maux de la société qu'à les
» venger. (Interruption.) Quelquefois on triomphe mieux
» par une conduite habile et prudente que par les baïon-
» nettes de théories non fondées sur l'expérience et sur la
» raison.

» Citoyens représentants, on veut, je le sais, semer
» mon chemin d'écueils et d'embûches. Je n'y tomberai
» pas. Je suivrai la voie que je me suis tracée, sans m'in-
» quiéter, sans m'irriter. Je saurai montrer toujours le
» calme d'un homme résolu à faire son devoir. Je ne veux
que mériter l'estime de l'Assemblée nationale et de tous

1830 et que, par une sorte de fatalité, ils semblent destinés à compromettre toujours.

Les seconds, les républicains par principe, sans se mouvoir exclusivement comme les premiers dans la tradition révolutionnaire, cherchaient de bonne foi à dominer une situation plus forte qu'eux. Mais la plupart rappelant sous le régime nouveau le parti que, sous Louis-Philippe, on avait appelé *conservateur* ou *satisfait*, paraissaient trop s'accommoder de ce qui était pour laisser croire qu'on pût arriver avec eux à ce qui devait être.

Les républicains d'industrie étaient ce qu'avaient été sous tous les régimes ces cœurs gangrénés sans âme et foi : vrais sépulcres blanchis au-dehors, et dont l'enduit, comme ceux des tombeaux, ne recouvrait au-dedans que pourriture et corruption : race impure, jetée comme une lèpre au plein cœur des partis généreux et, là comme partout, vivant de l'immorale idée que chaque coup de griffe devait leur valoir un salut, et chaque coup de dent un gâteau.

Les derniers enfin, les républicains par nécessité ou par raison, formaient l'immense majorité de la nation. Ils n'avaient pas appelé la république : ils l'avaient acceptée. Ouvrant l'histoire des cinquante dernières années, ils avaient vu Louis XVII ne pas succéder à Louis XVI, le roi de Rome à Napoléon, le duc de Bordeaux à Charles X, le comte de Paris à Louis-Philippe. Devant ce terrible enseignement écrit quatre fois en sanglants caractères dans nos annales d'un demi-siècle, ils avaient vu la forme monarchique usée sous toutes ses faces, et s'étaient ralliés à la république comme au seul essai qu'il leur restait à faire pour ne pas désespérer de Dieu et d'eux-mêmes.

misère et la peur, et tournant contre la république jusqu'aux promesses qu'elle avait dû faire et que le malheur des temps ne lui avait pas permis de réaliser.

Au milieu du bouillonnement de ces éléments plus ou moins purs, plus ou moins immondes, la France, qui ne voyait là en jeu que des coteries qui, depuis plus d'un quart de siècle, n'avaient cessé de la balotter dans le vide, attendait. Le jour de l'élection approchait. Elle avait à élire son premier magistrat, à risquer son avenir dans ce jeu du hasard qu'on appelle le choix d'un homme, et seule au milieu des scandaleux ébats des hommes publics et des partis, calme, majestueuse, réfléchie, elle semblait avoir la conscience de la solennité de cet acte de souveraineté.

Sur le terrain où allait se vider ce grand débat, apparaissaient plusieurs sortes de républicains :

Les républicains par système ;

Les républicains par principe ;

Les républicains d'industrie ;

Les républicains par raison ou par nécessité.

Les premiers, les républicains par système, qu'on appelait les *républicains rouges*, avaient deux grands torts : l'un, de puiser exclusivement leurs inspirations dans la tradition montagnarde du passé et, par cela seul, de faire douter de leur aptitude à fonder l'avenir ; l'autre de chercher leur appui dans la surexcitation des appétits égoïstes et grossiers et, par cela seul encore, d'effrayer les intérêts. En donnant ainsi matière à leurs ennemis de les attaquer sur leurs facultés d'initiative et sur la pureté de leurs intentions, ils s'exposaient à compromettre une fois encore la cause démocratique qu'ils avaient déjà compromise en

populaire comme une force dont le hasard avait dans
l'ombre forgé les ressorts, par instinct seul, le peuple s'y
rallia. La France républicaine tint à honneur d'élever sur
le pavois ce nom qui avait dû son martyre aux ombrages
des rois. Elle sembla dire à Louis-Napoléon : « A cause
de ton nom, les monarchies t'ont mis hors la loi; à cause
de ton nom, je vais te confier l'exécution de la loi. » Ce
n'était pas un acte de caprice, d'engoûment, c'était un
acte de sentiment, de réparation. Puis, depuis les journées
de juin, l'impuissance ou les fautes des divers gouvernements qui s'étaient succédés, l'hostilité permanente des
partis, les désastres et les menaces qui préoccupaient l'o-
pinion, les doutes que chaque jour accroissait et dont
s'assombrissait l'avenir, étaient des symptômes effrayants
qui mettaient toutes les intelligences et toutes les volontés
en demeure. Malgré son apparente inaction, le feu était
toujours au sein de la société : il fallait l'éteindre, et plus
qu'un autre, le nom de Bonaparte signifiait gouvernement
national, société régulière, impuissance des coteries, organisation puissante et féconde. Dans son bon sens, la France
pressentit que l'œuvre qui pouvait le plus tenter un Bonaparte, était de fonder la république malgré les résistances
et en dépit des passions : elle pensa que ce nom qui, dans
d'autres temps, avait pu servir de symbole à une ère de
guerre et de conquête, ne pouvait servir, en 1848, de symbole qu'à une ère d'organisation et de liberté.

Ainsi, seul entre tous les candidats, Louis-Napoléon
Bonaparte était désigné au peuple par cet instinct de l'humanité, illogique si l'on veut, mais éclatant inopinément,
naissant d'un souvenir, s'attachant à un nom, sorte de foi
qui surgit, vient à tous, donne la force, rallie les esprits et

Quatre noms pour la présidence servaient de drapeau
à ces nuances diverses de républicains.

Les républicains rouges, divisés comme toujours,
même avant la victoire, avaient arboré deux drapeaux.
La fraction socialiste portait Raspail, honnête homme du
reste, mais que peu de personnes prenaient au sérieux.
La fraction montagarde portait Ledru-Rollin qui, avec
le courage de ses opinions, avait le tort de vouloir les
imposer.

Les républicains conservateurs portaient le général Cavaignac, promu à la présidence provisoire après les journées de juin. Ne représentant ni une dynastie, ni une
catégorie, ce candidat était l'enfant de la fortune, qui
pouvait le sacrer en quelque sorte sans rabaisser personne.
Mais, admis par des circonstances extraordinaires à être
l'homme de la France, il s'était obstiné à être l'homme
d'un parti.

Les républicains d'industrie, épars sous les drapeaux
divers, avaient consulté non leurs préférences, mais leur
intérêt. Les moins corrompus n'avaient pas de drapeau
ostensible et se bornaient à tout brouiller pour tout dominer.

Les républicains de la dernière catégorie portaient
Louis-Napoléon Bonaparte. Les services publics de ce candidat, banni de France depuis l'âge de sept ans, se bornaient à des vœux incessants et sincères pour le bonheur
de la patrie qui le proscrivait. Son seul titre, c'était son
nom, en qui se reflétait tout un passé prestigieux de
gloire et de souvenirs, et qui, depuis trente-trois ans,
avait été un titre de spoliation et de proscription pour
ceux qui avaient eu le terrible honneur de le porter.
Aussi dès que ce nom se trouva jeté au milieu du courant

Quoi qu'il en soit, on a vu comment dans la séance du 25 octobre à l'Assemblée nationale le représentant Grandin, parlant des ferments cachés qui pouvaient inquiéter la sécurité publique, avait ironiquement cherché à rassurer les Bonapartes sur le mauvais usage auquel on pouvait employer leur nom. Le ministre de l'intérieur, Dufaure, avait, avec une bonhomie perfide, ajouté à l'ironie de M. Grandin quelques-unes de ces phrases aigres-douces à l'usage des orateurs qui n'ont pas de bonnes raisons à donner. L'Assemblée s'était laissée prendre à cette tactique qui, quoique usée, manque rarement son but, lorsque le représentant Clément Thomas, par sa rude et brusque boutade, était venu brutalement balayer toutes ces finesses parlementaires, et prouver aux siens le danger de certains amis. En effet, à l'aide de cette intempestive et gratuite réclame, Louis-Napoléon, qui jusqu'alors s'était à peine avoué candidat, s'était trouvé tout aussitôt posé comme prétendant. Acceptant bravement la position, il avait le lendemain prononcé le discours que nous avons reproduit, et peu de jours après lancé le manifeste suivant :

A MES CONCITOYENS.

« Pour me rappeler de l'exil, vous m'avez nommé Représentant du Peuple. A la veille d'élire le premier magistrat de la République, mon nom se présente à vous comme symbole d'ordre et de sécurité.

» Ces témoignages d'une confiance si honorable s'adressent, je le sais, bien plus à ce nom qu'à moi-même, qui n'ai rien fait encore pour mon pays ; mais plus la mémoire de l'Empereur me protége et inspire vos suffrages, plus je me sens obligé de vous faire connaître mes sentiments et mes principes. Il ne faut pas qu'il y ait d'équivoque entre vous et moi.

29

doit sa source à ces courants invisibles dans lesquels, au jour donné, se trouvent entraînées les idées et les sympathies. C'était là une force immense. Un tel candidat devenait dès-lors un adversaire incommode pour les amis officiels ou officieux des autres. On éleva contre lui une digue de manœuvres et de calomnies, dont la perfidie et l'ensemble n'avaient pas eu de précédents dans l'histoire, et avec la morale facile de nos mœurs politiques, on appela cela *faire de la bonne guerre.*

Ce procès contre Louis-Napoléon ou plutôt contre le nom de Bonaparte, était, nous l'avons vu, porté parfois devant l'Assemblée : il avait en outre une tribune dans les journaux, dans les pamphlets; mais en réalité c'était devant la nation qu'il se plaidait; c'était elle qui devait prononcer en dernier ressort. La question était complexe; la nation ne s'y méprit pas. Sous sa forme apparente, c'était la nomination d'un président de la république. Sous sa forme incidentelle, c'était la réhabilitation solennelle de l'acte de souveraineté populaire qui avait, en 1804, porté Napoléon à l'empire, et que la ligue des rois avait déchiré en 1815. Les nuances les plus ardentes du parti républicain ne surent pas démêler ce qu'il y avait de national, de patriotique, de profondément républicain dans ce fait. En combattant la candidature d'un Bonaparte, elles reprirent en sous-œuvre l'œuvre monarchique de 1815. Les hommes d'État alors au pouvoir partagèrent cette aberration. De part et d'autre, ce ne fut peut-être qu'une erreur. Mais l'opinion publique, d'une susceptibilité morbide depuis quelque temps, pensa généralement que, cette fois comme tant d'autres, la morale des intérêts l'avait emporté sur la morale de sentiment.

de l'agriculture, peuvent, en France et en Algérie, donner du travail aux bras inoccupés ; pourvoir à la vieillesse des travailleurs par des institutions de prévoyance ; introduire dans nos lois industrielles les modifications qui tendent, non à ruiner le riche au profit du pauvre, mais à fonder le bien-être de chacun sur la prospérité de tous.

» Restreindre dans de justes limites le nombre des emplois qui dépendent du pouvoir, et qui souvent font d'un peuple libre un peuple de solliciteurs.

» Éviter cette tendance funeste qui entraîne l'État à exécuter lui-même ce que les particuliers peuvent faire aussi bien et mieux que lui. La centralisation des intérêts et des entreprises est dans la nature du despotisme. La nature de la République repousse le monopole.

» Enfin, préserver la liberté de la presse des deux excès qui la compromettent toujours : l'arbitraire et sa propre licence.

» Avec la guerre, point de soulagement à nos maux. La paix serait donc le plus cher de mes désirs. La France, lors de sa première révolution, a été guerrière, parce qu'on l'avait forcée de l'être. A l'invasion, elle répondit par la conquête. Aujourd'hui qu'elle n'est pas provoquée, elle peut consacrer ses ressources aux améliorations pacifiques, sans renoncer à une politique loyale et résolue. Une grande nation doit se taire, ou ne jamais parler en vain.

» Songer à la dignité nationale, c'est songer à l'armée, dont le patriotisme si noble et si désintéressé a été souvent méconnu. Il faut, tout en maintenant les lois fondamentales qui font la force de notre organisation militaire, alléger et non aggraver le fardeau de la conscription. Il faut veiller au présent et à l'avenir non-seulement des officiers, mais aussi des sous-officiers et des soldats, et préparer aux hommes qui ont servi longtemps sous les drapeaux une existence assurée.

» La République doit être généreuse et avoir foi dans son avenir : aussi, moi qui ai connu l'exil et la captivité, j'appelle de tous mes vœux le jour où la patrie pourra sans danger faire cesser toutes les proscriptions et effacer les dernières traces de nos discordes civiles.

» Je ne suis pas un ambitieux qui rêve tantôt l'Empire et la guerre, tantôt l'application de théories subversives. Élevé dans des pays libres, à l'école du malheur, je resterai toujours fidèle aux devoirs que m'imposeront vos suffrages et les volontés de l'Assemblée.

» Si j'étais nommé Président, je ne reculerais devant aucun danger, devant aucun sacrifice, pour défendre la société si audacieusement attaquée; je me dévouerais tout entier, sans arrière-pensée, à l'affermissement d'une République sage par ses lois, honnête par ses intentions, grande et forte par ses actes.

» Je mettrais mon honneur à laisser, au bout de quatre ans, à mon successeur, le pouvoir affermi, la liberté intacte, un progrès réel accompli.

» Quel que soit le résultat de l'élection, je m'inclinerai devant la volonté du Peuple, et mon concours est acquis d'avance à tout gouvernement juste et ferme qui rétablisse l'ordre dans les esprits comme dans les choses; qui protége efficacement la religion, la famille, la propriété, bases éternelles de tout état social; qui provoque les réformes possibles, calme les haines, réconcilie les partis, et permette ainsi à la patrie inquiète de compter sur un lendemain.

» Rétablir l'ordre, c'est ramener la confiance, pourvoir par le crédit à l'insuffisance passagère des ressources, restaurer les finances, ranimer le commerce.

» Protéger la religion et la famille, c'est assurer la liberté des cultes et la liberté de l'enseignement.

» Protéger la propriété, c'est maintenir l'inviolabilité des produits de tous les travaux; c'est garantir l'indépendance et la sécurité de la possession, fondements indispensables de la liberté civile.

» Quant aux réformes possibles, voici celles qui me paraissent les plus urgentes :

» Admettre toutes les économies qui, sans désorganiser les services publics, permettent la diminution des impôts les plus onéreux au peuple; encourager les entreprises qui, en développant les richesses

tant, firent de la candidature de Louis-Napoléon une question de famille réglée par les sénatus-consulte des ans XII
et XIII, voulant substituer une légitimité précaire à la plus
imposante des légitimités. Ailleurs des ennemis habiles,
consommés dans la science approfondie de l'intrigue, et
dont le parti sans principe inflexible n'est qu'une tradition qui les porte vers tout pouvoir, appuyèrent la candidature de Louis-Napoléon comme un acheminement à
d'autres espérances. Des adversaires peu scrupuleux jetèrent d'une main de la boue sur le futur président, tenant
cachée de l'autre une couronne pour la lui offrir au besoin. Des ennemis francs, mais aveuglés par la passion,
frappèrent à tort et à travers au risque de voir leurs coups
porter à la fois sur l'idole qu'ils voulaient briser et sur
celle qu'ils avaient élevée. D'autres plus calmes jetèrent
d'avance et avec habileté des bâtons dans les roues d'un
char qui traînait quelque chose de régulier à sa suite, et
murmurèrent tout bas : périsse la république plutôt que
nous! D'autres enfin, forcenés séides d'une idée, surex-
citant tous les appétits grossiers pour mettre des jours
d'anarchie entre un nom principe d'ordre et son triomphe, semblèrent vouloir doter le prolétariat moderne de
ses *chevaliers de proie par droit humain*, comme jadis la
noblesse avait eu ses *chevaliers de proie par droit divin*.
Tous les instincts, tous les penchants, tous les égoïsmes,
toutes les passions bonnes ou mauvaises, entrèrent en
scène, alors comme toujours criant bien haut : *Salut du
peuple ! bonheur du peuple !* Manteau banal que dans leur
insolente profanation les mauvais citoyens de toutes les
classes et de tous les pays ont, de tout temps, jeté sur la
lèpre immonde de leurs égoïstes calculs.

» Telles sont, mes chers Concitoyens, les idées que j'apporterais dans l'exercice du pouvoir, si vous m appeliez à la présidence de la République.

» La tâche est difficile, la mission immense, je le sais! Mais je ne désespérerais pas de l'accomplir en conviant à l'œuvre, sans distinction de parti, les hommes que recommandent à l'opinion publique leur haute intelligence et leur probité.

» D'ailleurs, quand on a l'honneur d'être à la tête du peuple français, il y a un moyen infaillible de faire le bien, c'est de le vouloir.

» LOUIS-NAPOLÉON BONAPARTE. »

L'effet de ce manifeste fut de faire prendre à la candidature de Louis-Napoléon un essor incroyable. Peu après, seule elle se révéla comme une candidature d'entraînement, tandis que les autres n'apparurent que comme autant de candidatures de coalition. Avant l'élection le président était en quelque sorte nommé.

On vit alors un triste spectacle. Individus, coteries, partis, chacun parut occupé à s'arranger un logement, ici par naïveté d'espérance, là par ambition désespérée, ailleurs par dépit, partout par calcul. Comme au plein cœur de la monarchie on prit effrontément pour devise : chacun pour soi. D'une part des charlatans d'affaires et des charlatans de phrases se jetèrent à genoux du côté du soleil levant. De l'autre des charlatans de principes, hissés avec fracas sur des trétaux improvisés, essayèrent d'escompter au plus haut prix le dernier coupon de leur popularité. Ici l'orgueil de la démence se déifia pour n'avoir plus à reconnaître ni devoir ni pouvoir ; là, et dans le même but, la démence de l'orgueil provoqua et brava le martyre. Puis des amis maladroits, et dans un excès de zèle compromet-

du progrès social par la porte par où les vieilles monarchies en sortent.

Comme au beau temps des *nécessités parlementaires* (voir
la note : page 209) chacun se faisant son idéal de justice
et de patriotisme, allait agir comme si la foi qu'il avait
dans son idée devait justifier tous ses actes. Une fois la
conscience abritée sous le couvert de cette morale chargée
de tant d'iniquités, *la fin justifie les moyens*, chaque parti
allait marcher à son but, sans pudeur pour rougir de ses
vues secrètes, sans raison pour modérer ses excès patents,
n'ayant de pur que les oreilles, de vibrant que les basses
cordes du cœur, et se groupant comme toujours autour du
premier déclamateur qui, sous des mots pompeux savait
masquer tous ces appétits. Acteurs, comparses, compères
tous se valaient. Même indifférence pour le repos et la prospérité de l'État ; même mépris pour les maux réels de la
société ; mêmes prétentions au pouvoir et à la fortune ; même
audace sans scrupules ; même intrigue sans principes ;
même influence acquise à la lèpre des assemblées délibérantes de tous les temps ; à l'avocat, au rhéteur, sans que
nul soupçonnât que la raison n'est pas verbeuse, que les
sentiments généreux et le courage ne sont pas loquaces et
qu'Athènes, où l'on parlait beaucoup et bien, tomba sous
les coups de Lacédémone où l'on parlait peu et mal.

En somme, l'arène politique allait devenir une vraie
caverne ; et si, dans les individus pris isolément, on pouvait démêler çà et là quelque généreux sentiment, quelque
désintéressement timide, dans les partis pris collective-
ment, on devait ne voir que des instincts corrompus et
des appétits effrontés.

Quant au peuple proprement dit, c'est-à-dire à la masse

Tout cela semblait avoir atteint la limite possible de la déeadence morale des partis politiques dans la France de 1848. Illusion vaine ! La nomination du président allait les montrer sous un jour plus hideux encore.

En effet, après cette dernière assise de l'édifice républicain, le jeu régulier de l'institution commençait. La coque du vaisseau était achevée, il ne restait qu'à hisser les mâts, tendre les agrès, déployer les voiles. C'était compter sans le génie haineux, envieux, destructif, qui, dans la France moderne, semble avoir survécu à tous les autres génies.

Aussi, impudemment couverts d'une livrée démocratique, mille égoïsmes allaient se dresser en face du nouveau pouvoir, une main prête à recevoir, l'autre prête à frapper. Les traditions des repus et des affamés des vieux régimes allaient devenir l'Évangile de ces profanateurs du régime nouveau. Dans le but seul de gagner parmi les débris quelque tronçon de colonne qui put, pour un jour, servir de piédestal, on allait essayer de détruire, toujours détruire. La mêlée était confuse : on allait s'y précipiter poussant à droite, poussant à gauche ; tant pis pour qui tombait : probité, talent, vice, vertu, tout était assez bon pour servir de marchepied. S'élever, être quelque chose, ccuper de soi la renommée n'importe à quel prix, n'importe à quel titre, allait devenir le but commun. Pour cela on devait contracter des alliances monstrueuses de coteries ou de partis encore salis de la boue qu'ils s'étaient mutuellement jetés la veille : Érostrates aux cent têtes qui, pour boire une heure à la coupe du pouvoir, allaient, par le fracas de leur ambition, mettre la France en feu ; Walpoles retournés qui, par l'étalage de leur immoralité, allaient faire entrer la jeune république dans le champ

veraineté populaire s'exerça sur l'échelle la plus vaste
dont les annales du monde fassent mention. 7 millions
494 mille 992 votants prirent part au vote. Les suffrages
furent ainsi répartis :

> Louis-Napoléon. 5,562,834
> Le général Cavaignac. 1,469,166
> Ledru-Rollin. 377,236
> Raspail. 57,106

25,685 votes furent répartis entre Lamartine et le général Changarnier, et le reste perdu (22,965).

Ce grand acte de souveraineté populaire n'était que le
renouvellement du grand acte de 1804. 5 millions 521
mille 675 votes sur 5,524,254 votants avaient voté l'élévation de Napoléon à l'empire. 5 millions 500 mille élevaient l'héritier de son nom à la présidence de la république. La nation souveraine reprenait en sous-œuvre
l'œuvre de 1791 et 1804, ébranlée dès son début par l'or
des coalitions royales et renversée en 1815 sous les roues
de leurs canons.

Ainsi, les hommes et les passions ont beau faire, un
principe ne recule pas, et marche à son but. Dans les
premières années du siècle, la souveraineté du peuple
s'était glorieusement assise sur un trône avec un Bonaparte ; avant même que ce même siècle eût atteint son
milieu, elle s'y rasseyait sous une forme plus rationnelle
avec un autre, et justifiait ce mot du poète : *il mondo va
da se* (le monde va de lui-même). Aussi Louis-Napoléon,
n'étant, comme Napoléon lui-même, qu'un fait purement
révolutionnaire, il était permis d'espérer que la révolution commencée contre le principe du droit divin, le 5
mai 1789, reprise le 20 mars 1815, rétablie dans ses

de la nation, avant comme apres la nomination, elle as-
sistait avec dégoût à ces scandaleuses saturnales politiques ; mais s'éclairant à leur vue sur la valeur des mots,
des hommes et des choses, elle se disait que, si en temps
de révolution on est parfois tenté de haïr les hommes,
lorsqu'un pouvoir régulier se lève et promet de grandir
on ne peut que les mépriser.

Les cabinets monarchiques eux-mêmes, mêlant leur
blason séculaire à la blouse démocratique, ne dédaignè-
rent pas de descendre dans cette arène où un peuple souverain, érigé en juge de camp, allait désigner le vainqueur. La Russie, cabinet à la politique aventureuse,
soit par attachement pour la famille Bonaparte, soit dans
une pensée occulte sur la politique à venir du futur président, soutenait l'élection de Louis-Napoléon : son ambassadeur agissait dans ce sens. L'Angleterre, cabinet à
la politique positive, ayant des rapports tout établis avec
le gouvernement né après juin, faisait appuyer par lord
Normanby, son ambassadeur, le général Cavaignac. En
Allemagne les puissances allemandes se tenaient, il est
vrai, dans une réserve d'autant plus prudente que les
symptômes révolutionnaires et démocratiques, qui agitaient
en ce moment la veille Germanie, ne permettaient guère
à ses ambassadeurs d'intervenir dans la question qui agitait la France ; mais, en revanche, dans l'Italie insurgée,
dans la Pologne frémissante, les masses aspiraient après
l'avènement au pouvoir en France d'un Bonaparte. Au
souvenir de Napoléon elles croyaient voir l'héritier de ce
nom si grand jetant, comme lui, la lourde épée de la
France dans la balance de leurs destinées.

Enfin l'élection eut lieu. Le 10 décembre 1848, la sou-

aux vagues sourdes de l'autre, il s'exposait à se faire rappeler qu'en France la main et la pensée sont promptes,
et que, si les choses s'y font vite, elles s'y défont de
même.

Le 20 décembre eut lieu, dans l'Assemblée nationale,
la cérémonie d'inauguration. Elle fut simple, touchante,
solennelle. L'émotion était dans tous les cœurs, ici par
dépit, partout ailleurs par espoir. Plus de huit cents représentants assistaient à la séance. Le général Cavaignac,
président du conseil depuis juin, monta à la tribune pour
annoncer qu'il venait de recevoir la démission de tous
les ministres et pour déposer les pouvoirs qu'il avait reçus
lui-même de la confiance de l'Assemblée. Le président de
l'Assemblée, Marrast, l'y remplaça, et, au nom du peuple
et de l'Assemblée nationale, proclama Louis-Napoléon
Bonaparte président de la république jusqu'au deuxième
dimanche de mai 1852. Louis-Napoléon, portant sur un
frac noir les insignes du grand cordon de la Légion-
d'Honneur qu'il avait reçu de l'empereur, monta à son
tour à la tribune, prêta serment à la république, et prononça le discours suivant :

« Citoyens représentants,

» Les suffrages de la nation et le serment que je viens
» de prêter commandent ma conduite future. Mon devoir
» est tracé; je le remplirai en homme d'honneur.

» Je verrai les ennemis de la patrie dans tous ceux qui
» tenteraient de changer, par des voies illégales, ce que
» la France entière à établi.

» Entre vous et moi, citoyens représentants, il ne sau-
» rait y avoir de véritables dissentiments. Nos volontés,

droits les **27, 28, 29** juillet 1830, arrivée à un solennel degré de manifestation le 24 février et le 10 décembre 1848, il était permis, disons-nous, d'espérer qu'elle avait achevé de tourner dans le cercle fatal où la Providence l'avait enfermée et promenée depuis soixante ans.

Les six millions de voix qui avaient porté Louis-Napoléon à la présidence provenaient de trois courants d'idées, les unes nées de l'occasion ou de l'instinct, les autres fomentées en haine de la république extrême ou modérée. Le plus fort du courant était républicain d'instinct, autant et plus peut-être que de système : nous l'appellerons *républico-napoléonien*. Voyant dans le nom de Napoléon un ait révolutionnaire, le plus grand et surtout le plus populaire des temps modernes, il avait voulu abriter la république sous le manteau de la popularité de ce nom cher aux masses. Il pensait, et avec raison peut-être, que ce nom seul donnant le change à de vivaces défiances contre la forme républicaine, pouvait familiariser les esprits avec cette forme et rendre facile ce qui paraissait à peine possible. Des deux autres courants d'idées, l'un dépassant de beaucoup dans ses calculs le grand flot républico-napoléonien, tendait évidemment à se perdre dans l'empire; l'autre, aux principes arrêtés et acceptant comme transition tout ce qui pouvait aider au succès de ses principes, rêvait une troisième restauration après avoir usé un nom dont la formidable légitimité révolutionnaire se dressait comme un obstacle insurmontable contre la légitimité du droit divin dont la France ne voulait plus. Ces deux derniers courants étaient un véritable danger pour le président. S'il s'abandonnait trop imprudemment aux flots prestigieux de l'un, s'il prêtait le flanc

» parti, et, Dieu aidant, nous ferons du moins le bien, si
» nous ne pouvons faire de grandes choses. »

Après ce discours remarquable par un caractère de
droiture et de sincérité qui lui concilia l'approbation de
l'Assemblée, le nouveau président se rendit, aux cris de :
Vive la république! au palais de l'Elysée national, qui lui
avait été assigné pour demeure.

Etrange vicissitude de ce palais! bâti, en 1718, par le
comte d'Evreux, il avait porté le nom d'*Hôtel d'Évreux*.
Acheté par une des maîtresses de Louis XV, madame de
Pompadour, et conservé par elle jusqu'à sa mort, en 1664,
il passa au financier Beaujon qui le vendit à Louis XVI :
il fut alors nommé l'*Élysée Bourbon*. Devenu sous la république propriété nationale, il changea de nom encore
sans recevoir d'affectation ; et, sous l'empire, le roi de
Naples, Murat, en fit l'acquisition. Sous la deuxième restauration, et en vertu de la loi de spoliation du 12 janvier
1816, le domaine de l'État s'en empara sans tenir compte
des droits de la famille Murat. Après la révolution de
1830, la loi qui fixa la liste civile de Louis-Philippe l'af-
fecta à la résidence de la reine Marie-Amélie, dans le cas
où elle survivrait au roi son époux. Ce palais, qui avait
repris le nom d'Élysée Bourbon, devint alors un lieu de
généreuse hospitalité pour les voyageurs princiers. Mais,
par la plus remarquable de ses vicissitudes, ce fut dans ce
palais que le 24 juin 1815, après Waterloo, descendit
Napoléon : ce fut sa dernière demeure avant de partir
pour le lieu d'exil où devaient le clouer les ombrages des
rois, et ce fut la première habitation de celui de ses héritiers que les suffrages du peuple devaient appeler au
pouvoir. Coïncidence singulière! le peuple souverain

» nos désirs sont les mêmes. Je veux comme vous ras-
» seoir la société sur ses bases, affermir les institutions
» démocratiques, et rechercher tous les moyens propres
» à soulager les maux de ce peuple généreux et intelligent
» qui vient de me donner un témoignage si éclatant de sa
» confiance.

» La majorité que j'ai obtenue, non-seulement me pé-
» nètre de reconnaissance, mais elle donnera au gouver-
» nement nouveau la force morale sans laquelle il n'y a
» pas d'autorité. Avec la paix et l'ordre, notre pays peut
» se relever, guérir ses plaies, ramener les hommes égarés
» et calmer les passions.

» Animé de cet esprit de conciliation, j'ai appelé près
» de moi des hommes honnêtes, capables et dévoués au
» pays, assuré que, malgré les diversités d'origine poli-
» tique, ils sont d'accord pour concourir avec vous à
» l'application de la Constitution, au perfectionnement
» des lois, à la gloire de la république.

» La nouvelle administration, en entrant aux affaires,
» doit remercier celle qui la précède des efforts qu'elle a
» faits pour transmettre le pouvoir intact, pour maintenir
» la tranquillité publique. La conduite de l'honorable gé-
» néral Cavaignac a été digne de la loyauté de son carac-
» tère et de ce sentiment du devoir qui est la première
» qualité du chef d'un État.

» Nous avons, citoyens représentants, une grande mis-
» sion à remplir, c'est de fonder une république dans
» l'intérêt de tous, et un gouvernement juste, ferme, qui
» soit animé d'un sincère amour du progrès sans être
» réactionnaire ou utopiste.

» Soyons les hommes du pays, non les hommes d'un

TROISIÈME PÉRIODE

— SUITE —

(1849.)

L'année 1849 devait être une rude année d'épreuve
pour le nom de Bonaparte. Ce nom, on l'a vu, avait été
adopté le 10 décembre par la France républicaine, non-
seulement comme une garantie d'ordre et de dignité nationale, mais plus que tout peut-être comme un fait purement révolutionnaire, comme une sorte de pressenti
ment qu'au nom qui avait illustré le début de la lutte
ouverte en 1789 entre les peuples et les rois était réservé
l'honneur de la clore.

Envisagé de ce point de vue élevé, l'avènement de
Louis-Napoléon n'était plus un incident politique ordinaire, c'était une mission providentielle.

Un mot à ce sujet.

ayant, en haine de la royauté, délégué, en 1848, son pouvoir à un Bonaparte, fixa la demeure de son élu dans le lieu même où avait résidé un Bonaparte, lorsque trente-trois ans auparavant les royautés liguées l'avaient précipité du pouvoir en haine de la souveraineté populaire.

Cette page glorieuse, vrai pendant de celle de 1815, clôt noblement, en 1848, l'histoire de la famille Bonaparte.

l'irrésistible influence de l'esprit chrétien qui dominait ce mouvement sous une forme rude et neuve, les grands principes de la tradition évangélique étant encore ardents et vivaces au fond des cœurs, tout avait peu à peu repris son niveau. Cette révolution n'était apparue que comme l'introduction violente du principe chretien : liberté, égalité dans l'ordre civil et politique, et une nouvelle ère des conséquences et des applications du christianisme s'était ouverte.

En effet, le premier résultat du premier combat du christianisme avait été de changer l'*esclavage* en *servage* : ce travail humanitaire avait été complété au IX siècle.

Après un second combat, un second résultat complété au XVIII°, avait été de changer le *servage* en *salaire.*

Le *salaire* avait à se modifier à son tour par un nouveau perfectionnement qui devait signaler la troisième ère, ou le troisième grand combat du christianisme et marquer le but du progrès démocratique.

En attendant, avec le développement nouveau qu'avait pris l'esprit humain après le second combat de 1789, il lui était resté définitivement acquis le droit sacré de l'homme, la liberté de l'esprit, la chute du principe de l'esclavage et l'introduction définitive dans l'ordre social du principe d'égalité relative et de fraternité.

L'incendie d'où étaient sortis comme par enchantement tous ces titres perdus du genre humain avait mis l'univers en combustion. Par le seul effet de l'expansion de sa lueur une ère nouvelle avait brillé sur les deux hémisphères. L'esprit de liberté s'était agité partout, et s'il n'avait pas effectué son triomphe dans le présent il l'avait assuré dans l'avenir.

Dans l'histoire du monde il est des époques qui, n'ayant rien de partiel, rien de local, soit par l'intérêt des évènements qu'elles présentent, soit par l'importance des effets qu'elles produisent, peuvent être considérées comme l'expression de la pensée des siècles. Ce n'est plus alors un peuple qui agit c'est l'humanité qui marche.

La révolution française de 1789 fut une de ces époques.

Dans ce fait immense, sous le triple point de vue moral, social et politique, tous les intérêts humanitaires s'étaient, à la fois, trouvés engagés : la dignité de l'homme, sa liberté, son égalité relative, sa solidarité, sa réhabilitation, en un mot tout ce qui constitue le progrès social et moral.

Lorsque avait éclaté cette révolution, lorsque sous l'influence de l'intronisation absolue du droit naturel, le peuple français pesant dans la balance de sa raison son culte, ses institutions, ses mœurs, ses lois, le pouvoir et les prérogatives de ses chefs, avait brisé les liens qui l'attachaient au passé, s'était aventuré à la recherche d'un nouvel ordre politique et social, tout avait été mis en question.

Dans l'enthousiasme du premier élan l'antiquité tout entière avait semblé renaître pour venir apposer le sceau à sa fin. Alors on avait pu recueillir tous les débris épars du passé, les trier, séparer le bon du mauvais, déblayer largement le terrain, amonceler des matériaux et poser la première pierre du nouvel ordre social.

Mais pendant que s'élevait l'édifice, une effroyable secousse, dont la commotion subite imprima une oscillation au monde, avait failli tout engloutir, la religion, les lois, les mœurs, la société elle-même. Heureusement, sous

sait : lutte impuissante d'une vieille monarchie, sa courte mais terrible agonie ; énergie précoce d'une jeune démocratie, son prompt mais sanglant triomphe ; décadence des sentiments monarchiques d'une part, de l'autre développement des principes républicains ; aveugles fureurs des aristocraties continentales, calme bravoure des valeureuses phalanges républicaines et impériales ; orgueil éphémère de la conquête barbare, gloires impérissables de la résistance patriotique : on avait vu, en un mot, réuni dans un laps de quelques années tout ce qui jette un si brillant éclat dans les annales de la grandeur antique.

Tout cela avait été comme un miroir magique où les peuples avaient pu à la fois lire la formule de leurs droits et le présage de leur avenir. Dès ce moment ils avaient été moralement en insurrection contre leur passé.

Et cela devait être. Les peuples ont un lendemain et ils le savent. L'appel de la France, à la régénération humaine, avait tellement retenti dans le monde qu'il avait réveillé des nations endormies, galvanisé des peuples morts.

Le despotisme continental avait à son tour pris l'alarme, s'était uni dans une ligue impie. Mais quand les iniquités de la force ont fait leur temps, il n'est plus au pouvoir des hommes de leur redonner la vie qu'elles ont perdue. Issues d'âges de barbarie, l'éclat de la civilisation est mortel pour elles : elles sont destinées à mourir avec les siècles qui les ont produites.

Aussi dès que la révolution française se fut révélée aux peuples, non-seulement empreinte d'un grand caractère d'à propos et d'utilité, mais encore de providentielle sol-

Cela devait être.

En effet, ces grandes vicissitudes humanitaires ne naissent pas d'un vain caprice des peuples. Elles ont leur fondement dans les entrailles de l'univers : elles en sont le résultat le plus élevé; elles sont une condition du monde de faire connaître, à telle époque, telle forme de civilisation. Ce germe, produit naturel de la pensée des siècles, fermente, éclot, mûrit sur un point et porte ses fruits au jour marqué par la Providence des nations.

Par un privilége dont la France a lieu de s'enorgueillir, l'esprit progressif humain semble s'être résumé en elle. C'est elle qui représente le moins imparfaitement l'unité sociale du monde ; c'est elle qui a toujours pris l'initiative des grands principes de dignité humaine ; c'est elle qui paraît avoir été chargée de mûrir le germe précieux de la régénération des peuples : ce fut elle enfin qui, en 1789, ouvrit, entre deux principes inconciliables, cette grande lutte qui n'était que la protestation du droit contre la force, le spectacle de la liberté se débattant sous les fers qui l'enchaînaient, de la dignité humaine se levant en face de l'oppression, qui n'était en un mot que l'esprit de propagande révolutionnaire révélant aux intelligences le besoin de rendre la société à elle-même, de briser la pierre du sépulcre où les iniquités des siècles avaient enfoui les droits du genre humain.

Aussi lorsque à cette mémorable époque la France avait semblé dire à l'Europe : lève-toi et marche ! L'Europe avait marché. Elle s'était levée non comme la vague passagère qui frappe le rivage, mais comme le soulèvement de l'Océan remué dans ses abýmes.

Ce qui s'était alors passé en France tout le monde le

Là où il y avait unité d'esprit il devait y avoir unité de tendance.

Pendant que dans des vues d'un ordre si élevé, que les regards de l'homme ne sauraient y atteindre, s'étaient combinés entre la France révolutionnaire et les peuples révolutionnés, ces éléments de cohésion morale, avait grandi le plus grand des Bonapartes, Napoléon. Dans la lutte ouverte entre la démocratie européenne et les royautés, il s'était, on l'a vu (voir page 58 à 60), cru appelé, à force de grandeur et de gloire à être le médiateur ; il était mort à la peine, léguant peut-être cette noble tâche à quelqu'un des héritiers de son nom. Aussi, à l'avènement au pouvoir d'un nouveau Bonaparte, rappeler succinctement comme nous venons de le faire, dans quelles circonstances le premier d'entre eux s'était vu appelé par la Providence à tracer la voie à d'autres, c'était toujours une page de l'histoire de cette famille.

Quoi qu'il en soit, pendant cinquante ans environ la liberté qui était née avec le siècle, avait partout plus ou moins marché avec lui : ici terrible, impatiente, brisant plus ou moins violemment les obstacles dont on hérissait sa marche ; ailleurs résignée, patiente, jalonnant sa route de larges flaques de sang : partout se préparant à une de ces luttes suprêmes où le sort de l'humanité, mis tout entier en jeu, semble attendre de la Providence une de ces solutions que les passions des hommes sont impuissantes à lui assurer.

La révolution de février 1848 avait éclaté en France, et comme il est dans la destinée de la France d'ébranler le monde lorsqu'elle se remue, avec cette révolution nouvelle lentement mûrie par les rudes épreuves d'un

licitude, la France leur était apparue comme un phare d'avenir. Comme elle portait leurs espérances, leurs vœux comme leurs sympathies s'étaient naturellement tournées vers elle. Foyer ardent vers lequel rayonnaient toutes les forces, toutes les intelligences, rien ne demeura en dehors du mouvement qu'elle imprimait aux esprits. Alors, aux cœurs de tous les peuples, résonnèrent d'elles-mêmes toutes les cordes intimes qui font vibrer les sentiments généreux et les croyances ardentes : sainte similitude qu'on est forcé de respecter quand on la comprend !

Cet accord intime des peuples était un fait nouveau, immense, sans précédents dans l'histoire. Alors, et dès ce moment, l'œuvre révolutionnaire européenne n'apparut que comme une œuvre providentielle, comme une simple introduction dans l'ordre civil et politique européen du principe chrétien, liberté, égalité, fraternité. Alors ce même principe qui dominait toutes les réactions sous une forme rude et neuve, se révéla lui-même comme le lien le plus indestructible pour unir le passé au présent : . statues incomplètes dont l'une n'a été retirée que mutilée du débris des âges, et dont l'autre attend sa perfection de l'avenir. Alors encore la France, qui approchait le plus de l'œuvre d'ensemble de l'humanité, la France en qui s'était toujours résumé l'esprit progressif humain, qui semblait en un mot destinée à mener à bonne fin l'œuvre du christianisme, se montra revêtue du triple caractère d'apôtre de la Providence, de missionnaire de la civilisation et de mandataire des peuples. Alors, enfin, on put comprendre sans peine que le monde eût marché quand par sa révolution la France avait imprimé un mouvement au monde.

nom de sa nationalité; la Bohême s'était assurée de son côté une constitution spéciale à part; et par cette levée simultanée de boucliers de l'Italie, de la Hongrie et de la Bohême, l'empire d'Autriche, ce vieux foyer de la contre-révolution craquait de toutes parts. D'autre part, l'Allemagne entière était debout. Le 18 mars, le peuple de Berlin combat et triomphe dans les rues de la capitale. Même mouvement dans le Wurtemberg (3 mars); dans le duché de Bade (4 mars); à Munich (5 mars), où le roi de Bavière, après des combats de rue, est forcé de se démettre;

léger; *le couvrir d'échafauds, y rétablir l'ordre.* Il décora du nom de *gouvernement paternel* un despotisme endurci qui, dans ses sanglantes fureurs, insultait aux lois divines et humaines; par civilisation, il entendait le maintien des *droits*, c'est-à-dire des *abus existants.* L'Autriche véritable foyer d'obscurantisme était appelée le *dernier rempart du monde civilisé.* La propagation des doctrines généreuses, *l'irruption de nouveaux barbares.* J'en passe.

» Arrivé au pouvoir au milieu de la tourmente qui menaçait d'engloutir tous ces vieux trônes absolutistes fléaux des siècles passés, honte du siècle présent, il se crut investi de la mission de conjurer leur naufrage. Son système dans cette longue lutte contre les droits des peuple, ne révéla en lui ni esprit inventif, ni esprit judicieux. Il consista à considérer le stabilisme, eu politique, comme le rempart de la civilisation et la Confédération germanique, telle qu'elle avait été reconstruite en 1815, comme le point central d'où devait rayonner, dans l'Europe continentale, la lumière partie de ce singulier foyer. Ainsi, en résumé, la civilisation européenne telle que l'entendait le diplomate autrichien, s'appuyait sur le stabilisme, et le stabilisme sur la nouvelle Confédération du Rhin qui, comme on l'a vu, ne reposait elle-même que sur un nom : étrange théologie politique qui rappelle la curieuse cosmogonie indoue, qui faisait reposer le monde sur un éléphant, l'éléphant sur une tortue sans dire sur quoi la tortue reposait. Là se borne le génie d'invention et de jugement de M. de Metternich, dans son système si vanté par l'oligarchie européenne. Tout le reste il l'a de commun avec les natures perverses de tous les temps.

» Tel était l'homme d'État à l'âme aussi laide que la figure, et dont l'administration devait être, pour la maison de Hapsbourg-Lorraine comme le *précurseur de sa chute,* et pour l'Allemagne comme le passage d'un malfaisant génie qui sera célèbre dans l'avenir au même titre que les Verrès, les Séjean, les Walpole, les Laubardemont et tous ces mauvais ministres, dont le nom est synonyme de quelque grande perversité humaine. »

demi-siècle, sembla luire le jour de la lutte suprême.

Cette fois, en effet, l'ébranlement avait été plus que jamais subit, la commotion plus que jamais profonde ; l'Europe entière en avait tressailli. Dans l'Italie déjà remuée dans son patriotisme par l'âme libérale de Pie IX, la Sicile s'était insurgée contre la domination de Naples ; à Naples une constitution promulguée la veille de la proclamation de la république en France avait parü illusoire le lendemain. En Toscane, à Parme, à Plaisance, à Modène, à Venise, à Lucques, le sentiment de la nationalité italienne s'était révélé frémissant. La Lombardie s'était levée tout entière contre la maison d'Autriche. En Piémont, le roi s'était vu forcé de donner en gage une constitution populaire. Au delà des Alpes juliennes, même ébranlement, même commotion. Moins d'un mois après la révolution de France, le 14 mars 1848, la révolution s'était éveillée à Vienne même, et avait commencé par expulser le vieux système contre-révolutionnaire dans la personne du prince de Metternich (1). La Hongrie s'était levée au

(1) Voici ce que j'écrivais de M. de Metternich, en 1846, dans mon *Histoire des peuples et des révolutions de l'Europe depuis* 1789 (vol. viii, p. 189), sans pressentir que les évènements allaient sitôt donner à ces paroles le caractère d'une prédiction.

« A cette époque (1823) le prince de Metternich, avait la haute main dans les affaires du cabinet de Vienne. Cet homme d'état dont le nom déjà maudit par les peuples, le sera un jour par la maison de Hapsbourg-Lorraine elle-même, *dont il aura avancé la chute de plus d'un siècle*, ne se recommande par aucune autre qualité personnelle qu'une incontestable habileté à faire ressortir tout le mal possible d'une situation donnée. Libertin, cupide, orgueilleux, impitoyable, il a tous les vices qui peuvent déparer de grandes âmes, sans avoir aucune des qualités qui peuvent racheter ces vices. C'est à lui à qui l'on doit d'avoir poussé jusqu'à son dernier période l'audace de la fausseté qui s'enveloppe de mots imposteurs, qui rend la langue même complice de la mauvaise foi, qui au besoin invente jusqu'à un vocabulaire pour cacher sous des mots honnêtes des actes condamnables. Ainsi, par exemple, envahir un État s'appela *le sauver de sa ruine* ; y tenir garnison, *le pro-*

gue rationnel que motivait du reste la netteté peu définie
encore des évènements, mais qui pouvait changer de caractère si, ce qui était probable, les évènements venaient à
se dessiner d'une manière plus franche.

Ce fut précisément ce qui arriva après l'élection du 10
décembre. En Allemagne, en Italie, les évènements se
compliquèrent d'incidents chaque jour plus impérieux,
et le nòm de Bonaparte lui-même qui, en France, sortit
avec une sorte d'unanimité de l'urne électorale comme un
des plus grands faits révolutionnaire du passé, ajouta aux
évènements une complication nouvelle. A l'intérieur, il
rappela des trônes abattus, des monarchies humiliées,
des jours de gloire et de triomphe ; à l'extérieur il pesa
sur le présent de tout le poids de la lourde épée du
grand empereur né du flot révolutionnaire qui, après un
demi-siècle, bouillonnait encore.

Delà, pour Louis-Napoléon, un double embarras qui
naissait de son nom : au dehors celui de l'appel et des espérances des peuples ; au dedans, celui des illusions irration-
nelles de ces nombreux esprits chevaleresques qui rêvant
pour la France démocratique les bouillantes excentricités
de sa jeunesse, se croyaient reportés au temps des brillantes aventures et des croisades de sentiment.

A l'intérieur, les embarras n'étaient pas moindres.
Louis-Napoléon, on l'a vu, avait été élu président comme
une espérance. Mais depuis la révolution de février, au
milieu de la société en décomposition, tout ce qui pouvait
hâter sa recomposition avait été désiré au même titre :
l'Assemblée constituante, comme devant mettre un terme
au provisoire né de février : la Constitution comme devant brider l'allure un peu suspecte de l'Assemblée consti-

à Hess-Darmstadt (du 6 au 11 mars); à Hesse-Cassel; à Nassau, à Leipsick, à Oldembourg, à Mecklembourg, à Hambourg, à Brême, et enfin dans le Luxembourg. Là comme partout les peuples en armes conquièrent des priviléges et des concessions, et moins d'un an après la révolution de février, dix souverains par droit divin ou a peu près, chassés de leurs Etats, étaient partis, volontairement ou non, pour l'exil.

C'étaient :

Louis-Philippe, roi des Français ;
Ferdinand, empereur d'Autriche ;
Louis, roi de Bavière ;
Pie IX, pape ;
Le duc de Lucques ;
Le duc de Modène ;
Le prince régnant de Segmaringen
Le grand-duc de Toscane ;
Charles-Albert, roi de Piémont ;
Et le grand-duc de Bade.

Ces mouvements insurrectionnels qui, d'un bout de l'Europe à l'autre, répondaient au grand mouvement démocratique de France, constituaient entre la France républicaine et l'Europe monarchique révolutionnée une sorte de solidarité morale qui pouvait aboutir à une solidarité matérielle. Eluder l'une était peu digne ; accepter l'autre était peu prudent.

Les trois gouvernements qui s'étaient succédé depuis février, le Gouvernement provisoire, la Commission exécutive, la présidence provisoire du général Cavaignac n'avaient fait ni l'un ni l'autre. Ils étaient restés dans un va-

partis impudemment drapés d'une défroque patriotique, et ne formant en somme qu'un assemblage d'ambitieux vulgaires qui chacun compta sa personne pour tout et la patrie pour rien.

Pour surcroît d'embarras, la Constitution elle-même, qui pouvait venir en aide au nouveau président, fut un obstacle de plus. En effet, essentiellement combinée en défiance du pouvoir exécutif, elle eut pu être, entre des mains pures, un phare de salut pour tous, elle devint un poignard à deux lames, dont l'une fut dirigée contre le président de la république dont on paralysait sciemment jusqu'aux intentions, et l'autre contre la république elle-même, dont on s'exposait imprudemment à discréditer le jeu.

Ce fut au milieu de ces graves embarras du dehors et du dedans, les uns nés de la force des choses, les autres de la violence des passions, que Louis-Napoléon choisit son ministère.

A cette époque (20 décembre 1848), et depuis quelque temps déjà, la conciliation de toutes les opinions généreuses était à la fois un besoin et un devoir. Mais l'Assemblée nationale, à la remorque d'une partie de la presse, s'était, dans un but de prééminence assez mesquine ou d'exclusion déplorable, tacitement classée en *républicains de la veille* et *républicains du lendemain*. L'idée n'était ni neuve, ni heureuse ; elle était empruntée aux anciens émigrés de Coblentz qui, cinquante ans auparavant, s'étaient donné le même ridicule en se classant comme émigrés de la première, de la deuxième ou de la troisième sortie. L'opinion publique qui, en 1793, s'était fort égayée sur ce singulier blason monarchique, s'égaya aussi, en

tuante; et enfin l'élection du président de la république, comme l'inauguration de quelque chose de régulier et de définitif. Dans ces vœux sincères, dans ces illusions patriotiques, nul n'avait compté sur le mal de la société si profond, si enraciné, d'une guérison immédiate si impossible ; nul n'avait osé s'avouer que la situation était si difficile, si obstruée par le jeu irrégulier des passions de toutes sortes que tout ce qui était espérance la veille, devait, pendant quelque temps, tomber forcément à l'état de mécompte le lendemain.

Puis une sorte de fatalité avait alors généralement perverti les cœurs et les intelligences : le juste n'était plus le juste ; le vrai n'était plus le vrai qu'au point de vue de l'intérêt ou de la passion. Cette sorte de vertige, prélude habituel de cette décadence morale qui jette les peuples hors des voies régulières de la civilisation, avait puissamment réagi sur les élections des représentants. Aussi, en dehors de toute nuance politique, l'Assemblée constituante s'était trouvée composée de quelques éléments purs d'intentions et de principes, et de beaucoup d'éléments impurs de principes et d'intentions. Ce fait parut évident, dès que le nom de Bonaparte porté à la présidence fut considéré par ceux dont cet évènement entravait les vues, ou comme un obstacle qu'il fallait briser à tout prix, ou comme une espérance que les coteries et les partis devaient s'acharner à rendre irréalisable.

Tout dès lors fut dirigé vers ce double but. On gêna non-seulement le jeu régulier du pouvoir exécutif, mais encore on entrava sa faculté d'initiative, et, comme aux plus mauvais jours des monarchies constitutionnelles, on vit, dans une assemblée républicaine, des coteries ou des

des troupes de la première division militaire et de la garde nationale de la Seine.

Une question de prérogative assez maladroitement engagée contre le président de la république par MM. Léon de Malleville et Bixio, amena presque immédiatement une modification ministérielle. Le premier fut remplacé par M. Léon Faucher, qui passa des travaux publics à l'intérieur; M. Lacrosse, vice-président de l'Assemblée nationale, eut le portefeuille des travaux publics, et M. Buffet celui de l'agriculture et du commerce. Le 26 décembre 1848 le ministère, ainsi modifié, fit connaître à l'Assemblée nationale son programme politique, basé sur la même pensée et les mêmes engagements que le discours du président de la république, lors de sa proclamation par l'Assemblée.

Voici ce manifeste qui pendant six mois devait rester une lettre morte, tant le pouvoir exécutif allait se voir forcé d'ajourner ses idées d'amélioration et de progrès pour s'user en préparatifs de lutte et de défense.

« CITOYENS REPRÉSENTANTS,

» Vous n'attendez pas de nous un exposé de la situation, que rendrait nécessairement incomplet la date récente encore de notre entrée aux affaires. Ce que nous vous devons, ce sont des explications sur les principes qui ont présidé à la formation du cabinet, et sur la ligne de conduite qu'il se propose de suivre.

» Nos origines politiques sont diverses, vous le savez. Aujourd'hui les ministères ne doivent plus naître de la lutte seule des opinions, ni du triomphe exclusif d'un parti. L'élection du 10 décembre vient de manifester dans la société un accord, un esprit d'union, auquel le pouvoir doit répondre. Lorsque tous les hommes qui aiment leur pays se rallient dans un tel sentiment, il n'y aurait de la part

1848, sur le non moins singulier blason républicain.
Aussi Louis-Napoléon, soit comme un hommage à la
majorité de la France qu'il dut croire républicaine du
lendemain, soit par conviction qu'avec du patriotisme,
des talents et de la probité on n'est jamais trop tard venu
pour servir une bonne cause, choisit ses ministres parmi
les républicains du lendemain. Il fit plus, il se proposa
de les maintenir malgré les clameurs des ambitions impatientes ou déçues, des jalousies, des rancunes; obstination louable qui, soit dit en passant, semblait vouloir
rompre avec le triste passé de nos assemblées délibérantes où la fréquence des changements de ministère,
leurrant chacun de l'espoir de gagner un lot, faisait
de la représentation un piédestal pour toute ambition
vulgaire, une arme pour toute ambition déçue, et des
débats, une arène où chaque individu se débattait pour
son intérêt privé au grand détriment de l'intérêt public.

C'était là un premier pas vers la réforme d'un abus
immoral dont ne pouvaient et ne devaient s'accommoder
les mœurs austères d'une république.

Quoi qu'il en soit, les ministres nommés appartenaient
à cette opinion de la France républicaine modérée qui
avait porté Louis-Napoléon à la présidence; c'étaient
MM. Odilon Barrot à la justice et président du conseil
en l'absence du président de la République; Léon de Malleville, à l'intérieur; Drouyn de L'Huys aux affaires étrangères; général Rulhière à la guerre; de Tracy à la marine;
Passy aux finances; Léon Faucher aux travaux publics; de
Falloux à l'instruction publique; Bixio à l'agriculture et
au commerce.

Le général Changarnier fut investi du commandement

la main de l'État se retire de tous les points auxquels s'était étendue
son assistance ; mais nous croyons qu'il ne doit entreprendre que
dans la mesure de ses forces, qu'il ne doit pas tout faire, ni , à plus
forte raison, tout faire à la fois. Nous appelons à notre aide l'esprit
d'association et les forces individuelles. Nous pensons que l'impulsion de l'État doit, partout où cela est possible, se substituer à l'exécution par l'État. Notre société a contracté la déplorable habitude de
se reposer sur le gouvernement des soins auxquels pourvoit, parmi
les autres nations , l'activité individuelle. De là cette recherche des
places et des subventions, qui avait corrompu et qui a fini par ruiner
la monarchie , et dont il faut préserver le gouvernement de la République, en simplifiant les rouages de l'administration , et en sub-
stituant la règle à l'arbitraire dans la dispensation des emplois.

» Nous n'oublierons pas, citoyens représentants, que pour donner
des préceptes avec autorité, le pouvoir doit, avant tout, donner des
exemples.

» Quant aux rapports de la France avec les gouvernements étrangers , nous n'avons pas besoin de dire à l'Assemblée quelles en sont
les complications actuelles. Nous trouvons des négociations ouver-
tes sur tous les points Cette situation nous impose une réserve que
l'Assemblée comprendra : car nous sommes très décidés à ne promet-
tre que ce que nous croirons pouvoir tenir. Nous recherchons, partout où elles sont possibles, les solutions pacifiques, parce qu'elles
sont dans l'intérêt de la France comme dans celui de l'Europe ;
avons-nous besoin de dire que l'honneur national tiendra la première
place dans les préoccupations du gouvernement.

» Citoyens représentants , nous nous proposons surtout de relever
en France et consolider l'autorité. Mais qu'on le sache bien , nous
n'entendons pas faire des nécessités de l'ordre une fin de non-recevoir ni une barrière contre les tendances de la société moderne.
L'ordre n'est pas la fin pour nous; il n'est que le moyen. Nous y
voyons la condition essentielle de toute liberté et de tout progrès.
Le rétablissement complet de la sécurité peut seul permettre à la
République de donner l'essor aux grandes conceptions , aux pensées
généreuses , au développement de l'aisance générale et des mœurs
politiques. Nous ne voulons faire défaut à aucun de ces intérêts

du gouvernement ni patriotisme ni sagesse à résister à cette grande
et salutaire impulsion.

» La situation que nous indiquons ici commande notre politique.
Ce que le pays veut, citoyens représentants, c'est l'ordre, l'ordre
sur la place publique, dans les ateliers, dans l'administration, dans
les esprits. Le gouvernement républicain ne sera définitivement
affermi que le jour où nous aurons fermé la période des agitations
révolutionnaires.

» En constituant énergiquement la force publique, le gouvernement a voulu mettre l'ordre matériel hors de question. Nous avons
cru que l'énergie, en pareil cas, était de la prévoyance. Nous avons
entendu décourager jusqu'à la pensée du désordre. Nous nous sommes proposé d'épargner au pays ces terribles nécessités de la répression, devant lesquelles le pouvoir ne doit pas reculer quand le
moment est venu, mais qui sont toujours, pour l'humanité et pour
la patrie, un douloureux sacrifice.

» Après les agitations que nous venons de traverser, et qui ont
profondément ébranlé la société; la sécurité est le premier besoin
de tous. Il faut enfin que le calme renaisse dans les esprits, que la
société prenne confiance dans l'avenir, que chacun puisse songer au
lendemain. Cette confiance fécondera le travail, et, avec le travail
se rouvriront bientôt les sources réelles de la richesse. D'heureux
symptômes nous annoncent que nos prévisions à cet égard sont déjà
plus qu'une espérance, et commencent à se réaliser.

» L'agriculture, l'industrie et le commerce ont beaucoup souffert; la fortune de l'État n'a pas reçu de moins graves atteintes.
Dans cette crise universelle, la puissance collective, qui restait seule
debout, a dû venir au secours des malheurs individuels, et suppléer
aux lacunes du travail. La force des choses a peut-être fait sortir
l'État, dans cette circonstance, de son rôle naturel, et, en tout cas,
cette intervention a déjà légué au trésor les charges les plus lour-
des. Les finances publiques sont aujourd'hui fortement engagées.

» L'Assemblée nationale a compris qu'il était temps de rentrer dans
les voies d'une prévoyance éclairée et d'une économie sévère. Le cabinet se dévoue à cette grande et difficile tâche, sans craintes exagérées comme sans illusions. Assurément nous n'entendons pas que

quines et d'extravagantes fureurs, un vrai vertige de cœur
et d'esprit.

Ce qu'il y avait de plus déplorable encore, c'est que les
luttes de la tribune se traduisaient au dehors en faits
d'une immoralité révoltante. Des hommes, des journaux
qui n'avaient de républicains démocrates que le nom,
exploitant dans un intérêt d'homme ou de parti tout ce
qu'il y a de plus respectable au monde, la misère ou la
faim des classes laborieuses, ne savaient servir la sainte
cause qu'ils souillaient qu'en jetant, dans des esprits ai-
gris, des ferments de haine et des appétits grossiers. Pour
surcroît de mal l'exaltation factice, le patriotisme men-
songer de ces hommes ou de ces journaux entraînaient à
leur suite les quelques démocrates sincères et convaincus
qui, portés par les élections au sommet de l'échelle sociale, eussent pu, avec plus de jugement, sauver la démocratie de la crise vers laquelle tout semblait la pousser.

Pour cela, dans ce moment suprême où, après de si
longues et de si rudes épreuves, la démocratie moderne
était enfin devenue gouvernement, il fallait, avant tout,
secouer sur le seuil du temple la poussière du passé ; il
fallait se pénétrer de cette grande et utile vérité, que la masse
a des besoins et n'a pas de système; il fallait attacher les
classes diverses au progrès, non par les appétits des sens,
mais par les appétits du cœur; enfin, en prônant un ordre
social meilleur que celui qu'on battait en brèche, il fallait prêcher d'exemple et prouver par ses actes qu'on
valait mieux que ceux qu'on aspirait à remplacer.

Ainsi avaient fait, il y a dix-huit siècles, les chrétiens,
démocrates opprimés, en face du monde payen oppresseur. Aux monstrueuses calomnies répandues contre eux,

L'élection du 10 décembre a mis dans les mains du gouvernement une force immense. Notre tâche, citoyens représentants, est d'empêcher que cette force n'avorte ni ne s'égare. Nous comptons sur votre concours patriotique pour la remplir. »

Le jour même où ce manisfeste fut rendu public, commença contre le pouvoir exécutif une lutte qui ne devait se terminer que six mois après par la chute du gouvernement inauguré par le vote du 10 décembre ou par la défaite du parti qui s'intitulant exclusivement démocratique, allait porter à la démocratie un de ces coups terribles dont le moindre inconvénient est de jeter le découragement dans les esprits convaincus et le doute dans les esprits hésitants.

Dans ce triste résultat, il devait y avoir à la fois de la faute des hommes et de celle des choses.

En effet si, d'une part, par la presse, par les clubs, par une propagande active, des passions de toutes sortes, bonnes ou mauvaises, tenaient dans une agitation continuelle les bas-fonds de la société ; de l'autre, la situation de l'Assemblée constituante avec ses pouvoirs sans limite en face du président désormais irrévocable avec ses droits déterminés, devait être une source de conflits prémédités ou involontaires. Cette assemblée, obligée de sacrifier sur certains points une souveraineté qu'elle conservait intacte sur d'autres, de se faire législative sans aucune des conditions imposées par la Constitution aux législatives futures, était dans une situation anormale et exceptionnelle, qui, chaque jour, devenait de plus en plus tendue. Dans ces circonstances si difficiles, il fallait, dans le parti démocratique, des nobles abnégations, des dévoûments profonds, il n'y eut, en général, que des rancunes mes-

du 26 décembre, le chef des Montagnards, Ledru-Rollin, attaqua l'arrêté présidentiel du 20 qui, au mépris de l'article 67 de la loi du 22 mars 1831, concentrait entre les mains du général Changarnier le commandement des troupes de la première division militaire et des gardes nationales de la Seine. Tout, dès ce jour, devint, dans la tactique de l'opposition, sujet d'attaque, de discussion, d'interpellation. Sous la monarchie absolue, par une erreur familière aux courtisans, on avait appelé *l'État*, non pas ceux qui le composaient, mais le prince et sa cour ; sous la République on appela, par la même erreur, *le peuple*, non pas l'universalité des citoyens, mais les adhérents d'un parti, les séides d'un club, les sicaires d'une coterie. Au nom du peuple, sous prétexte d'économie, on s'étudia à désorganiser tous les services et à rendre plus aggravante la crise financière que le gouvernement de Louis-Philippe avait léguée à la République (31 décembre). Au nom du peuple on accueillit par des cris de démence la proposition du représentant Rateau sur la dissolution d'une assemblée qui, depuis l'élection du 10 décembre, n'était plus la représentation vraie des intérêts du pays (5-11 janvier 1849). Au nom du peuple on essaya d'entraver, par de mesquines et peu dignes tracasseries, l'entrée en fonctions du vice-président de la République (19 janvier) Au nom du peuple on se disposa à procéder à la formation du conseil d'État, dans le même esprit qui avait présidé au vote de la Constitution, c'est-à-dire en défiance du pouvoir exécutif (20 janvier). Au nom du peuple on essaya d'entraver par mille moyens dilatoires, le renvoi des prévenus du 15 mai devant la haute cour nationale de Bourges (22 janvier). Au nom

ils avaient répondu en remuant profondément toutes les
idées de dignité humaine. Dans un monde d'égoïsme ils
avaient pratiqué d'admirables maximes, qui avaient recon-
stitué le sacrifice et le dévoûment sous toutes les formes ;
dans un monde de vices ils avaient affiché une émulation
de vertus qui avait placé tout son orgueil dans les désirs
enchaînés et les passions abattues ; dans un monde de
malheur et d'oppression ils avaient eu au service de tout
être souffrant et opprimé, non pas des accents de fureur
et de haine, mais des paroles de consolation et d'espérance. Avec un tel système l'homme s'était agrandi ; il
s'était estimé davantage, il avait apprécié mieux ses semblables, et l'égoïsme n'avait plus été sa première loi. Aussi
à ce foyer vivifiant le monde opprimé n'avait pas tardé à
se spiritualiser : en dehors de lui le monde oppresseur
s'était matérialisé de plus en plus. Dès ce moment avec
l'un il y avait eu tout un avenir d'ordre et d'activité ;
avec l'autre tout un avenir de désordre et d'atonie, et les
degrés de la chute de ce dernier avaient dû alors forcément devenir et étaient devenus, en effet, les degrés ascendants de l'élévation du premier.

Les chefs des démocrates de 1848 avaient là un bel
exemple à imiter, ils préférèrent emprunter aux Gracches
de tous les temps leur tactique et leurs calculs. Il est vrai
de dire que, d'une part, il fallait de l'abnégation et des
vertus, et que, de l'autre, il ne fallait que des passions et
des vices.

Reprenons notre récit.

Le jour même, avons-nous dit, où le nouveau ministère avait fait connaître son manifeste, la lutte avait commencé contre le pouvoir exécutif. En effet, dans la séance

de l'autre, des hommes d'une conviction plus que douteuse, d'un patriotisme plus que suspect. Par cela seul que
la franchise a moins d'audace que l'astuce, les premiers
étaient à la remorque des seconds qui, chaque jour plus
impitoyables pour les souffrances du peuple dont ils se
posaient comme les seuls vrais défenseurs, cherchaient,
par un surcroît d'agitation et par contre de misère, à le
jeter une fois encore dans la rue pour s'en faire, selon
l'usage, un instrument et un marchepied. Dans ce but, ils
avaient eu recours, pendant le mois de janvier, à toutes les
tactiques du genre, banquets, réunions, protestations,
colères factices, déclamations outrées et enfin mise en
accusation du cabinet.

Tout cela s'était passé cette fois comme à l'ordinaire,
avec cette différence, cependant, que les révolutionnaires
de la grande tradition jacobine, ayant plus de chances de
se saisir du pouvoir que les autres nuances plus prononcées ou moins ardentes de l'opposition, avaient été le
point de mire des jalousies de tous les autres intérêts en
jeu ; de là, dans les préliminaires du plan projeté par la
ligue nouvelle, anarchie dans les vues et les moyens,
défaut d'accord et d'ensemble. Ainsi, par exemple, pendant tout ce mois de janvier, au lieu de faire de l'agitation collective, on avait fait de l'agitation séparée ; au lieu
d'opérer par voie d'association on avait opéré par voie de
concurrence ; et le jour même de l'exécution on était tombé
d'accord sur le but, mais non pas sur le moyen. Les républicains rouges voulaient, pour se saisir du pouvoir, employer un moyen à la Mallet ; les autres méditaient un coup
d'État parlementaire qui eût amené la citation immédiate
du président de la république devant l'Assemblée.

du peuple on protesta contre la présentation d'un projet
de loi destiné à régulariser les clubs d'où , par suite de la
base vicieuse qui présidait à leur formation, il ne pouvait
sortir que de mauvaises tendances et de mauvaises passions (27 janvier). Au nom du peuple on gaspilla le temps
de l'Assemblée en interpellations oiseuses, sans consistance, sans portée et à peine dignes de figurer parmi les
nouvelles aventurées des journaux qui se respectaient le
moins (4-9 janvier). Au nom du peuple, enfin, on se disposa à déposer à tout propos des projets de mise en accusation contre le président de la République et les ministres, triste comédie, toujours précédée d'une mise en scène
combinée par les plus aventureux et les plus compromet-
tants des enfants perdus du parti (27-28 janvier). Et ce
pauvre peuple, au nom de qui on parlait, qu'on calom-
niait en lui prêtant des intentions si funestes à son bien-
être, à qui chacune de ces saturnales parlementaires coûtait des mois de souffrance, maudissait les intrigants tarés
qui , après avoir exploité sa crédulité , exploitaient si audacieusement sa patience !

Tout cela avait servi de prologue à un drame annoncé,
dans lequel chaque parti vaincu au 10 décembre avait
accepté un rôle, dans l'espoir que la représentation en
serait donnée à son bénéfice.

On a vu ailleurs (page 228 et suiv.) ce qu'étaient les
partis politiques en France en 1848. En 1849, ils avaient
à peu près le même caractère ; seulement à mesure que
l'opinion publique s'éclairait sur leur compte, elle voyait
plus distincts dans les partis ardents deux éléments dont
l'un déparaît essentiellement l'autre. C'étaient, d'une part,
des hommes généreux mus par des convictions sincères ;

cédait, le peuple de Paris ne cèderait pas, et que si elle
ne restait à son poste pour défendre la république contre
la réaction, le peuple saurait bien défendre lui-même la
république contre l'Assemblée.

Au fond de ce débat, qui avait passionné les quelques
cœurs généreux qui craignaient qu'une Assemblée nouvelle ne défît le peu qui avait été fait, il y avait quelque
chose de profondément triste, c'est qu'il était spécialement attisé par ceux qui avaient de bonnes raisons pour
craindre de n'être pas réélus.

A ces difficultés généralement créées par l'artifice des
partis vint s'en joindre une nouvelle. Un arrêté du 25 janvier avait décrété la réorganisation de la garde mobile et
la réduction des cadres évidemment trop vastes de ce
corps. On avait exploité habilement l'irritation causée par
cette mesure, et cette garde, menacée d'une réorganisation, avait paru devoir être aux mains des agitateurs, ce
qu'avaient été aux journées de juin les ateliers nationaux
menacés d'une dissolution.

A toute cette tactique de partis plus ou moins sincères
en faveur de la république, il faut ajouter celle des cou-
reurs émérites de portefeuilles qui, affichant sous la
république la même ferveur de commande qu'ils avaient
affichée sous la monarchie, s'étudiaient à tout brouiller
dans l'espoir de dominer quelque chose, et saisissaient
toutes les occasions de porter à la tribune leur émotion
factice et leur caquet oiseux.

En résumé, le 29 janvier, le pouvoir s'était trouvé en
face de deux questions, l'une dans l'Assemblée, l'autre
dans la rue : l'une et l'autre ayant tous les caractères d'une
lutte imminente; l'une et l'autre prêtes à être posées et

Ce défaut d'unité dans les vues, joint au manque d'au
dace des chefs au moment décisif, allait faire de cette
journée du 29 janvier une vraie journée de désastre moral pour le parti. Les chefs allaient y mettre à découvert
non pas seulement la divergence de leurs vues, ce qui
n'était un secret pour personne, mais encore leur peu de
courage au jour supiême de l'action, ce qui était moins
connu; et la noble et sainte cause de la démocratie, qui,
par une aberration déplorable, s'est en France personni-
fiée dans quelques hommes, allait, par suite de ce désastre,
avoir à souffrir à la fois dans ses intérêts et dans sa dignité.

La veille de ce jour, et depuis quelque temps déjà,
quelques hommes qui, sous la seconde république, jouaient
le même rôle qu'avaient joué sous la première les misé-
rables vendus à l'olygarchie européenne, se posant, selon
l'usage, comme les gardiens exclusifs de la Constitution,
avaient ouvertement proposé dans leurs journaux d'en
déchirer violemment un chapitre, en destituant l'élu du
10 décembre ou en le forçant à se démettre. Frappés d'un
inexplicable esprit de démence, les quelques démocrates
à conviction sincère de l'Assemblée ou de la presse, avaient
accepté la question sur le terrain où l'avaient posée les
républicains traitres à la République. Dans la journée du
28, ils avaient, au sujet de la loi des clubs, protesté contre
la violence en même temps qu'ils la conseillaient et la
provoquaient. Le même jour ils avaient déposé un acte
d'accusation contre le cabinet.

On avait procédé à cette mise en scène en passionnant
tout ce qui se rattachait à la proposition Rateau sur la
dissolution de l'Assemblée. A ce sujet on avait soufflé le
feu dans l'Assemblée elle-même en lui disant que si elle

du mobile qui avait ligué pour un jour cinq à six partis dont le but variait depuis un simple changement de ministère jusqu'à la révolution la plus radicale.

L'un des programmes d'une des fractions de cette ligue vit seul le jour. C'était celui d'un des partis ardents ; on s'y proposait :

La dissolution de l'Assemblée nationale ;

L'établissement d'un comité de salut public ;

L'emprisonnement de la famille Bonaparte ;

La suppression de la liberté de la presse pendant deux ans;

La suspension temporaire de la liberté individuelle, pour les épurations ;

Le jugement par une commission de tous ceux, officiers ou magistrats, qui auraient pris part au jugement des transportés ;

L'établissement du papier monnaie pour le remboursement de la rente ;

Le droit au travail ;

La dissolution de la garde nationale ;

L'adoption du drapeau rouge avec le triangle des associations ;

L'impôt progressif et la confiscation des biens de tous les émigrants et de tous ceux qui seraient condamnés révolutionnairement, etc.

Quant aux moyens d'exécution de ce programme, tout ce qui devait y concourir, clubs, garde mobile, sociétés secrètes, factions de l'Assemblée nationale, comité insurrectionnel, tout resta dans l'ombre grâce à des mesures de résistance combinées par le général Changarnier dans des dimensions telles qu'elles découragèrent l'attaque.

En effet, dans les journées du 27-28, quelques centai-

soutenues à outrance dans l'Assemblée comme dans la rue,
par cinq à six partis qui se détestaient et se méprisaient,
mais qui, dans cette circonstance, rivalisaient de ferveur
et d'enthousiasme pour l'idée progressive et populaire,
parce que tous s'étaient flattés de l'exploiter à leur profit.

Mais d'une part, cette formidable lutte essentiellement
dirigée contre un nom, celui de Bonaparte, semblait un
défi à l'opinion publique qui avait, avec une sorte d'unanimité, porté ce nom à la présidence.

D'autre part, l'alliance impure, pour une œuvre révolutionnaire, d'hommes et de partis qui, non-seulement
n'avaient pas la même foi politique, mais qui encore ne
se donnaient pas la peine de cacher l'antipathie qu'ils
s'inspiraient mutuellement, rappelait les mauvais jours
de corruption parlementaire des régimes déchus. Elle
révélait, dans ses auteurs, tant d'immoralité politique qu'il
fallait compter sur le pervertissement du sens moral en
France, ou s'attendre à ce que le bon sens public fît justice d'un choix d'auxiliaires et d'une tactique d'agression
qui déshonoraient une cause sainte dans son principe et
dans son but, celle du progrès démocratique.

Ce fut avec de tels éléments qu'on allait tenter ce qu'on
appelle en style révolutionnaire une *journée*.

Ainsi imprudence et maladresse des partis ardents ou
corrompus qui, par leurs attaques contre un nom et un
fait, défiaient l'opinion publique dans son choix et sa
décision; immoralités politiques flagrantes dans les voies
et moyens de l'attaque, telles furent les circonstances do-
minantes qui allaient caractériser le 29 janvier.

Enfin cette journée eut lieu. Nous nous arrêterons peu
aux détails matériels; ils n'ont ni l'intérêt ni l'importance

point, s'était montré inattaquable sur tous et, par le seul
écrasant spectacle de la supériorité matérielle du pouvoir
avant la lutte, tout s'était trouvé vaincu.

Ainsi tout s'était passé en préparatifs de la part de la
ligue et en mesures d'énergie préventives de la part du
gouvernement. Mais, par cela seul que ce dernier avait
étouffé le mal dans son germe, on nia naturellement qu'il
y eût eu le germe du mal. On accusa de provocation le
pouvoir qui avait paralysé toute manifestation ; on loua
de son calme et de son bon sens la population qui, s'étant
montrée indifférente aux menées, se montra fort indifférente aux louanges. Dans les clubs, dans la presse, dans
l'Assemblée, ceux qui étaient les plus tarés crièrent, selon
l'usage, le plus haut contre le gouvernement ; toute la
phraséologie de circonstance défraya, un jour ou deux,
la presse et la tribune ; l'opinion publique qui, depuis
longtemps, voyait à chaque manifestation avortée défiler
dans l'une ou à l'autre les mêmes accusations, les mêmes
rubriques, les mêmes déclamations, ne s'émut que peu
ou point ; et comme, matériellement parlant, il n'y avait
eu ni vainqueurs ni vaincus, tous, gouvernement, coteries et partis, chantèrent victoire.

Ce fut chose triste. Le peuple souffrait depuis longtemps.
Les régimes monarchiques déchus n'avaient pas compris
cette souffrance sociale. Puis, au moment où, sous l'influence d'institutions populaires, on pouvait porter le
scalpel sur des plaies vives et saignantes, tous, amis et
ennemis, avaient semblé, par d'inintelligentes luttes,
s'étudier à en nier ou à en irriter le mal.

Nous avons dû nous arrêter un instant sur cette journée
du 29 janvier, parce qu'elle résume le caractère spécial

nes de gardes mobiles s'étaient portés sur l'Élysée-National et l'état-major pour demander la révocation de l'arrêté du 25. Le général Changarnier s'était borné à faire arrêter quelques officiers, et cette manifestation n'avait pas eu ostensiblement d'autre suite.

D'autre part, les sociétés secrètes qui avaient survécu à la révolution de février et qui, depuis un décret du 28 juillet 1848 sur les clubs et les associations, s'étaient recrutées et organisées tant à Paris que dans les départements sous forme de comités électoraux, s'étaient, dans la nuit du 28, constituées en permanence, prêtes à descendre dans la rue sans pouvoir saisir, dans la journée du lendemain, le moment de s'y jeter avec quelque chance de succès.

A l'Assemblée nationale il en avait été à peu près de même. Mais la mine étant éventée, une question de prérogative entre l'autorité militaire et le président de l'Assemblée, dérangea les calculs de la ligue qui, croyant mettre le gouvernement à sa merci, se trouva à la sienne.

Quant au comité insurrectionnel qui était censé diriger tous les fils de cette ténébreuse affaire, après avoir décidé que l'action ne serait plus concentrée, comme aux journées de juin, dans les quartiers populeux, mais serait portée dans les premier, deuxième, troisième et dixième arrondissements, il avait, dès le matin du 29, lancé quelques groupes sur divers points et attendu, pour généraliser l'insurrection, que l'action fût engagée soit dans la rue, soit dans l'Assemblée.

Il avait attendu en vain. En effet, dès le matin du 29, par un formidable déploiement de forces militaires, le général Changarnier, sans attendre l'attaque sur aucun

tacle étrange de quelques individualités se considérant comme seules légitimement gouvernementales, vivant en dehors de la vie politique commune, pensant comme personne ne pensait, voyant comme personne ne voyait, s'attaquant non pas seulement au pouvoir pour régénérer la société, mais à la société pour renverser le pouvoir, et, dans ce but illogique, prenant des alliés de toutes mains sans demander où ils allaient, d'où ils venaient, et accueillant comme frère le premier rhéteur qui avait à leur service quelque arme immorale bien effilée ! Ah ! que l'aberration de ces hommes soit imputable à leur cœur ou à leur esprit, leur passage à travers la cause démocratique n'en doit pas moins être signalé comme un fléau. En effet, leur inintelligente tactique, leurs monstrueux accouplements devaient plus faire contre la démocratie en quelques mois, que n'avaient pu faire en un demi-siècle la rage de ses ennemis les plus acharnés; ils devaient faire douter des facultés d'initiative et des vues désintéressées des démocrates ! Que Dieu et la postérité leur pardonnent ! L'histoire ne saurait leur pardonner; elle doit marquer leur venue d'un jalon sinistre, comme ces croix lugubres plantées par des mains pieuses sur le bord d'une passe dangereuse, pour prévenir le voyageur qui suit de l'abîme où a sombré le voyageur qui a précédé.

Cette grande croisade démocratico-socialiste, en apparence dirigée en faveur de la démocratie, mais en réalité contre le nom de Bonaparte, fait et principe d'autorité, avait pour chef ostensible M. Ledru-Rollin. Cet homme, que la France avait alors décidément pris au sérieux, eût pu jouer un grand et beau rôle s'il eût eu la pensée et le pouvoir de maîtriser les éléments plus ou moins doci-

de toutes les attaques dirigées, au nom de la souveraineté populaire, contre le nom et le fait d'un Bonaparte réintégré au pouvoir par la souveraineté populaire elle-même.

Dans les attaques qui devaient suivre, quelques fractions de l'Assemblée constituante allaient, comme au 29 janvier, se mettre à la remorque de la rue, attendre l'impulsion d'en bas pour s'en faire une opinion et la traduire en actes contre le pouvoir exécutif. Une fois à la merci de cette impulsion extérieure, cette Assemblée, plus ou moins maîtrisée par la minorité, allait clore ses travaux par une série de débauches parlementaires dont on chercherait en vain un autre exemple dans les annales de la civilisation. Tristes saturnales politiques où, comme un défi à l'opinion publique qui, dès et avant même le 29 janvier, avait déjà porté son verdict sur les hommes et sur les choses, les mêmes moyens allaient être mis en jeu, les mêmes caractères en relief, les mêmes hommes en scène ; où les mêmes fautes, les mêmes aberrations, les mêmes passions allaient se produire dans les faits !

Mais ce qui surtout devait être profondément déplorable pour les amis de la démocratie, c'était de voir des démocrates purs, des hommes à convictions ardentes, mais sincères, jetés par quelque fatalité dans cette cohue à laquelle ils allaient seuls donner une sorte de relief démocratique. S'enivrant des paroles et des louanges de leurs flatteurs, des illusions et des espérances de leurs journaux ; se croyant forts et appuyés parce qu'ils prenaient leurs désirs pour des réalités ; se disant seuls dans la voie de la vérité sociale et politique parce qu'ils écoutaient la voix de la passion et non celle de la raison, ces hommes allaient donner à un peuple souverain le spec-

attendant, les factions continuant à se liguer systématiquement contre tout principe d'autorité : les évènements
ultérieurs calqués en quelque sorte sur les évènements antérieurs.

Aussi les mois qui suivirent, jusqu'aux élections des
membres de l'Assemblée législative ne différèrent en rien
de ceux qui avaient précédé : même absence d'idées pra-
tiques d'organisation ; même affluence d'idées théoriques
de destruction ; la variété des faits fut dans la date : le
mobile, la tendance, le but restèrent les mêmes.

Ainsi, par exemple, la proposition Rateau, qui avait
soulevé tant de tempêtes en janvier, en souleva de nouvelles les 5, 7, 8, 9, 11 février et se termina le 17 par
un vote qui fixait, il est vrai, un terme à la session de
l'Assemblée constituante ; mais qui avait été précédé d'un
projet de mise en accusation des ministres, le 5 février,
d'interpellations violentes, le 4, d'une demande d'enquête
sur la marche du pouvoir, le 5, et suivi, le 25, d'un manifeste du socialisme, mettant en question la validité du
jugement du pays au 10 décembre.

Les mois de mars et d'avril avaient ressemblé à ceux
de janvier et de février. Le 21 mars, au sujet de la discussion d'une loi sur les clubs, la minorité ardente, cette
fois entraînée par des modérés rancuneux, essaya d'arrêter l'Assemblée dans l'exercice régulier de sa puissance
législative et d'engager le pays dans une issue au bout de
laquelle il y avait un appel à l'insurrection. Puis vinrent,
le 31, des interpellations nouvelles, sorte de réclame
électorale fort à l'usage des capacités douteuses ; le 5 avril,
nouvelle discussion sur le double commandement du général Changarnier ; le 17, encore des interpellations à la

les qui étaient fortuitement venus se grouper sous sa main.
Mais il fallait pour cela un tribun fort et dominant qui,
par une énergique et puissante initiative, dégageant le
parti du mouvement de tout impur alliage, lui imprimât
une direction essentiellement morale, répudiât ses appels
systématiques, plus ou moins déguisés, à toutes les passions égoïstes, à tous les appétits grossiers, se montrât
plus jaloux de gagner des cœurs que des bras, fît, en un
mot, du succès de la cause une affaire humanitaire et
non une affaire de coterie ou de faction. S'il eût agi ainsi,
la France qui tient assez peu aux hommes et aux choses,
qui est prête à accepter le progrès régulier, d'où qu'il
vienne ; la France, disons-nous, se fût assez immédiatement démocratisée pour assurer désormais, envers et
contre tous, le développement graduel de la vérité sociale enlevée à la sphère nuageuse des abstractions, à
l'influence des passions, et résolument posée, par des
hommes de valeur et de probité, sur le terrain pratique
des faits.

Mais M. Ledru-Rollin ne s'était montré tribun qu'à la
surface, plus dominé par son parti qu'il ne le dominait,
recevant plutôt l'impulsion qu'il ne la donnait, ce parti
à son tour était resté ce qu'il était, c'est-à-dire un amal-
game d'éléments hétérogènes, variant dans leur but social depuis les institutions monacales de Sparte avec sa
vie commune et son brouet noir pour tous, jusqu'à une
république aristocratique avec des chevaux pur sang, du
vin de Champagne et des filles d'Opéra pour les habiles.
En un mot, les idées et les faits des démocrates socialistes n'ayant en rien répondu aux espérances, après comme
avant janvier, tout était resté dans le même état ; la France

d'âge ; Buchez, président au 5 mai ; Marie, au commencement de juin ; Sénart, peu avant les journées de juin ; et Marrast, depuis juillet.

Ce jugement du pays était sévère, mais il était mérité ; le peuple s'était montré indigné que des partis ardents ou modérés usurpant son nom, ne pussent déployer le drapeau de la liberté qu'avec la perspective de taches de sang d'une part ou de déchirures de l'autre.

Les quinze jours qui allaient s'écouler entre les élections du 15 mai et la session de l'Assemblée législative, offrirent le spectacle d'une situation sans précédents dans l'histoire : celle d'une assemblée n'existant que par une fiction constitutionnelle, à qui le peuple venait de retirer la vie et qui, malgré ce solennel verdict, allait non-seulement disputer pied à pied son héritage à l'Assemblée nouvellement élue, mais encore faire, sans responsabilité aucune, comme ces mauvais locataires qui s'acharnent à dégrader les lieux d'où on les expulse.

Aussi, alors et plus que jamais éclata dans son effrayant ensemble toute la dépravation des mœurs politiques du temps. Ces hommes à qui le peuple venait de retirer sa confiance cherchèrent à se venger du peuple en créant des obstacles pour entraver la marche de la législature à venir. Le 19 mai, en présence d'une crise financière qui écrasait la France depuis près de deux ans, ils abolirent de fait, au lieu de l'abolir seulement en principe, un impôt de cent millions (l'impôt des boissons) sur un budget qu'ils n'avaient pas mission de faire. Le 20, au milieu d'une fermentation des esprits chaque jour croissante, rejetant le double commandement du général Changarnier,

35

suite desquelles l'opposition s'abstint de voter. Tout cela fut flanqué du vote de quelques lois plus ou moins digérées, telles que la loi électorale (15 mars), celle sur les clubs (24 mars), sur le cautionnement des journaux et les écrits périodiques (21 avril), sur l'organisation de la force publique (2 mai). Tout cela fut accompagné de faits graves intérieurs, plus ou moins prévus, tels que, un appel du socialisme à la violation de la Constitution, et à la suite duquel l'Assemblée livra à la justice un de ses membres, le chef nominal du parti socialiste, le rédacteur du *Peuple*, Proudhon (10 février) ; puis vinrent en mars le procès des accusés de mai qui, après avoir occupé devant la haute cour nationale de Bourges vingt-quatre audiences, depuis le 7 mars jusqu'au 2 avril, se termina par un rigoureux verdict ; en avril (le 22) un arrêt solennel de la cour de cassation, interprétant la loi de 1790, dont les dispositions contestées avaient, dès avant février 1848, servi de texte aux uns pour proclamer la légalité des réunions politiques et aux autres pour la nier : enfin en mai (8, 9, 10, 11, 12), après une seconde édition de la journée du 29 janvier, où la ligue plus que jamais ardente contre le pouvoir exécutif échoua une fois encore devant la vigilance du gouvernement et l'énergie des chefs militaires, l'Assemblée constituante arriva au 15 mai, jour des élections générales pour l'Assemblée législative.

Ces élections eurent lieu. Sur 900 membres que comptait l'Assemblée constituante, 312 seulement reçurent un nouveau mandat; 588 ne furent pas réélus ; de ce nombre furent les cinq présidents de l'Assemblée constituante, MM. Audry de Puyraveau qui, dans les séances des 4 et 5 mai 1848, avait occupé le fauteuil comme président

cause était juste, légitime, sainte, c'était celle du progrès. Mais la corruption des régimes monarchiques déchus ayant bouleversé toute raison naturelle, n'avait plus montré le juste ou l'injuste que par rapport aux intérêts personnels, à l'ambition personnelle; les mœurs sociales ainsi déviées de leur but par une éducation basée sur cette erreur, SOIS LE PREMIER, la raison individuelle n'était plus devenue que l'intérêt des passions individuelles et chacun s'attachant à la fortune d'une idée politique s'était fait socialiste ou républicain, démocrate rouge plus ou moins foncé, suivant qu'il importait à la cause qui était devenue son unique mobile. En somme la République inaugurée en février avait fait espérer une moralisation de la France ; on pouvait croire qu'avec l'autorité des mœurs politiques qu'elle nécessite, qu'avec les hommes nouveaux qui allaient se produire, on pourrait changer le cuivre de nos mœurs politiques en or ; mais à la vue des derniers moments de l'Assemblée constituante on put craindre un instant que le peu qui restait d'or dans ces mœurs ne se changeât en cuivre.

On voit par ce qui précède contre quelles graves complications avait à lutter Louis-Napoléon après le vote du 10 décembre. Ce n'était pas tout encore. Si la question intérieure était à elle seule une grosse affaire, la question extérieure ne l'était pas moins.

En effet, dès la fin de 1848, la Hongrie, l'Italie soulevées contre l'Autriche luttaient avec espoir de succès pour leur nationalité. La Sicile revendiquait la sienne aux Bourbons de Naples les armes à la main. Le Piémont se jetait à l'aventure dans cette lutte d'un principe. Quelques États de l'Allemagne affrontaient les hasards des révolu-

ils imposèrent au gouvernement l'obligation de se départir des mesures qu'il croyait nécessaires pour protéger la liberté ouvertement menacée de leurs successeurs : chaque jour amena son attaque ; chaque jour laissa prévoir une crise pour le lendemain ; on ne vécut plus au jour le jour, on vécut à l'heure ; et ce corps délibérant, mort moralement dès le 15 mai, mort matériellement dès le jour où les élections avaient été connues, ne voulant pas cependant descendre au sépulcre sans jeter de nouveaux brandons dans la France déjà en feu, ne cessa de se débattre dans son double linceul qu'au jour de ses funérailles. Il y eut quelque chose d'effrayant à voir tant d'étincelles sortir de cette cendre !

Dans cet intervalle de quinze jours qui, relatés avec détail, pourraient être à eux seuls toute une histoire de nos mœurs politiques, s'étaient produits plus que jamais, comme systèmes sociaux, des axiomes incroyables au point de vue de la logique et de la moralité politique. Ainsi, par exemple, en vue d'une pression extérieure à exercer sur l'Assemblée législative, après avoir mis sérieusement en question si la minorité ou la majorité devait gouverner, les démocrates socialistes étaient arrivés à cette conclusion que c'était la minorité. Bien plus, au mepris de tous les stygmates par lesquels l'histoire et la philosophie avaient, depuis près d'un siècle, flétri cette immorale maxime d'une société fameuse, *la fin justifie les moyens,* ils avaient retourné cette monstruosité morale et proclamé la *légitimité du but.*

Le germe de cette perversité d'esprit n'était pas dans la cause que défendaient en apparence les démocrates socialistes. Au point de vue social, politique et moral, cette

put que gémir sur tant d'énergie usée en pure perte par la démocratie européenne et sur le rôle passif auquel la condamnaient les passions aveugles et turbulentes des partis.

Aussi, vers la fin de mai, cette levée de boucliers de l'Europe démocratique en faveur de la liberté avait partout tourné contre la liberté. Le Piémont, écrasé par l'Autriche dans champs de Novare (25 mars), avait entraîné la Lombardie dans sa défaite et s'était trouvé heureux d'implorer une médiation de la France qu'il avait repoussée quand elle eût pu être plus efficace. La Sicile qui, comme le Piémont, avait dédaigné la médiation française, s'était vue forcée aussi de subir les conditions du Bourbon de Naples (9 mai). L'Autriche, menacée au nord et au midi, avait appelé les Russes à son aide, et l'affaire de Hongrie ne paraissait plus qu'une question de temps. La Prusse avait envahi les États révolutionnés de l'Allemagne et avait balayé cette démocratie bâtarde qui, comme en France, n'avait su signaler sa venue que par un appel à tous les appétits grossiers. En Italie, Venise bloquée par les Autrichiens résistait encore. A Rome seule, qui avait proclamé la république le 9 février, à Rome contre qui s'étaient liguées les puissances catholiques, l'Autriche, l'Espagne, Naples, la France était intervenue en armes pour sauver quelques débris de libertés du naufrage assuré où, sous les coups de l'absolutisme, elles pouvaient s'engloutir toutes.

Mais cette intervention ayant, en apparence, été concertée avec les puissances absolutistes, il fut facile à l'opposition d'en dénaturer l'esprit et le but en exploitant le sentiment, si irritable en France, de la vanité nationale,

tions pour hâter une unité allemande de longtemps impossible.

Dans cette levée de boucliers contre l'absolutisme européen, ces peuples tournèrent naturellement leurs regards vers la France républicaine, invoquèrent sa vaillante épée ; mais cette épée paralysée entre les mains du pouvoir suffisait à peine pour défendre la République nouvelle contre ses amis et ses ennemis intérieurs.

Delà encore pour le pouvoir exécutif de la République une sorte d'impossibilité dont on lui faisait un crime. Par des attaques extérieures incessantes on l'épuisait en préparatifs de lutte et de défense, et quand on l'avait forcé d'assister l'arme au bras à l'exécution de quelque nationalité, on l'accusait de n'avoir rien fait.

Et en cela encore l'histoire doit être implacable pour les démocrates socialistes de 1849. Sans leurs systèmes trop absolus, sans leurs principes inflexibles, tous ces pays soulevés auraient pu, sous l'influence et les garanties de la France républicaine, faire quelque grand pas dans la voie des améliorations politiques. Alors, et d'une part, grâce aux idées françaises cette fois pacifiquement victorieuses, la France républicaine, plus heureuse que la France constitutionnelle qui n'avait jamais pu faire oublier à l'Europe le souvenir toujours vivant des conquêtes d'un autre temps, la France, disons-nous, eût pu avoir avec cette même Europe dont elle eût garanti l'émancipation, des alliances de rechange ; d'autre part ce rôle de grand médiateur du monde était un des plus magnifiques rôles qu'ait jamais eu à exercer aucune nation ; mais, entravée dans son initiative par ses embarras intérieurs, la France républicaine ne

tuante, — le gouvernement s'y fût trouvé en minorité.
Mais la situation était si tendue ; la perspective de l'inconnu qui se dressait à l'horizon si peu rassurante, que le parti légitimiste s'était rallié à la république jusqu'au jour, sans doute, où l'occasion lui paraîtrait plus favorable pour la renverser.

Ainsi isolé entre les diverses nuances qui avaient pris le titre de républicains modérés, le parti démocratico-socialiste eût dû prendre conseil de sa situation et attendre pour se produire avec éclat que quelque grande question divisât la majorité. Il n'en fit rien. Mû par le même esprit de vertige et d'erreur qui, depuis seize mois, avait compromis la révolution et qui, plus que jamais alors, semblait conspirer la ruine de la démocratie, ce parti chercha à utiliser immédiatement, sous l'Assemblée législative, les batteries qui, depuis l'Assemblée constituante, s'étaient trouvées toutes dressées contre le pouvoir exécutif. Moins de quinze jours après l'ouverture de la session de l'Assemblée nouvelle, le 11 juin, le chef de la Montagne, Ledru-Rollin, jeta du haut de la tribune un solennel appel aux armes. Le grief ostensible était la violation des articles 5, 54 et 111 de la Constitution au sujet de l'expédition de Rome. Le lendemain cet appel aux armes fut reproduit :

Par la Montagne qui, mettant hors la loi la majorité de l'Assemblée, déclara la minorité seule représentant légitime du peuple ;

Par la presse républicaine qui déclara que la Montagne avait nommé des délégués *pour aviser ;*

Par le comité des écoles qui invita à *marcher en avant ;*

Par le comité typographique qui dit aux montagnards : *agissez ;*

aussi devint-elle le point central autour duquel la ligue démocratico-socialiste groupa ses griefs vrais ou supposés. Toutes les attaques contre le pouvoir exécutif, depuis l'injure jusqu'à l'appel à la violence, qui avaient signalé les temps écoulés, se renouvelèrent avec un luxe d'ensemble inouï ; et ce fut au milieu des colères factices, des tentatives impuissantes d'une ligue dont la partie la moins pure était restée gisant sur le champ de bataille électoral, que l'Assemblée constituante termina sa carrière.

Ainsi finit, ou plutôt tomba devant l'indifférence publique, une Assemblée qui, dans ses éléments généraux, ne fut qu'un étalage d'ambitions ardentes, non pas de ces ambitions nobles dont les vues généreuses captivent même dans leurs erreurs, mais de ces sortes d'ambitions négatives qui, ne pouvant rien élever, s'acharnent à tout abattre. Écrasée sous le poids de circonstances plus grandes qu'elle, elle sut peu vivre et ne sut pas mourir. Elle eût pu fermer en France le cercle des mauvaises traditions parlementaires ; elle l'élargit. En effet, il manquait à ces traditions un phénomène d'immoralité, celui d'une représentation tuée par les élections et se survivant dans la mort pour tuer par dépit un gouvernement : elle le donna.

Le dernier de ses jours (28 mai) fut le premier de l'Assemblée législative. Cette assemblée nouvelle offrit une particularité qui pouvait n'être pas sans danger : c'est que si deux des éléments qui la composaient, l'élément légitimiste et l'élément démocratico-socialiste s'étaient ligués, — et cette ligue n'eût pas été plus monstrueuse que celle des divers partis de l'opposition sous l'Assemblée consti-

qui, au jour de l'œuvre, n'avaient su qu'étaler à la face
du monde le vide de leur tête et le vide de leur cœur.

En groupant les précédents, le mobile, les faits et les
suites de cette journée du 13 juin, on trouve que, depuis
les dernières élections, des inquiétudes graves, des craintes
sérieuses n'avaient cessé de peser sur la situation. Le
suffrage universel avait, il est vrai, donné une grande
majorité au parti modéré dans l'Assemblée ; mais le parti
ardent avait eu aussi son triomphe relatif, et il fut évident,
dès les premières séances, qu'il ne saurait pas accepter sa
position de minorité.

Depuis quelque temps un journal socialiste, *le Peuple*,
avait mis en avant la déchéance du président, et d'autres
journaux de la même nuance avaient cherché à établir
comme une conséquence de la Constitution, la possi-
bilité légale de déclarer déchus et de priver de leurs
droits constitutionnels le président et les représentants
faisant partie de la majorité de l'Assemblée nationale.
Quelques-uns même, révélant à l'avance ce qui allait se
passer, avaient nettement déclaré que le président et la
majorité de l'Assemblée étant déchus et mis hors la loi
par le seul fait de la violation de la Constitution, toute
autorité passait de droit aux mains de la minorité qui
devait se constituer et se saisir immédiatement de tous
les pouvoirs.

La question ainsi engagée tout, sauf le résultat final,
s'était passé comme on l'avait annoncé. Le 11, interpellations au ministère sur les affaires de Rome ; déclaration de la Montagne que la Constitution était violée ;
sommation à la majorité d'obéir à la minorité ; appel
aux armes. Le 12, proposition de mise en accusation du

Par l'association démocratique des amis de la constitution qui s'associa en tremblant à ce cri de guerre ;

Par quelques prétendus démocrates qui s'arrogèrent le
droit de parler au nom des légions de la garde nationale ;

Et enfin par le comité démocratique socialiste dont le
manifeste fut à la fois le plus explicite et le plus franc.
Le voici :

DÉCLARATION DU PEUPLE.

« Le Président de la République et ses ministres sont **hors** de la
Constitution !

» La partie de l'Assemblée qui s'est rendue leur complice par son
vote, relatif à l'expédition de Rome, s'est mise hors la Constitution !

» Que la garde nationale se lève !

» Que les ateliers se ferment !

» Que nos frères de l'armée se souviennent qu'ils sont citoyens,
et que le premier de leurs devoirs est de défendre la Constitution ;

» Que le peuple entier soit debout ! »

Le 15 juin, en effet, la levée de boucliers eut lieu, et
jamais peut-être, dans les annales insurrectionnelles du
monde, tant d'imprévoyance ne s'était trouvée alliée à
tant de vertige.

Tout échoua. Le soir de ce jour il ne resta que la trace
du plus grand échec moral qu'ait jamais essuyé un parti.
La démocratie en eût été frappée au cœur si la légitimité
de sa pure et sainte cause eût pu un moment être confondue
avec les calculs égoïstes de quelques audacieux meneurs,
les aberrations déplorables de quelques esprits aveuglés,
et l'impuissance pratique de quelques profanes indignes
qui s'en étaient impudemment constitués les **patrons** et

avait perdu une partie de sa force. Sous le Gouvernement provisoire et la Commission exécutive, il s'était montré redoutable par les principes généreux dont il semblait l'expression ; après les journées de juin 1848, il avait encore conservé la forme d'une association puissante. Mais après le 13 juin 1849, désorganisé déjà par la retraite des démocrates purs d'intentions et de principes qui n'avaient plus voulu d'une solidarité devenue moralement trop lourde, réduit aux éléments les plus aveugles, les plus passionnés ou les plus corrompus, ce parti ne put plus puiser de force dans son principe qu'il avait tant de fois compromis. Il sembla condamné à l'isolement, s'il acceptait le fait acquis d'une république gouvernée sans lui, ou aux forces chanceuses et terribles du parti de la misère et de la faim, s'il voulait par la violence protester contre elle.

Il fut probable alors que, par la faute de ces hommes qui n'avaient su exploiter de saintes idées qu'au profit de passions tout au moins suspectes, la vérité sociale, à qui appartient incontestablement l'avenir, ne réaliserait désormais son règne qu'avec d'autres hommes et d'autres idées. C'était plus qu'un temps d'arrêt, c'était un temps de recul dont les ultrà-démocrates doivent être responsables devant la postérité et devant l'histoire.

Quoi qu'il en soit, dès ce jour seulement, l'élu du 10 décembre, Louis-Napoléon Bonaparte, fut ce que doit être tout chef d'État, libre de faire le bien, libre de conjurer le mal. Il put tenter de réaliser à la fois ce que la nation attendait de lui et ce que promettait son nom, le retour de l'ordre et le développement du progrès. Il inaugura cette sorte d'émancipation par la pro-

président de la République et des ministres. Le 13, insurrection. Cette fois cependant l'insurrection s'était produite avec une circonstance spéciale. Ainsi, par exemple, au 15 mai 1848, les chefs de club avaient tout fait, entraînant à peine à leur suite deux représentants du peuple ; au 23 juin aucun député ne s'était compromis d'une manière directe ; mais, au 13 juin 1849, les hommes d'action du dehors s'étant lassés de descendre à leurs risques dans la rue, tandis que les orateurs du parti, abrités derrière leur inviolabilité, conservaient tous les avantages de la situation présente et toutes les espérances de l'avenir, avaient mis en demeure un certain nombre de représentants de sortir de leur réserve prudente. L'injonction était formelle : force avait été d'y obéir. Quelques représentants s'étaient constitués au Conservatoire des arts et métiers en une sorte de convention, attendant que l'armée, sur qui l'on comptait, se prononçât ; que la garde nationale, dont on espérait le concours, activât le mouvement ; que le peuple se jetât dans l'insurrection. Mais la garde nationale et l'armée étaient restées fidèles au gouvernement. Quant au peuple, dont la souveraineté n'était plus alors un vain mot, il n'avait vu qu'avec une froideur très marquée des hommes à qui il avait délégué cette souveraineté, ne sachant pas se résigner à attendre d'elle une suprématie qu'elle seule pouvait donner.

Ainsi abandonnés à leurs seules forces, les représentants compromis dans cette levée de boucliers n'essayèrent pas même de résister. La fuite en sauva quelques-uns ; la justice s'empara de quelques autres, et cet échec fut un grand et nouveau coup porté au parti ultrà-démocrate. A chacune de ses défaites, ce parti, en perdant ses chefs,

En résumant cette troisième période de l'histoire de la famille Bonaparte, nous constaterons un fait remarquable : c'est qu'en 1848, cette même année où finit l'exil des Bonapartes, élevés au faîte de la puissance par *droit humain*, neuf souverains par *droit divin* ou à peu près, chassés de leurs États, partirent volontairement ou non pour l'exil.

La royauté par *droit divin* semblait avoir fait son temps : on ne la tuait pas, on la chassait.

Il y a dans ce seul fait toute une révélation : c'est que le règne du *droit divin* était fini ; c'est que le règne du *droit humain* avait commencé.

Ce qui était l'expression de l'un et de l'autre devait naturellement suivre cette double phase.

Les familles souveraines représentant le *droit divin* étant chassées, les familles plébéiennes représentant *le droit humain* étant réhabilitées, c'était aux unes et aux autres à comprendre cette nécessité des temps.

L'Europe plébéienne a échappé aux mains des premières pour passer peut-être aux mains des secondes ; c'est à ces dernières à bien se pénétrer d'où elle vient et où elle veut aller.

Leur œuvre est belle : c'est de fermer la lutte ouverte dès 1789, entre les peuples et les rois. Napoléon Bonaparte l'avait tenté ; mais faute d'avoir été compris par les peuples, il est mort à la peine. C'est à ceux qui ont hérité de son nom et de sa gloire, aujourd'hui que les peuples peuvent les comprendre, à continuer cette œuvre et à clore cette grande et belle période des temps modernes.

Laisser à une autre génération la solution depuis long-temps pendante de cette grave question, ce serait mécon-

clamation suivante, qui résume à la fois les difficultés contre lesquelles il avait eu à lutter et l'idée arrêtée de les vaincre.

LE PRÉSIDENT DE LA RÉPUBLIQUE AU PEUPLE FRANÇAIS.

« Quelques factieux osent encore lever l'étendard de la révolte contre un gouvernement légitime, puisqu'il est le produit du suffrage universel.

» Ils m'accusent d'avoir violé la Constitution, moi qui ai supporté depuis six mois, sans en être ému, leurs injures, leurs calomnies, leurs provocations.

» La majorité de l'Assemblée elle-même est le but de leurs outrages.

» L'accusation dont je suis l'objet n'est qu'un prétexte, et la preuve, c'est que ceux qui m'attaquent me poursuivaient déjà avec la même haine, la même injustice, alors que le peuple de Paris me nommait représentant, et le peuple de la France, président de la République.

» Ce système d'agitation entretient dans le pays le malaise et la défiance qui engendrent la misère.

» Il faut qu'il cesse.

» Il est temps que les bons se rassurent et que les méchants tremblent.

» La République n'a pas d'ennemis plus implacables que ces hommes qui, perpétuant le désordre, nous forcent à changer la France en un camp, nos idées d'amélioration et de progrès en préparatifs de lutte et de défense.

» Élu par la nation, la cause que je défends est la vôtre. C'est celle de vos familles, de vos propriétés, celle du pauvre comme celle du riche, celle de la civilisation tout entière.

» Je ne reculerai devant rien pour la faire triompher.

» Paris, le 13 juin 1849.

» Louis-Napoléon BONAPARTE. »

encore les feuilles, sifflera dans leurs rameaux frémissants, courbera jusqu'à terre leurs tiges majestueuses,
mais la souveraineté populaire une fois encore intrônisée
avec un nom, pliera et ne rompra pas. Peu à peu lui
succèderont le calme et la sérénité et, comme après
toutes les tempêtes, la sève de l'arbre sera plus forte et son
feuillage plus verdoyant.

Un dernier mot.

La puissance de la famille Bonaparte est dans son nom.

Elle est dans l'observance rigide de cette devise de Napoléon : *Tout pour le peuple ; tout par le peuple.*

Elle est dans la méditation pratique de ces quelques
mots de Napoléon à Benjamin Constant, en 1815, sorte
d'évangile politique que le grand homme semblait vouloir léguer à ses successeurs. — *Je ne suis pas seulement,
comme on l'a dit, l'empereur des soldats, je suis celui des
paysans, des plébéiens, de la France... Aussi vous voyez le
peuple revenu à moi. Il y a sympathie entre nous, parce que je
suis sorti du peuple, et que la fibre populaire répond à la
mienne... Entre le peuple et moi, il y a même nature : il me
regarde comme son soutien, comme son sauveur... Je suis
l'homme du peuple : si le peuple veut réellement la liberté, je
la lui dois : j'ai reconnu sa souveraineté, il faut que je prête
l'oreille à ses volontés* [1].

Dans ces quelques mots, il y avait tout le secret de la
puissance du grand empereur; il y a l'explication la plus
logique de la nomination du 10 décembre. Aussi, arrivés
au terme de notre course, pour prouver par des faits que

[1] Voir la *Minerve française*, 94e livre, tome 8, 11e lettre sur les Cent-Jours, par
M. Benjamin Constant.

naître dans son esprit, dans sa portée, la nomination du
10 décembre.

En effet, en dehors de la politique et dans un ordre
d'idées en quelque sorte moral, le prestige du nom de
Bonaparte exercé sur la multitude fut, au 10 décembre,
un fait d'une formidable éloquence. Il prouva que tout ce
qui, dans les annales historiques de France, avait précédé
89 et l'empire, se trouvait absorbé et en quelque sorte
annihilé dans les souvenirs d'un temps qui semblait avoir
inauguré l'ère de la décadence des vieilles royautés et de
la grandeur des peuples. Charlemagne et son empire, la
chevalerie et ses faits d'armes, Louis XIV et sa suprématie,
étaient relégués à l'arrière-plan de toute histoire contemporaine. Ce brillant passé n'était qu'une préface. Avec la
grande lutte qui ferme le 18ᵉ siècle et ouvre le 19ᵉ, l'intérêt commençait. Là s'ouvrait le drame. Là seulement
apparaissaient les grandes figures de cette épopée révolutionnaire, et après elles, la plus grande de toutes, Napoléon Bonaparte, dont la poétique auréole s'était reflétée
sur tout ce qui lui appartenait.

Ce sentiment fait plus qu'expliquer la nomination du
10 décembre. Il trace la ligne de conduite à l'élu du
peuple. Il dénote que la société française ne peut plus se
mouvoir dans son vieux moule ; que la loi de transfor-
mation qui régit l'humanité, comme elle régit le monde,
attend son accomplissement ; que résister à cette loi,
quand se manifestent les signes les plus évidents de dissolution, ce serait méconnaître tous les devoirs que crée
l'autorité.

La tâche est difficile, sans doute. Longtemps encore le
temps pourra rester nuageux. Plus d'une raffale agitera

Alpes en attendant des renforts, était sur la défensive. Ces armées manquaient littéralement de tout. Loin de se laisser abattre par l'imminence des revers que faisait pressentir une telle situation, le Directoire fit, pour 1796, un plan de campagne qui consistait d'abord, pour éloigner la guerre des frontières, à porter les armes de la république au centre même des états ennemis ; ensuite, pour soulager les finances, à entretenir les troupes aux dépens des contrées conquises. Ce fut pour coopérer à ce plan que Napoléon Bonaparte fut nommé général en chef de l'armée d'Italie le 9 mars.

1796. — MARS.

27. — Arrivée de Napoléon Bonaparte au quartier général à Nice.

AVRIL.

8. — Entrée en Italie.

11. — Victoire de Montenotte.

14. — Victoire de Millesimo.

16. — Combat de Dego.

17. — Prise du camp retranché de Ceva.

23. — Bataille de Mondovi.

25. — Prise de Cherasco. A la suite de la prise de Cherasco, un armistice fut conclu le 15 mai avec le Piémont qui abandonna à la France le comté de Nice et la Savoie. Débarrassé des Piémontais, Napoléon songea à attaquer l'armée autrichienne.

MAI.

7. — Combat de Fombio.

11. — Passage du pont de Lodi : beau fait d'armes qui ouvrit la route de la Lombardie à l'armée française.

12. — Prise de Pizzighittone.

15. — Entrée triomphale à Milan.

22. — Prise de Pavie.

29. — Victoire de Borghetto.

31. — Formation de la république ligurienne.

JUIN.

5. — Prise de Vérone.

cette sorte de communion entre la souveraineté populaire et le nom de l'homme qui en avait été le plus brillant emblême n'est pas un pur effet du hasard, nous terminerons cette Histoire par une simple légende historique et chronologique de toutes les grandes choses, triomphes ou victoires, revers ou défaites, progrès administratif, artistique ou monumental qui, de 1796 à 1815, se sont trouvés mêlés dans leur destinée commune. Ce sera compléter par une grande et belle page l'*Histoire de la famille Bonaparte.* Ce sera aussi une série de grands faits à l'appui de cette thèse nationale que nous avons développée, la communion de la souveraineté populaire et du nom de Bonaparte. Ce sera, enfin, expliquer par la grande voix de l'histoire une vérité neuve que nous avons consignée déjà : c'est que semblable à ces étoiles secondaires, accessoire fortuit ou complément obligé d'une constellation, le nom de Bonaparte, depuis un demi-siècle, a brillé ou s'est éclipsé avec la souveraineté populaire. Ajoutons néanmoins : de même que l'ordre et la marche de la constellation et de son accessoire ne peut se déranger sans fracas, de même le nom de Bonaparte ne peut se séparer de la souveraineté populaire sans danger.

Voici la légende :

1796.

NAPOLÉON BONAPARTE, Général en chef.

A la fin de l'année 1795, la situation militaire de la France était décourageante. La ligne de Mayence était perdue ; le Rhin était ouvert aux coalisés. Deux armées, celles du Rhin et de Sambre-et-Meuse étaient coupées et menacées, d'un jour à l'autre, d'être partiellement écrasées. L'armée d'Italie, battant inutilement le flanc des

1797. — JANVIER.

14. — Bataille de Rivoli.

13. — Combat d'Anghiari.

26. — Combat de Carpendolo.

27. — Combat de Desinzano et bataille de la Favorite, qui amena, le 3 février suivant, la capitulation de Mantoue, dernière place qui restait aux Autrichiens en Italie. Le pape, dans la prévision d'une défaite de l'armée française, avait levé des troupes. Napoléon marcha contre lui.

FÉVRIER.

1. — Invasion de la Romagne.

4. — Défaite des troupes du pape sur le Sinio.

9. — Prise d'Ancône. (États-Romains.)

10. — Prise de Lorette. (États-Romains.)

19. — Traité de Tolentino qui détacha violemment le pape de la coalition.

26. — Arrivée en France des trophées de l'Italie. Depuis l'entrée en campagne trois armées autrichiennes avaient été vaincues. Une quatrième couvrait Vienne au pied et au delà des Alpes Juliennes. Napoléon marcha contre elle.

MARS.

2. — Combat di Monte-di-Sover.

10. — Combat de Bellune.

12. — Combat de San-Salvador.

13. — Combat de Sacio.

16. — Bataille du Tagliamento.|

19. — Combat de Gradisca. (Frioul.)

22. — Combat et prise de Botzen. (Tyrol.)

23. — Prise de Trieste. (Istric.)

25. — Pâques véronaises.

AVRIL.

2. — Combat de Neumarck.

3. — Prise du col de Tarvis, point culminant des Alpes Noriques.

19. — Prise de Bologne et de Modène.
29. — Prise de Livourne.

JUILLET.

7. — Combat de la Bocchetta di Campione.
8. — Formation de la république cisalpine.
18. — Combat de Migliaretto.
29. — Combat de Salo.

AOUT.

3. Bataille de Castiglione et combat de Lonate.
6. — Combat de Peschiera.
11. — Combat de la Corona.
24. — Combat de Borgoforte et de Governolo.

SEPTEMBRE.

3. — Combat de Serravalle.
4 — Combat de Roveredo.
5. — Prise de Trente, capitale du Tyrol. Ce même jour, la conscription militaire remplaça en France l'ancien mode de recrutement.
7. — Combat de Covolo.
8. — Combat de Bassano.
12. — Combat de Cerca.
13. — Combat de Due-Castelli.
15. — Combat de Saint-Georges.

OCTOBRE.

22. — Evacuation de la Corse par les Anglais.
27. — Prise de Bergame.

NOVEMBRE.

6. — Combat sur la Brenta.
11. — Combat de Caldiero.
15-17. — Bataille d'Arcole

projet, déposé sous Louis XV au ministère des affaires étran
gères, et tendant à former en Egypte une colonie puissante, destinée à devenir l'entrepôt du commerce de l'Inde, avait depuis
longtemps préoccupé Napoléon. Des livres de la Bibliothèque
ambroisienne à Milan, relatifs à l'Orient, l'avaient fortifié dans
son opinion, et une expédition en Egypte avait été résolue.

MAI.

7. — Napoléon est nommé général en chef de l'armée d'Orient.
19. — La flotte expéditionnaire part de Toulon.

JUIN.

10. — Prise de Malte. — Destruction de l'Ordre.

JUILLET.

1. — Arrivée de la flotte en Egypte.
2. — Débarquement de l'armée.
3. — Prise d'Alexandrie.
5. — Institution d'une commission administrative française à
Alexandrie.
6. — Départ de l'armée pour le Caire.
13. — Combat de Ramanieh.
17. — Bataille de Chebreiss.
21. — Bataille des Pyramides.
24. — Entrée de l'armée française au Caire.
31. — Combat naval d'Aboukir où l'amiral Nelson détruisit la flotte
française.

AOUT.

1. — Combat de Salchich.
4. — Combat d'Elhanca. Après ce combat et la prise de Salchich,
le dernier endroit habité de la Basse-Egypte, les Mamelouks se
trouvèrent refoulés dans la Haute-Egypte et la Syrie.
15. — Etablissement d'une administration centrale au Caire.
21. — Création de l'Institut d'Egypte, ayant pour objet d'étudier
les antiquités, l'histoire naturelle, et d'initier les populations
indigènes aux arts et aux industries de l'Europe. La gloire d'a-

7. — Armistice d'Indinbourg.

17. — Préliminaires de la paix de Léoben. La monarchie autrichienne humiliée, vaincue, avait vu ses meilleurs généraux battus, quatre de ses armées détruites, et était forcée de demander la paix à la République française. Pendant que l'armée française était engagée au delà des Alpes Juliennes avec les débris des armées autrichiennes, Venise avait fomenté et laissé exécuter d'atroces manœuvres contre les Français, Napoléon fit attaquer Venise.

24. — Prise de Vérone. (États de Venise.)

MAI.

16. — Prise de possession de la ville et des forts de Venise.

JUIN.

3. — Arrivée à Paris des trophées de Venise.

6. — Convention de Montebello.

JUILLET.

9. — Organisation de la république cisalpine.

25. — Réunion de la Romagne à la république cisalpine

OCTOBRE.

17. — Traité de Campo-Formio. Par ce traité, la république française fut reconnue par l'Autriche, qui renonça en sa faveur à tous ses droits sur les Pays-Bas autrichiens, et reconnut l'indépendance de ses anciennes possessions italiennes, sous le titre de république cisalpine. Le restant de la péninsule italique, rançonnée et conquise, resta sous l'influence française. Napoléon rentra triomphant à Paris.

1798. — JANVIER.

4. — Napoléon est reçu membre de l'Institut.

MARS.

15. — Par arrêté de ce jour, Napoléon est chargé du soin de diriger le grand armement des côtes de la Méditerrannée. Un ancien

Mont-Thabor, la seconde fut anéantie à Aboukir. Napoléon partit d'Egypte le 22 août, et le 2 novembre suivant, après la journée dite du 18 brumaire et le renversement du Directoire, il fut nommé premier consul.

DÉCEMBRE.

15. — Promulgation de la constitution de l'an VIII.
25. — Formation du Conseil d'Etat.

1800. — JANVIER.

1. — Ouverture du Corps-Législatif.
15. — Proclamation définitive de l'étalon des poids et mesures.
18. — Traité de Montluçon avec les chefs vendéens. Ce traité amène la pacification de l'ouest.

FÉVRIER.

11. — Etablissement de la banque de France
17. — Division de la France en préfectures et arrondissements communaux.
19. — Napoléon s'installe aux Tuileries.

MARS.

22. — Division du Prytanée français en quatre colléges.

Pendant que Napoléon avait guerroyé en Afrique, les armées françaises avaient en Europe éprouvé de cruelles défaites. De l'Italie conquise par lui, il ne restait que la seule ville d'Ancône. Après des revers successifs, que la journée désastreuse de Novi (15 août 1799) avait paru rendre irréparables, la situation militaire de la France était a peu près pareille à celle de 1796, lorsque Napoléon prit le commandement de l'armée. La victoire de Zurich (25 septembre 1799), où Masséna extermina l'armée russe, avait donné un moment de répit aux armés de la république, lorsque Napoléon, premier consul, reprit, le 1er mai 1800, le commandement de l'armée d'Italie.

MAI.

15. — Passage du Mont-Saint Bernard.

voir ainsi, pour la première fois, fait servir la guerre au profit de la science, revient tout entière à Napoléon.

SEPTEMBRE.

15. — Arrêté pour obliger tous les habitants de l'Egypte à porter la cocarde tricolore. Trois jours auparavant (22 septembre), avait eu lieu au Champ-de-Mars, à Paris, la première *exposition publique des produits des manufactures et de l'industrie française.* La deuxième eut lieu trois ans après (1801), dans le Louvre, et les gouvernements qui se sont succédés, ont depuis adopté cette utile institution.

22. — Célébration en Egypte de l'anniversaire de la république en France.

21-22. — Insurrection du Caire.

1799.—FÉVRIER.

6. — Sur l'avis que les peuples du Liban étaient disposés en sa faveur, Napoléon se met en marche pour la Syrie.

16. — Victoire d'El-Arish.

24. — Prise de Gaza.

MARS.

6. — Prise de Jaffa.

16. — Siége de Saint-Jean-d'Acre.

AVRIL.

16. — Bataille du Mont-Thabor.

18. — Combat de Saint-Jean-d'Acre.

MAI.

17. — Levée du siége de Saint-Jean-d'Acre, et retour de Napoléon en Égypte.

JUILLET.

25. — Bataille d'Aboukir. Trente-quatre jours après le combat naval d'Aboukir, le 4 septembre, la Porte avait déclaré la guerre à la France, et avait envoyé deux armées pour reconquérir l'É-gypte. La première avait été détruite en Syrie à la bataille de

MARS.

4. — Etablissement d'une exposition annuelle de l'industrie française.

19. — Paix avec l'Espagne.

24-25. — Paul Ier, ami de la ligue des neutres est assassiné.

28. — Paix avec Naples.

JUIN.

29. — Ouverture du concile national de France.

JUILLET.

15. — Signature du concordat avec le pape Pie VII. La déclaration de l'église gallicane de 1682, avec une plus large part d'action et un droit de surveillance plus étendu par le pouvoir temporel furent la base de cet accord.

24. Paix avec la Bavière.

SEPTEMBRE.

29. — Paix avec le Portugal.

OCTOBRE.

1. — Préliminaires de la paix entre la France et l'Angleterre.

8. — Paix avec la Russie.

9. — Préliminaires de paix avec la Porte.

12. — Proclamation d'une nouvelle constitution de Hollande.

NOVEMBRE.

12. — Départ de l'expédition de Saint-Domingue.

DÉCEMBRE.

17. — Paix avec le dey d'Alger.

1802. — JANVIER.

25. — Napoléon accepte le titre de président de la république italienne.

MARS.

4. Arrêté portant qu'il sera dressé un tableau des sciences, des lettres et des arts, depuis 1789 jusqu'en 1802.

JUIN.

14. — Bataille de Marengo.

15. — Convention d'Alexandrie qui restitue à la France toutes les conquêtes de la Lombardie.

18. — Institution à Milan d'une consulte chargée de réorganiser la république cisalpine.

23. — Rétablissement de l'université de Pise.

JUILLET.

3. — Retour de Napoléon à Paris.

20. — Ligue des neutres qui tourne toutes les puissances maritimes contre l'Angleterre.

SEPTEMBRE.

15-30. — Constitution de la centralisation administrative qui régit encore aujourd'hui la France. La liste de l'émigration est fermée. Organisation de la justice. Régularisation de l'adminis- des forêts, de la poste, des domaines, des finances, etc.

DÉCEMBRE.

24. — Explosion de la machine infernale.

1801. — JANVIER.

1. — Ouverture du congrès de Lunéville.

2. — Passage de l'Adige.

3. — Prise de Vérone.

8. — Prise de Vicence. — Armistice de Steyer.

9. — Paix de Lunéville. Par cette paix avec l'Autriche, la France s'agrandit du côté du Rhin, et par le traité du 28 mars suivant, elle acquit en Italie l'île d'Elbe et Piombino. Le Rhin fut la limite de la France en Allemagne, l'Adige celle de la Cisalpine en Italie. L'Autriche reconnut l'indépendance des républiques cisalpine, helvétique, batave et ligurienne. La pacification devient peu après générale.

FÉVRIER.

11. — Pacte fédéral de la Suisse, qui motiva plus tard le titre, pour Napoléon, de *médiateur de la confédération suisse.*

25. — *Recès,* ou acte de partage des indemnités aux souverains germaniques dépossédés, qui motiva plus tard aussi pour Napoléon, le titre de *protecteur de la confédération du Rhin.*

MARS.

5. — Présentation au corps législatif, du titre préliminaire du code civil.

10. — Etablissement à Compiègne d'une école des arts et métiers.

MAI.

13. — Rupture de la paix d'Amiens.

JUIN.

3. — Prise de possession de l'électorat de Hanovre.

NOVEMBRE.

30. — Traité de neutralité entre le Portugal d'une part, et la France et l'Espagne de l'autre.

DÉCEMBRE.

1. — Préparatif d'une descente en Angleterre. Camp de Boulogne.

1804. — JANVIER.

1. — Proclamation de l'indépendance de Saint-Domingue.

FÉVRIER.

25. — Etablissement des droits réunis.

MARS.

13. — Institution des écoles de droit dans les principales villes du royaume, et réorganisation de l'Ecole de droit de Paris. Pendant la révolution, les écoles de droit avaient été suspendues. Deux écoles particulières s'étaient cependant établies à Paris, l'une rue de Vendôme, sous le titre d'*Académie de législation,* l'autre rue de la Harpe, sous le titre d'*Université de jurispru-*

25. — Traité d'Amiens. Par ce traité, la France est confirmée par l'Angleterre dans ses conquêtes continentales.

MAI.

1er. — Loi d'organisation de l'instruction secondaire dont les arrêtés des 27 octobre, 10 décembre 1802, et 7 novembre 1803, réglèrent plus tard l'exécution.

19. — Création de l'ordre civil et militaire de la légion-d'honneur.

JUIN

15. — Institution d'un prix pour encourager les expériences sur l'électricité et le galvanisme.

JUILLET.

9. — Suppression des ordres monastiques dans les départements sur la rive gauche du Rhin.

10. — Prise de possession de l'île d'Elbe par les Français. — Réunion le 26 août.

30. — Organisation de l'île de Tabago.

Le 2 août, le Sénat ayant proclamé Napoléon consul à vie, le 4 parut un sénatus-consulte organique de la Constitution de l'an VIII.

SEPTEMBRE.

11. — Réunion du Piémont à la France.

16. — Insurrection des noirs de Saint-Domingue.

OCTOBRE.

9. — Occupation des Etats de Parme.

DÉCEMBRE.

22. — Etablissement des chambres de commerce dans les principales villes de France.

1803. — JANVIER.

23. — Division de l'Institut en quatre classes.

9. — Organisation d'une école militaire spéciale à Fontainebleau.

MAI.

26. — Couronnement de Napoléon à Milan comme roi d'Italie.

JUIN.

8. — La vice-royauté d'Italie est confiée à Eugène Beauharnais.

9. — Réunion de l'État de Gênes à la France.

23. — Création de la principauté de Lucques en faveur d'Élisa Bonaparte.

SEPTEMBRE.

9. — Sénatus-consulte pour le rétablissement du calendrier grégorien fixé au 1er janvier 1806.

21. — Traité de neutralité entre la France et Naples.

OCTOBRE.

1er. — Traité de Postdam entre la Russie et la Prusse, qui adhère à la coalition.

Tandis que Napoléon, tout occupé d'une descente en Angleterre, avait réuni au camp de Boulogne de formidables éléments d'invasion, qui s'étendaient depuis Brest jusqu'à l'extrémité des frontières du Hanovre, le cabinet britannique avait fomenté une troisième coalition à laquelle avaient accédé l'Autriche, la Russie, la Suède. L'Autriche, entrant la première en campagne, envahit la Bavière. Napoléon, suspendant les apprêts contre l'Angleterre pour faire face à ses ennemis du continent, mit en marche toute l'armée d'invasion, par un simple mouvement de front, et par une manœuvre des plus hardies, se trouva, en quelques jours, menacer les derrières et les flancs de l'ennemi, au plein cœur de la Souabe.

OCTOBRE.

8. — Combat de Wertingen (Souabe).

9. — Combat de Guntzbourg (Souabe).

12. — Reprise de Munich (capitale de la Bavière)

14. — Prise de Memmingen (Souabe).

15. — Combat d'Elkingen (Souabe).

16. — Combat de Zantersdorf (Moravie).

20. — Capitulation d'Ulm (Souabe).

dence. Alors et avant, ces écoles avaient langui dans l'état le plus déplorable. L'enseignement y était nul : les examens, les thèses, n'offraient qu'une vaine cérémonie. Le décret du 13 mars 1804 (22 ventôse an xii), les réorganisa sur un plan qui reçut son complément en 1820, et qui subsiste encore aujourd'hui.

51. — Réunion des lois civiles sous le titre de *Code civil des Français.*

AVRIL.

30. — Le tribunat demande que Napoléon soit déclaré empereur.

MAI.

2. — Le corps législatif émet le même vœu.

16. — Proposition directe du sénat de l'institution impériale.

18. — Le titre d'*empereur* est décerné à Napoléon. Sa nomination, soumise à la sanction du peuple, fut confirmée, le 15 juin, par 3,521,675 voix sur 3,524,254 votans. Il fut sacré et couronné par le pape le 2 décembre suivant.

20. — Organisation de l'empire.

JUILLET.

16. — Organisation de l'École polytechnique.

AOUT.

6. — Rétablissement des missions étrangères.

SEPTEMBRE.

10. — Institution des grands prix décennaux où toutes les sciences étaient admises à concourir.

1805. — MARS.

13. — Députation des colléges électoraux de la république italienne pour offrir à Napoléon la couronne d'Italie.

AVRIL.

11. Traité de Presbourg entre l'Angleterre et la Russie contre la France.

18. — Acceptation de la couronne d'Italie par Napoléon.

20. — Réouverture de l'église du Panthéon.

Par un décret du 4 avril 1791, l'Assemblée constituante l'avait destinée à recevoir les cendres des grands hommes de la France. Les honneurs du Panthéon avaient été décernés à Mirabeau, mort le 2 avril de la même année, à Voltaire, le 11 juillet, à J.-J. Rousseau, le 16 octobre suivant. En rendant le Panthéon au culte, Napoléon lui conserva néanmoins la destination que lui avait donnée l'Assemblée constituante.

MARS.

30. — Joseph Bonaparte est proclamé roi de Naples.

MAI.

2. — Introduction dans la constitution de la Saxe du principe de liberté de conscience.

3. — Création d'une chaire de belles-lettres à l'École polytechnique, et d'une chaire d'économie rurale à l'École d'Alfort.

10. — Institution de l'Université impériale.

12. — Organisation du conseil d'État.

JUIN.

5. — Louis Bonaparte est proclamé roi de Hollande.

JUILLET.

12. — Napoléon est officiellement reconnu protecteur de la confédération du Rhin. Cette organisation nouvelle réduisit à 31 le nombre des petits États de l'Allemagne qui, dans l'ancienne confédération, s'élevait à 284.

26. — Convocation à Paris d'une assemblée de juifs, sous le nom de grand-sanhédrin, dans le but de fixer le sort de la nation juive.

AOUT.

1. — Les confédérés germaniques notifient à la diète de Ratisbonne leur séparation du corps de l'empire.

6. — François II renonce formellement à son titre d'empereur d'Allemagne, de roi des Romains, et est réduit à celui d'empereur héréditaire d'Autriche, sous le nom de François Iᵉʳ. Ainsi

21. — Bataille navale de Trafalgar, où la flotte combinée franco-espagnole fut anéantie par la flotte anglaise.

28. — Prise de Braunau (Basse-Bavière).

NOVEMBRE.

4. — Combat d'Amstetten (Autriche intérieure).

7. — Prise d'Inspruck.

11. — Combat de Diernstein (Basse-Autriche).
— De Landsberg (Prusse-Ermeland).
— Occupation de Biberack (Wurtemberg).

13. — Entrée des Français dans Vienne.

14. — Prise de Trente (capitale du Tyrol).

15. — Prise de Presbourg.

17. — Prise de Znaïm (Moravie).

19. — Prise de Brunn (capitale de la Moravie).

24. — Prise de Trieste.

25. — 50. — A la suite de divers combats à Vezio, Ronco, Caldiero, San-Felice, les troupes autrichiennes furent chassées du Tyrol.

DÉCEMBRE.

2. — Bataille d'Austerlitz (Moravie).

15. — Cession par la Prusse à la France des pays de Clèves, Bareuth, etc. Le cabinet de Berlin promet de ne pas s'opposer à ce que la France enlève l'électorat de Hanovre à l'Angleterre.

26. — Paix de Presbourg. Par cette paix, l'Autriche perdit les États de Venise, le Voralberg et le Tyrol.

1806. — JANVIER.

1. — Formation des royaumes de Bavière et de Wurtemberg. Le margraviat de Bade est érigé en grand-duché. Ainsi se trouvèrent posées les bases de la confédération germanique sous le protectorat de la France.

2. — Proclamation de la déchéance des Bourbons de Naples.

FÉVRIER.

6. — Combat naval de Santo-Domingo.

8. — Invasion du royaume de Naples.

néantir l'armée prussienne, dont les débris depuis la bataille d'Iéna avaient été successivement forcés de mettre bas les armes. Napoléon marcha contre les autres coalisés.

10. — Prise de possession, par Napoléon, de l'électorat de Hanovre.

11. — Prise de Posen (Pologne).

12. — Décret impérial sur l'organisation de la garde nationale de France.

19. — Prise de Hambourg (Basse-Saxe).

20. — Capitulation d'Hamelin (Basse-Saxe).

21. — Capitulation de Brême (Basse-Saxe).

22. — Décret impérial qui déclare les Iles britanniques en état de blocus.

25. — Capitulation de Nienbourg (Allemagne), dont la reprise compléta la rentrée en possession du Hanovre.

28. — Prise de possession du Mecklembourg.
Entrée de l'armée française à Varsovie.

DÉCEMBRE.

2. — Capitulation de Glogow (Silésie),

6. — Prise de Thorn (Prusse).

11. — Érection de l'électorat de Saxe au rang de royaume.

22. — Combat de Czarnowo (Pologne-Mazovie).

23. — Combat de Biezan (Pologne-Mazovie).

24. — Combats de Morungen, de Nazielsk (Pologne-Mazovie)

25. — Combat de Pulstuck (Pologne-Mazovie).

26. — Combat de Soldaw et Mlawa (Mazovie.).

27. — Combat de Golymin (Pologne-Mazovie.

1807. — JANVIER.

3. — Capitulation de Breslau (Silésie).

15. — Combat de Georgental (Prusse-Hokerland).

FÉVRIER.

3. — Prise de Gustadt (Prusse royale-Ermeland).

5. — Combat de Waterdorff (Prusse-Hokerland).

6. — Combat de Glodau (Prusse, cercle de Marienbourg).

finit, après mille ans de durée, l'empire établi par Charlemagne. Ce grand acte politique, que nul souverain avant Napoléon n'eût osé entreprendre, amena une quatrième coalition. L'Autriche, trop épuisée, ne put en faire partie : la Prusse prit sa place.

17. — Napoléon est surnommé *Grand* par le sénat.

SEPTEMBRE.

21. — Commencement de la guerre de 1806.

OCTOBRE.

9. — Combat de Schleitz (Saxe).

10. — Combat de Saalfeld, où est tué le prince de Prusse (Haute-Saxe).

14. — Bataille d'Iéna (Allemagne-Thuringe).

16. — Combat de Greussen. — Prise d'Erfurt. (Allemagne-Thuringe).

17. — Bataille de Halle (Souabe).

18. — Prise de Leipsick (Allemagne-Misnie).

24. — Prise de Postdam et envoi à l'Hôtel-des-Invalides de Paris de l'épée du grand Frédéric, de l'épée de général qu'il avait portée pendant la guerre de sept ans, et du cordon de ses ordres qui se trouvaient sur son tombeau.

25. — Prise de Brandebourg (Allemagne).

De Spandaw (Allemagne).

De Berlin, capitale de la Prusse.

28. — Combat de Prentzlow (Allemagne).

29. — Prise de Stettin (Allemagne).

NOVEMBRE.

1er. Capitulation de Custrin (Allemagne).

Prise de possession de l'électorat de Hesse-Cassel.

4. — Arrêté portant que la perception de tous les revenus de l'électorat et l'administration de la justice se feront à l'avenir au nom de Napoléon.

7. — Prise de Lubeck (Basse-Saxe).

8. — Prise de Magdebourg (Basse-Saxe). Cette prise acheva d'a-

15-16. — Prise de Kœnisberg (capitale de la Prusse royale).

20. — Capitulation de Kosel (Silésie). Après la reddition de cette place, il ne resta au roi de Prusse dans la Silésie que le rocher de Silherberg et Grandenz dont le siége était vigoureusement poussé. Toutes les forces de la monarchie prussienne se trouvèrent à peu près réduites à Memel.

25. — Entrevue sur le Niémen des deux empereurs de France et de Russie, Napoléon et Alexandre.

JUILLET.

7. — Paix de Tilsitt entre la France et la Russie. Par cette paix, l'empereur Alexandre abandonna la cause du roi de Naples, Ferdinand IV, reconnut la confédération germanique et offrit sa médiation auprès de l'Angleterre pour décider cette puissance à ne plus mettre obstacle à la paix générale.

9. — Paix avec la Prusse.

AOUT.

18. — Formation du royaume de Westphalie.

19. — Suppression du tribunat français.

20. — La Suède étant entrée dans cette quatrième coalition contre la France, Napoléon marcha contre elle et prit Stralsund le 20 août.

SEPTEMBRE.

1ᵉʳ. — Organisation du gouvernement des Sept-Iles.

7. — Prise de l'île de Rugen (Poméranie suédoise).

14. — Grand blocus continental. Napoléon déclare qu'il s'opposera par la force à toute liaison des puissances du continent avec l'Angleterre.

17. — Départ de Bayonne d'une armée française pour le Portugal.

18. — Adoption du Code de commerce.

27. — Traité de Fontainebleau entre la France et l'Espagne.

NOVEMBRE.

11. — Flessingue est cédée à la France.

30. — Prise de Lisbonne (capitale du Portugal).

7. — Prise de Sweidnitz (Silésie).

8. — Bataille d'Eylau (Prusse-Natangen).

10. — Combat de Frankestein (Silésie).

15. — Combat d'Ostrolenka (Pologne-Mazovie).

16. — Combat de Stargard (Allemagne-Poméranie).

23. — Combat de Dirschau. (Allemagne-Poméranie).

24. — Combat de Neugarten. (Allemagne-Poméranie).

25. — Combat de Peterswalde (Prusse-Warmie.)

26. — Combat de Braunsberg (Prusse royale).

MARS.

9. — Fin des séances du *grand sanhédrin*. Les juifs **sont admis** à la participation des droits civils et politiques.

12. — Cession de Cassel et Koslein, faite à la France **par le prince** de Nassau.

AVRIL.

17. — Combat de Glatz (Silésie).

MAI.

15. — Combat de Weikselmunde (Prusse-Poméranie).

16. — Combat de Stegen (Prusse).

23. — Prise du camp retranché de Glatz.

25. — Capitulation de Glatz.

26. — Capitulation de Dantzick (Prusse).

JUIN.

1ᵉʳ. — Capitulation de Neiss (Silésie).

4. — Combat de Zagern (Prusse).

5 au 12. — Combats de Spandaw, de Homitten, d'Altkircken, d'Amt-Gustadt, de Deppen, de Wolforf, de Glottau, de Heilsberg, de Druchewow.

14. — Bataille de Friedland (Allemagne). Cette grande victoire remportée sur les armées combinées de la Prusse et de la Russie acheva d'anéantir la monarchie prussienne, et peut, par ses résultats, être placée à côté de celles de Marengo, d'Austerlitz et **d'Iéna.**

15. — Murat est nommé roi de Naples.
22. — Capitulation de Baylen.

AOUT.

21. — Bataille de Vimeiro.
30. — Evacuation du Portugal.

SEPTEMBRE.

8. — Traité entre la France et la Prusse qui met un terme aux différents des deux nations.
15-25. — Abolition du servage et du colonat, par Napoléon, dans les duchés de Bade et de Berg, dans les pays de Fulde, de Hanau, de Bayreuth et d'Erefail.
27. — Entrevue à Erfurt entre Napoléon et Alexandre.

OCTOBRE.

19. — Les Anglais pénètrent en Espagne.

NOVEMBRE.

4. — Arrivée de Napoléon en Espagne.
10. — Prise de Burgos.
11. — Bataille d'Espinosa.
26. — Combat de Zudela.
28. — Combat de Somo-Sierra.

DÉCEMBRE.

4. — Prise de Madrid.
5. — Prise de Roses.
16. — Combat de Cardegou.
21. — Combat de Hebregal.
25. — Combat de Benavente.
28. — Combats de Cacabelleros et de la Corogne. Après ces deux combats où une armée anglaise, venue au secours de l'insurrection espagnole, avait été forcée de se rembarquer précipitamment, Napoléon réorganisa l'Espagne et, par un décret, assura en un seul jour au peuple conquis tous les bienfaits de la révolution française.

DÉCEMBRE.

8. — Elévation de Jérôme Bonaparte au trône de Westphalie.
10. — Prise de possession du royaume d'Etrurie.

1808. — JANVIER.

21. — Réunion à la France de Flessingue, Cassel, Kelh et Wesel.

FÉVRIER.

2. — Entrée des troupes françaises à Rome.
17. — Envahissement de l'Espagne par la France. Commencement
de la guerre d'Espagne.

MARS.

11. — Création des majorats et des titres héréditaires.
17. — Décret organique définitif de la constitution de l'Université.
Création d'une académie dans chaque ville de cour d'appel.
27. — Bref comminatoire d'excommunication contre Napoléon
lancé par le pape.

AVRIL.

2. — L'Etat ecclésiastique, plusieurs autres Etats sont démembrés
et réunis au royaume d'Italie.

JUIN.

5. — Traité de Bayonne par lequel Charles IV cède la couronne
d'Espagne à Napoléon.
13. — Adresse de la junte suprème d'Espagne demandant Joseph
Bonaparte, frère de Napoléon, pour roi.
24. — La Toscane, Parme, Plaisance, sont réunis à l'Empire.
27 à 30. — Insurrection en Espagne.

JUIN.

6. — Joseph Bonaparte est proclamé roi d'Espagne et des Indes.
15. — Ouverture de la junte de Bayonne.
16. — Insurrection en Portugal.

JUILLET.

14. — Bataille de Medina-del-Rio-Seco.

14. — Bataille de Raab.
22. — Prise de Raab.

JUILLET.

4. — Passage du Danube.
6. — Bataille de Wagram, qui met de nouveau l'Autriche à la dis-
crétion de Napoléon. Le même jour, Maret, en Italie, à raison
de l'excomunication lancée contre Napoléon, faisait enlever le
pape et l'éloignait de Rome.
12. — Armistice de Znaïm.
14. — Prise des établissements français au Sénégal par les Anglais.
50. — Expédition des Anglais sur Flessingue.

AOUT.

15. — Prise de Flessingue par les Anglais.

OCTOBRE.

14. — Paix conclue à Vienne entre la France et l'Autriche. Par
cette paix, l'Autriche perdit la Carniole, la Croatie, l'Istrie,
Saltzbourg et Trieste avec le littoral. Elle reconnut, en outre,
les royautés napoléoniennes.

DÉCEMBRE.

16. — Dissolution du mariage de Napoléon et de Joséphine.
24. — Evacuation de Flessingue par les Anglais.
Cette année, furent achevés les canaux de Saint-Quentin et du
Nord. Les ports de Cherbourg et de Cette furent creusés. Le pont
d'Iéna , les quais du Louvre et des Invalides furent construits.

L'armée française, que Napoléon avait laissée en Espagne, avait
soutenu la guerre avec avantage. Le 20 février, elle s'était emparée
de Saragosse, après un des siéges les plus terribles des temps modernes. Les insurgés avaient été successivement battus à Belchitte
(18 juin), par le général Suchet, à Talavera (28 juillet) et à Arzo-
bisco (8 août) par le maréchal Soult, à Orcana (19 novembre) par le
général Mortier, à Alba-de-la-Tormès (23 novembre) par le général
Mortier. Le 10 décembre, le maréchal Augereau avait couronné ces
par la prise de Gironne.

1809.

Pendant que Napoléon combattait au midi, l'Angleterre avait fomenté une nouvelle coalition au nord , et l'Autriche, pour se venger des humiliations du traité de Tilsitt, avait préparé de nouveaux armements et envahi la Bavière. Napoléon partit d'Espagne, arriva à Paris le 23 janvier, et dans les premiers jours d'avril se trouva à la tête de l'armée d'Allemagne.

AVRIL.

19. — Bataille de Tann.

      Combat de Pfaffenhofen.

20. — Bataille d'Abensberg.

21. — Combat de Landshut (Bavière).

      Capitulation de Varsovie.

22. — Bataille d'Eckmull.

23. — Prise de Ratisbonne, où Napoléon est blessé au pied par une balle morte.

26. — Passage de l'Inn.

29. — Victoires de Caldiere (Italie).

30. Passage de la Salza.

MAI.

4. — Combat d'Ebersberg.

8. — Combat de la Piave par l'armée d'Italie , que le prince Eugène avait ordre de conduire à l'armée d'Allemagne.

10. — Napoléon arrive sous les murs de Vienne.

13 — Prise de Vienne.

17. — Réunion des États romains à l'Empire.

18. — Prise de Trieste.

19. —*Prise d'Inspruck.

21-22. — Bataille d'Essling, où fut tué le maréchal Lannes.

22. — Prise de Laybach (Carniole).

25. — Prise de Leoben (Styrie).

JUIN.

1ᵉʳ. — Evacuation de Varsovie par les Autrichiens.

11. — Nouvelle excommunication lancée contre Napoléon par le pape.

MAI.

6. — Prise d'Astorga (Espagne).

13. — Prise de Lerida.

15. — Évasion des prisonniers français des pontons de Cadix.

JUIN.

8. — Prise de Mequinenza (Espagne).

JUILLET.

1er au 9. —Abdication de Louis Bonaparte, roi de Hollande. Incorporation de la Hollande à la France. Amsterdam est déclaré la troisième ville de l'Empire et Rome la seconde.

3. — Création d'un conseil du commerce et des manufactures près le ministre de l'intérieur.

4. — Décret accordant des récompenses à ceux qui trouveront des plantes indigènes propres à remplacer l'indigo.

8. — Prise de l'île Bourbon par les Anglais.

10. — Prise de Ciudad-Rodrigo (Espagne).

11. — Formation et organisation des cours impériales.

AOUT.

19. — Création du conseil de marine. Organisation des tribunaux de première instance.

21. — Le maréchal Bernadotte est élu prince héréditaire de Suède.

27. — Prise d'Almeida (Portugal).

. SEPTEMBRE.

27. — Bataille de Busaco (Portugal).

OCTOBRE.

18. — Institution des cours prévotales et des tribunaux de douanes.

NOVEMBRE.

9. Ouverture du canal de Saint-Quentin.

DÉCEMBRE.

5. — Prise de l'île de France par les Anglais.

6. **Traité de paix entre la France et la Suède.** A la suite d'une révolution qui avait eu lieu en Suède, le 13 mars 1809, Gustave-Adolphe IV avait été arrêté, et le duc de Sudermanie, son oncle, mis à la tête du gouvernement le 10 mai.

Gustave-Adolphe, forcé d'abdiquer, avait été déclaré déchu du trône lui et ses héritiers, et le 6 juin suivant, le duc de Sudermamanie avait été proclamé roi de Suède. Par son traité avec la France, du 6 janvier 1810, la Suède entra dans le système continental.

FÉVRIER.

2. — **Prise de Séville (Espagne).**

6. — **Prise de la Guadeloupe par les Anglais.**

7. **Convention de mariage entre Napoléon et Marie-Louise,** archiduchesse d'Autriche.

17. — **Réunion des Etats du pape à la France.** A la suite de son enlèvement, Pie VII, successivement amené à Grenoble et à Avignon, avait été conduit à Savone. Napoléon avait motivé cette mesure sur ce que « l'influence spirituelle d'un prêtre étranger » dans ses Etats, étant contraire à l'indépendance de la France » et à la sûreté de son trône, il allait réunir les Etats romains » à son empire et annuler les donations des empereurs français » ses prédécesseurs. » En conséquence, le même sénatus-consulte qui dépouillait le pape lui accorda deux millions de dotation.

20. — **Adoption, par le Corps législatif, du projet du Code pénal.**

28. — **La déclaration du clergé de France de 1682 est adoptée** comme loi générale de l'empire.

MARS.

16. — **Cession à la France de la Zélande, du Brabant hollandais, etc.**

AVRIL.

23. — **Combat de Lérida (Espagne).**

24. — **Réunion à la France des pays situés sur la rive gauche du Rhin.**

20. — Assemblée du concile sous la présidence du cardinal Fesch.

28. — Prise de Tarragone.

OCTOBRE.

25. — Bataille de Sagonte.

26. — Prise de Sagonte.

DÉCEMBRE.

17. — Abolition de la féodalité dans les départements des Bouches-de-l'Elbe, des Bouches-du-Weser et de l'Ems-Supérieur.

1812. — JANVIER.

9. — Conquête du royaume de Valence.

15. — Cent mille hectares de terrain sont affectés à la culture des betteraves.

26. — Prise de Stralsund.

FÉVRIER.

24. — Nouveau traité d'alliance entre la France et la Prusse.

MARS.

14. — Traité d'alliance entre la France et l'Autriche.

24. — Traité d'alliance entre la Russie et la Suède. L'Angleterre acoède à ce traité le 3 mai suivant. Une mésintelligence entre la France et la Russie était imminente. Napoléon reprochait à la Russie la violation du système continental. La Russie élevait sur certains points d'exhorbitantes prétentions. L'Angleterre poussait le continent à la guerre : on s'y préparait de part et d'autre. Napoléon partit pour l'Allemagne, arriva le 9 mai à Dresde, où, comme on l'a dit, il tint une *cour plénière de rois*, ayant réuni sous les aigles françaises les armées de l'Autriche, de la Prusse, de l'Allemagne, de la Suisse, de la Hollande, de la Pologne et de l'Italie. Cette époque fut l'apogée de l'Empire.

MAI.

28. — Préliminaires de paix entre la Russie et la Turquie.

29. — Napoléon quitte Dresde et réunit les différents corps de la grande armée qui présentaient un effectif de 600 mille combattants.

13. — Sénatus-consulte qui réunit à la France la Hollande, les villes anséatiques, le Valais, etc., et porte à cent trente le nombre des départements.

19. — Institution des censeurs impériaux.

26. — Décret sur l'administration générale de l'empire.

28. — Achèvement du canal du Nord.

1811. — JANVIER.

Malgré les efforts dans la Péninsule du maréchal Ney, des généraux Suchet, Moncey, Masséna, Mortier, la guerre était partout, et les succès des troupes françaises n'amenaient aucun résultat politique.

2. — Prise de Tortose (Espagne).

20. — Prise d'Oporto (Portugal).

22. — Prise d'Olivença (Portugal).

FÉVRIER.

19. · Bataille de la Gebora (Espagne).

28. — Les Français s'emparent du duché d'Oldembourg.

MARS.

4. — Retraite du maréchal Masséna du Portugal.

5. — Combat de Chiclana (Espagne).

10. — Prise de Badajoz (Espagne).

20. — Naissance du roi de Rome.

MAI.

5. — Bataille de Fuentes de Onoro, contre l'armée anglo-portugaise, commandée par Wellington.

6. — Evacuation d'Almeida.

16. — Bataille d'Albuéra contre l'armée anglo-hispano-portugaise, commandée par lord Beresford.

JUIN.

2. — Christophe est couronné roi d'Haïti.

11. — Ouverture d'un concile national à Paris, pour obliger PieVII à se soumettre.

OCTOBRE.

23. — Conspiration de Mallet.

23. — Evacuation de Moscou.

24. — Bataille de Malo-Jaroslawitz.

NOVEMBRE.

3. — Bataille de Wiasma.

6. — Ce jour, le froid commença. Le thermomètre descendit à 26 degrés. La terre fut couverte de neige : le ciel obscurci de brouillards et la retraite qui jusqu'alors s'était faite avec assez d'ordre, ne fut plus dès ce moment qu'un immense désastre.

7. Arrivée des Français à Smolensk.

14-15. — Evacuation de Smolensk.

16. — Combat de Minsk.

19. — Combat de Krasnoe.

28. — Combat de Borisow.

26 à 28. — Passage de la Bérézina.

DÉCEMBRE.

3. Napoléon annonce le désastre de la grande armée dans le vingt-neuvième bulletin.

5. — Arrivée de Napoléon à Smorgony, il laisse le commandement des débris de l'armée à Murat, et part pour Paris.

11. — Evacuation de Wilna.

16. — Passage du Niémen.

20. — Arrivée de Napoléon à Paris.

1813.

Par suite des désastres de 1812, la politique européenne subit un revirement complet. Les généraux qui, dans l'expédition de Russie, commandaient les contingents de la Prusse et de l'Autriche se déclarèrent contre la France : une nouvelle coalition se forma.

JANVIER.

21. — Arrivée à Berlin de l'armée française.

25. — Concordat de Fontainebleau.

JUIN.

18. — Déclaration de guerre des Etats-Unis d'Amérique à l'Angleterre.

19. — Arrivée du pape à Fontainebleau.

22. — Déclaration de guerre de Napoléon à la Russie, et ouverture de la campagne de Russie.

23-24. — Passage du Niémen par l'armée française.

25. — Proclamation de l'empereur de Russie à ses peuples.

28. — Entrée des Français à Wilna, et proclamation de Napoléon annonçant le rétablissement du royaume de Pologne.

JUILLET.

18. — Traité de paix d'Arebro entre l'Angleterre et la Suède.

20. — Traité entre la Russie et l'Espagne.

22. — Bataille des Aropiles (Espagne).

23. — Combat de Mohilow (Russie).

28. — Entrée des Français à Witepsk (Russie).

AOUT.

1. — Traité d'alliance entre la Russie et l'Angleterre.

2. — Combat d'Obaïarsma (Russie).

14. — Prise de Madrid par l'armée anglo-portugaise. Deux mois après (23 octobre), les trois armées françaises de la péninsule ayant opéré leur jonction, Madrid fut repris le 18 novembre.

17. — Bataille et prise de Smolensk (Russie).

18. — Bataille de Potolsk.

19. — Combat de Valentina-Cora.

28. — Entrevue de l'empereur Alexandre et de Bernadotte à Abo (Finlande).

SEPTEMBRE.

7. — Bataille de la Moscowa.

14. — Entrée des Français dans Moscou. Pour enlever aux Français toute ressource, les Russes incendient la ville comme ils avaient tout incendié sur le passage de l'armée envahissante. Cette guerre de barbares devait amener l'anéantissement de l'armée française.

JUIN.

1. — Reprise de Breslau par les Français.

4. — Conclusion d'un armistice.

21. — Bataille de Vittoria. A la suite de cette bataille, les Français évacuent l'Espagne.

30. — Convention de Dresde.

JUILLET.

19. — Alliance entre la France et le Danemarck.

12. — Ouverture du congrès de Prague.

20. — L'Autriche adhère à l'alliance contre la France.

28 à 31. — Combat de Roncevaux entre les Français et les Anglais.

AOUT.

12. — L'Autriche notifie son adhésion à la coalition.

13. — Le prince Bernadotte adresse à ses soldats une proclamation pour les préparer à la guerre contre la France. Le général Jomini, chef d'état-major du corps du maréchal Ney, livre à l'ennemi le plan de campagne de Napoléon. Autour de l'empereur la trahison est partout.

17. — Reprise des hostilités.

26. — Bataille de la Katzbach.

26-27. — Bataille de Dresde, où fut tué le général Moreau dans les rangs des ennemis.

30. — Combat de Kulm, où le général Vandamme est fait prisonnier avec trente mille hommes .

SEPTEMBRE.

6. — Combat de Dennevitz.

9. — Traité d'alliance de Tœplitz, entre l'Autriche, la Russie et la Prusse.

OCTOBRE.

7. — L'armée française ayant été forcée d'évacuer l'Espagne, l'armée anglo-hispano-portugaise passe la Bidassoa et pénètre en France.

FÉVRIER.

1. — Proclamation de Louis XVIII aux Français.

8. — Prise de Varsovie par les Russes.

10. — Proclamation de l'empereur Alexandre aux peuples de l'Allemagne.

MARS.

1. — Le roi de Prusse, Frédéric-Guillaume, forme avec Alexandre une nouvelle alliance.

3. — Traité avec l'Angleterre et la Suède.

15. Le prince royal de Suède, Bernadotte, annonce à Napoléon l'intention où il est de s'allier aux ennemis de la France. Après cette défection, il ne resta d'allié à l'empereur que le roi de Saxe, qui déclara vouloir rester fidèle à la cause de Napoléon.

14. — Occupation de Berlin par les Russes.

15. — Retraite de l'armée d'Espagne. Evacuation d'Hambourg par les Français,

21. — Prise de Dresde par les Russes.

31. — Manifeste de la Prusse contre la France.

AVRIL.

1. — Déclaration de guerre de la France à la Prusse.

15. — Départ de Napoléon de Paris pour l'armée d'Allemagne.

16. — Arrivée de Napoléon à Mayence.

29. — Combat de Weissenfels.

30. — Combat de Mersebourg.

MAI.

2. — Bataille de Lutzen.

8. Reprise de Dresde par les Français.

16. — Napoléon propose un congrès à Prague, pour la paix générale. Refus des alliés.

20. — Bataille de Bautzen.

22. — Combat de Reichenbach.

50. — Prise de Hambourg par les Français.

5. — Ouverture du congrès de Châtillon.

10. — Combat de Champaubert.

11. — Combat de Montmirail.

12. — Prise de Nogent-sur-Seine, de Laon, de Sens, de Pont-sur-Yonne, par les alliés.

14. — Combat de Vauchamp.

17. — Combat de Nangis.

18. — Combat de Montereau. — Les ennemis, au congrès de Châtillon, ayant proposé des conditions inadmissibles, Napoléon les rejette. Les Bourbons, arrivés en France à la suite de l'invasion, commencent à se montrer. Le duc d'Angoulême fait une proclamation. Le comte d'Artois arrive à Vesoul.

27. — Combat de Bar.

28. — Combat de La Ferté-sur-Aube.

MARS.

2. — Prise de Soissons par les Prussiens.

7. — Bataille de Craonne.

9-10. — Combats près de Laon.

11. — Mémorable victoire des Français contre les Anglais, dans Berg-op-Zoom.

12. — Le duc d'Angoulême entre à Bordeaux à la suite de l'armée anglo-espagnole.

13-14. — Combats près de Reims.

19. — Rupture du congrès de Châtillon.

20. — Combats d'Arcis-sur-Aube.

21. — Prise de Lyon par les Autrichiens.

25. — Combat de La Fère-Champenoise.

26. — Combat de Saint-Dizier.

28. — Marche des alliés sur Paris.

30. — Bataille de Paris.

31. — Capitulation de Paris.

AVRIL.

1er. — Etablissement d'un gouvernement provisoire.

2. — Le Sénat déclare Napoléon déchu du trône, et abolit le droit d'hérédité dans sa famille

41

16. — La grande armée ennemie est battue à Wachau.

17-18. — Bataille de Leipsick, nommée par les Allemands *bataille des nations*.

20. — Passage de l'Elster, où périt Poniatowsky.

NOVEMBRE.

9. — Arrivée de Napoléon à Saint-Cloud.

11. — Capitulation de Dresde par les Français.

24. — Prise d'Amsterdam par les Prussiens.

DÉCEMBRE.

1. — Déclaration des souverains à Francfort : ils annoncent qu'*ils ne font pas la guerre à la France, mais à Napoléon.*

21. — Passage du Rhin par les Autrichiens.

23. — Passage du Rhin par les Prussiens.

24. — Evacuation de la Hollande par les Français qui, depuis plus d'un mois, avaient évacué l'Allemagne et l'Espagne. La guerre portée un an auparavant aux confins de l'Europe, était alors au cœur de l'empire. A l'intérieur, Napoléon ne trouvant que de l'hostilité dans le Corps législatif, avait prononcé son ajournement le 31 décembre.

1814. — JANVIER.

6. — Traité entre l'Angleterre et le roi de Naples.

10. — Prise de Forbach par les Prussiens.

11. — Murat traite avec l'Autriche.

12. — Pillage de Bourg par les Autrichiens.

16. — Prise de Nancy par les Russes.

19. — Occupation de Dijon par les Autrichiens.

24. — Napoléon confie la régence à Marie-Louise.

25. — Arrivée de l'armée russe sur la Marne.

29. — Etablissement du quartier-général de Napoléon à Châlons-sur-Marne.

29. — Combat de Brienne.

FÉVRIER.

1er. — Bataille de La Rothière.

son exil, suivait du regard les progrès de la déconsidération croissante des Bourbons, se mit en mesure d'en profiter.

MARS.

1er. — Napoléon débarque au golfe Juan.

6. — Une ordonnance de Louis XVIII déclare Napoléon traître et rebelle. Mais ce prétendu traître et rebelle parcourait la France en triomphateur. Il arrive le 7 à Grenoble, le 10 à Lyon, le 20 à Paris. Louis XVIII en était parti le 17.

13. — Les puissances coalisées déclarent que, par la violation du traité de Fontainebleau, Napoléon s'est placé en dehors des lois civiles et sociales, et s'engagent le 25, par le traité de Vienne, à ne point déposer les armes tant que Napoléon serait sur le trône.

27. — Le conseil d'État annulle l'abdication de Napoléon.

AVRIL.

22. — Présentation de l'acte additionnel aux constitutions de l'Empire.

MAI.

19. — Les Suisses ayant adhéré à l'alliance des coalisés, l'Europe entière marche contre la France.

26. — Départ pour leurs armées des empereurs de Russie et d'Autriche et du roi de Prusse.

31. — Traité de Vienne. Par ce traité, les puissances coalisées reconnaissent l'érection du royaume des Pays-Bas

JUIN.

1er. — Assemblée du Champ-de-Mai.

7. — Ouverture des Chambres.

8. — Signature de l'acte de la confédération de l'Allemagne.

9. — Fin du congrès de Vienne.

12. — Départ de Napoléon pour l'armée.

13. — Etablissement de l'enseignement mutuel.

15. — Bataille des Quatre-Bras.

16. — Bataille de Ligny.

18. — Bataille de Waterloo.

3. — Le Corps législatif adhère à la déchéance de l'empereur.

4. — Le gouvernement provisoire supprime les emblêmes du gouvernement impérial, et dégage l'armée de ses serments envers Napoléon Iᵉʳ. Abdication de Napoléon.

5. — Convention de Chantilly, entre le général Marmont et les ennemis.

6. — L'empereur Alexandre ayant refusé de sanctionner l'abdication de Napoléon en faveur de son fils, une constitution est décrétée par le Sénat et les Bourbons sont rappelés.

9. — La cocarde blanche est substituée à la cocarde tricolore.

10. — Bataille de Toulouse.

11. — Traité de Paris.

12. — Entrée du comte d'Artois à Paris.

14. — Le comte d'Artois est nommé lieutenant général du royaume.

20. — Adieux de Fontainebleau. — Départ de Napoléon pour l'île d'Elbe.

24. — Débarquement de Louis XVIII à Calais.

27. — Second traité de Paris par lequel Napoléon est reconnu souverain de l'île d'Elbe.

MAI.

2. — Déclaration de Louis XVIII à Saint-Ouen.

3. — Entrée de Louis XVIII à Paris. Le même jour Napoléon prit possession de l'île d'Elbe.

1815.

Les Bourbons, expulsés de France depuis vingt-cinq ans, n'avaient conservé de français que le nom. Totalement étrangers à la marche du temps et des idées, ils ne surent apprécier ni les besoins ni les sentiments d'un peuple régénéré au creuset d'une épouvantable révolution. En tout, ils se montrèrent inintelligents jusqu'à la démence. Aussi, après quelques mois d'un règne où l'odieux le disputait au ridicule, le peuple aspira après le jour où quelque flot de colère nationale rejetterait comme une épave, hors de France, cette royauté ignorante que le flot de l'invasion avait jeté sur le trône comme un fardeau de plus de la conquête. Napoléon qui, du lieu de

NOVEMBRE.

30. — **Arrivée de l'escadrille en rade de Cherbourg.**

DÉCEMBRE.

8. — **Transbordement du cercueil de l'Empereur du bord de la frégate *la Belle-Poule* sur le bateau à vapeur *la Normandie*, qui devait le transporter jusqu'au débarcadère de Courbevoie.**

14. — **Arrivée du cercueil à Courbevoie.**

15. — **Funérailles de Napoléon et translation aux Invalides des restes de l'homme qui en moins de vingt ans avait assujetti, soit à sa domination immédiate, soit à sa protection suprême, plus d'États et de provinces que les Mérovingiens, les Carlovingiens et les Capétiens n'en avaient réuni depuis la fondation de la monarchie française.**

21. — Arrivée de Napoléon à Paris.

22. — Nouvelle abdication de Napoléon. Les Chambres, s'étant constituées en permanence, déclarent que l'indépendance de la nation est menacée. Une commission exécutive provisoire est
nommée.

29. — Départ de Napoléon de Paris.

JUILLET.

6. — Entrée des armées étrangères à Paris.

8. — Rentrée de Louis XVIII à Paris.

13. — Napoléon s'embarque sur le vaisseau anglais *le Bellérophon*,
et est conduit à Sainte-Hélène où il arrive le 13 octobre.

Comme complément de cette légende historique et chronologique,
nous ajouterons deux dates lugubres qui terminent la captivité de
Napoléon à Sainte-Hélène, et quelques dates glorieuses où la France
s'honora en honorant un grand homme dans la mort.

1821. — MAI.

3. — Mort de Napoléon.

OCTOBRE.

8. — Funérailles de Napoléon.

1840. — MAI.

12. — Adoption par la Chambre des députés d'un projet de loi portant la demande d'un crédit supplémentaire pour la translation
des restes mortels de Napoléon à Paris, et pour la construction
de son tombeau dans l'église des Invalides.

JUILLET.

7. — Départ de Toulon pour Sainte-Hélène de la frégate *la Belle-
Poule* et de la corvette *la Favorite* pour transporter les restes
mortels de l'Empereur en France.

OCTOBRE.

8. — Arrivée de l'escadre à Sainte-Hélène.

13. — Exhumation des restes de l'Empereur.

18. — Appareillage de l'escadrille pour la France.

TABLE ANALYTIQUE

DES MATIÈRES.

⸺◆⸺

1re PÉRIODE DE 1750 A 1815.

3e PÉRIODE (1848 - 1849.)

2e PÉRIODE DE 1815 A 1848.

LA REINE HORTENSE

La Veille de la Bataille de Borodino.

Jules David Del.

Adolphe Portier Sculp

Tombeau du roi de Rome.

Peint par Schopin — Gravé par Adolphe Portier

NAPOLÉON II, ROI DE ROME,

(Duc de Reichstadt.)

Né le 20 Mars 1811, — Mort le 22 Juillet 1832.

Je prie Dieu pour mon Père et pour la France.

MARIE LOUISE.

LÆTITIA BONAPARTE

CHARLES BONAPARTE

NAPOLÉON.

www.ingramcontent.com/pod-product-compliance
Lightning Source LLC
LaVergne TN
LVHW050145030726
842520LV00002B/312